Erfahrungsorientierter und bildender Sportunterricht

Edition Schulsport Band 11

Martin Giese (Hrsg.)

Erfahrungsorientierter und bildender Sportunterricht

Ein theoriegeleitetes Praxishandbuch

Meyer & Meyer Verlag

Herausgeber der Edition Schulsport:
Heinz Aschebrock & Rolf-Peter Pack

Erfahrungsorientierter und bildender Sportunterricht
Ein theoriegeleitetes Praxishandbuch

Bibliografische Information der Deutschen Nationalbibliothek
Die Deutsche Nationalbibliothek verzeichnet diese Publikation in der
Deutschen Nationalbibliografie; detaillierte bibliografische Daten sind im Internet
über http://dnb.d-nb.de abrufbar.

Alle Rechte, insbesondere das Recht der Vervielfältigung und Verbreitung sowie das
Recht der Übersetzung, vorbehalten. Kein Teil des Werkes darf in irgendeiner Form –
durch Fotokopie, Mikrofilm oder ein anderes Verfahren – ohne schriftliche Genehmigung
des Verlages reproduziert oder unter Verwendung elektronischer Systeme verarbeitet,
gespeichert, vervielfältigt oder verbreitet werden.

© 2009 by Meyer & Meyer Verlag, Aachen
Adelaide, Auckland, Budapest, Cape Town, Graz, Indianapolis,
Maidenhead, Olten (CH), Singapore, Toronto
Member of the World
Sport Publishers' Association (WSPA)
Druck: FINIDR, s. r. o., Český Těšín
ISBN: 978-3-89899-427-9
E-Mail: verlag@m-m-sports.com
www.dersportverlag.de

Inhalt

Vorwort der Herausgeber der „Edition Schulsport" 7
Einführung 9

1 **Theoretische Grundlagen eines erfahrungsorientierten und bildenden Sportunterrichts** 13
   Martin Giese

2 **Leichtathletische Sprünge: Vom Sprinten zum Weitsprung** 54
   Volker Jennemann

3 **Die Welt ist eine Kugel – Vorschläge zu einer individuell bedeutsamen Bewegungsausformung** 72
   Martin Giese & Jan Hasper

4 **Auf den Händen stehen** 86
   Tobias Pilz

5 **Freiheit der Bewegung – Tanz als Feld der Erfahrung** 103
   Tim Bindel

6 **Gut durchs Wasser kommen** 124
   Andrea Schmidt & Linda Weigelt

7 **Erfahrungsorientiertes Lernen im Kajaksport** 146
   Mike Lochny & Linda Weigelt

8 **Anfänger lernen das Surfen** 164
   Gerrit Arnold & Martin Jennemann

9 **Dynamisches Gleichgewicht auf Inlineskates** 182
   Hermann Herwig

Erfahrungsorientierter und bildender Sportunterricht

10 Das obere Zuspiel beim Volleyball zwischen Sollwert und Erfahrungsorientierung **201**
Martin Giese & Daniel Grotehans

11 Schultennis: Spielen lernen durch Entwicklung sinnvoller Handlungsstrategien **218**
Jan Hasper

12 Die Welt ist eine Scheibe – Ultimate Frisbee im Sportunterricht **243**
Daniel Grotehans

13 Den Partner selbstständig sichern **263**
Martin Giese

Autorenverzeichnis 274

Bildnachweis 280

VORWORT

Vorwort der Herausgeber der „Edition Schulsport"

Das hier vorliegende Werk mit dem Titel „Erfahrungsorientierter und bildender Sportunterricht" steht in einem deutlichen Gegensatz zur aktuellen Diskussion um die Entwicklung und Einführung von (Bildungs-)Standards, motorischen Basisqualifikationen oder landesweiten motorischen Tests im Unterrichtsfach Sport. Dabei verbleibt der Herausgeber nicht auf der Ebene eines elaborierten Theoriekonzepts, sondern er bietet auch praktisch erprobte Anregungen für die konkrete Unterrichtsplanung und -durchführung an.

Eine solche Veröffentlichung erscheint angesichts der von vielen Seiten vorgetragenen plakativen Forderungen nach einer standard- oder kompetenzorientierten Bildung (auch) im Fach Sport auf den ersten Blick vielleicht mutig. Tiefer blickende Sportpädagoginnen und -pädagogen wissen allerdings sehr wohl, dass bei einer einseitigen Fokussierung operationalisierbarer bzw. messbarer fachlicher Leistungen der Blick auf die komplexen fachlichen Bildungs- und Erziehungsleistungen des Sportunterrichts verloren gehen kann, und dass eine fachdidaktische Legitimation und Füllung der Begriffe „Standards" und „Kompetenzen" für das Fach Sport bisher auch nicht in Ansätzen vorliegt.

In dieser ambivalenten Situation ist es wichtig, immer wieder auf den pädagogischen Anspruch und die spezifischen pädagogischen Möglichkeiten des Fachs Sport hinzuweisen: Das Fach Sport kann wie kein anderes Schulfach an authentische Erfahrungen der Schülerinnen und Schüler anknüpfen, sie reflektieren, durch Unterricht verändern und sie dann wieder in das Alltagsleben der Schülerinnen und Schüler zurückspiegeln – mit der Chance, dieses ggf. sogar zu verändern. Dies ist ein unverzichtbarer Anspruch von Bildung und eine spezifische Bildungsleistung des Fachs! In vielen Lehrplänen (z. B. in Nordrhein-Westfalen) steht hierfür der Begriff des „Erziehenden Sportunterrichts".

Allerdings ist nicht zu verkennen, dass die Vorstellungen von einem „Erziehenden Sportunterricht", verbunden mit der Forderung nach einer verstärkten Erfahrungsorientierung, in der konkreten Schulpraxis bei vielen Sportlehrkräften noch auf Skepsis treffen. Ursächlich hierfür ist oftmals die Tatsache, dass einige Lehrkräfte nicht über die erforderlichen Kompetenzen verfügen, um diesen Anspruch in die konkrete Handlungspraxis des Sportunterrichts umzusetzen. Gerade diesen Sport-

Erfahrungsorientierter und bildender Sportunterricht

lehrkräften können die in diesem Buch angebotenen, theoriegeleiteten Unterrichtsbeispiele wertvolle Anregungen und Hilfen geben.

Wir wünschen diesem Buch daher sowohl in der Aus- und Fortbildung von Sportlehrkräften als vor allem auch bei den Sport unterrichtenden Lehrerinnen und Lehrern eine weite Verbreitung und verbinden damit die Hoffnung, dass dieses Buch dazu beiträgt, das Konzept des „Erziehenden Sportunterrichts" zu untermauern und seine Umsetzung in der Praxis des Sportunterrichts zu befördern.

Heinz Aschebrock & Rolf-Peter Pack

Einführung

Dieses Buch versteht sich als eine praktische Unterrichtsillustration. Es möchte Lehrern[1], Referendaren, Bewegungstherapeuten, Übungsleitern und sonstigen pädagogischen Fachkräften möglichst konkrete Handlungsleitlinien für einen *erfahrungsorientierten und bildenden Sportunterricht* an die Hand geben. Praktisch illustriert und damit weitergedacht wird, was bisher weitgehend theoretisch erörtert wurde, wie Erfahrung eine Bildungskategorie des Sportunterrichts sein kann.[2] In dem Anliegen, die Ergebnisse der Theoriebildung in konkrete Unterrichtspraxis zu überführen, spiegelt sich die persönliche Überzeugung des aktiven Lehrers wider, dass die Bringschuld sport- und bewegungspädagogischer Forschung über die Formulierung elaborierter Theoriekonzepte hinausgeht und eine als „paida agein" verstandene (Sport- und Bewegungs-)Pädagogik immer auch eine Handlungs-, Erziehungs- und Orientierungsfunktion zu erfüllen hat.

Auf der anderen Seite ist der *Schritt ins Konkrete* für den Erziehungswissenschaftler immer eine Gratwanderung, denn an der Schnittstelle von Theorie und Praxis kann dieser nie ohne ein Mindestmaß an methodischen, inhaltlichen und konzeptionellen Brüchen gegangen werden. Aufgrund unterschiedlicher Bezugs- und Wirkungsrahmen kann eine praktische Konkretisierung niemals eine Eins-zu-eins-Umsetzung des theoretischen Konzepts sein. Wird trotzdem ein unterrichtspraktischer Ertrag angestrebt, so liegt diesem Vorhaben eine weitere Überzeugung zugrunde, nämlich dass in der Sport- und Bewegungspädagogik zu wenig an der Entwicklung konsistenter und elaborierter Unterrichtskonzeptionen gearbeitet wird. Wo eine sich selbst genügende Praxis einer praxisfernen Theorie gegenübersteht, werden innovative Unterrichtskonzepte verhindert oder zwischen Vertretern beider Lager aufgerieben. Leidtragende sind meist die Schüler.

So verstehen sich die Unterrichtsbeispiele einerseits als Illustration des in dem Theorieband entwickelten, erfahrungsorientierten Unterrichtskonzepts und andererseits als Beitrag zur Unterrichtsforschung im Fach Sport. Dabei wird kein empirischer Nachweis geführt, sondern exemplarisch Unterricht dargestellt. In der

---

1 Aus Gründen der Lesbarkeit wird in diesem Buch auf die Nennung der weiblichen Formen bei Nomen verzichtet. Die jeweiligen männlichen Formen werden in diesem Sinne geschlechtsneutral verwendet.
2 Vergleiche dazu Giese (2008). *Erfahrung als Bildungskategorie. Eine sportsemiotische Untersuchung in unterrichtspraktischer Absicht.* Aachen: Meyer und Meyer.

Erfahrungsorientierter und bildender Sportunterricht

Schule wiederholt durchgeführte, immer wieder modifizierte, tastende Versuche, *erfahrungsorientierten und bildenden Sportunterricht* auf der Basis einer elaborierten Theorie zu gestalten. Als Herausgeber war mir deshalb besonders wichtig, dass die Autoren neben einer überragenden Fachkompetenz in ihrem jeweiligen Gebiet über umfangreiche Schulerfahrungen verfügen. Die im Folgenden dargestellte Praxis ist dementsprechend keine utopische Vision, sondern dem Anspruch verpflichtet, *erprobt* und *praxistauglich* zu sein.

Die pädagogische Relevanz der Thematik liegt darin begründet, dass ein erfahrungsorientierter Sportunterricht im Kanon schulischer Unterrichtsfächer unverwechselbare Beiträge zu einer nachhaltigen und ganzheitlichen Bildung des Individuums leisten kann, weil unsere Leiblichkeit im Sportunterricht nicht systematisch ausgeklammert, sondern (explizit) thematisiert wird. Aufgrund der engen Verwandtschaft der Phänomene *Bildung* und *Erfahrung* und aufgrund der engen Bindung dieser Phänomene an die *leibliche Selbstbewegung* erscheint ein erfahrungsorientierter Sportunterricht deshalb besonders geeignet, um die Ansprüche eines *bildenden* Sportunterrichts einzulösen.

Betrachtet man aus *wissenschaftlicher Perspektive* den gegenwärtigen Stand der Diskussion erfahrungsorientierter Unterrichtskonzeptionen im Sport, ist zu konstatieren, dass Unterrichtskonzepte, die ihre didaktischen Rahmenrichtlinien stringent aus einer Analyse der Erfahrung bzw. aus einer einheitlichen Theorie der Erfahrung beziehen, in der sport- und bewegungspädagogischen Fachdiskussion häufig nicht ausreichend theoretisch elaboriert sind, weshalb ihr Anspruch der Erfahrungsorientierung kritisch zu hinterfragen ist. Auf der anderen Seite existieren philosophisch anspruchsvolle Reflexionen des pädagogischen Erfahrungsbegriffs, doch legen diese Ansätze eher den Schluss nahe, dass ein erfahrungsorientierter Sportunterricht in der heutigen Schulwirklichkeit kaum machbar ist oder sie zeichnen sich durch ein Ausklammern der – für die Schule so relevanten – Frage nach der Didaktisierbarkeit der Erfahrung aus.

Aus *schulpraktischer Perspektive* wiederum werden erfahrungsorientierte bzw. ganz allgemein induktive Vermittlungskonzepte im Sportunterricht häufig mit großer Skepsis betrachtet. Die Abwehrhaltung gegen solche Lehrweisen liegt vor allem darin begründet, dass sie mit einem hohen Zeitaufwand und Problemen bei der Notengebung assoziiert werden und darum in der Schulwirklichkeit als nicht

Einführung

praktikabel erscheinen. In diesem komplexen Spannungsfeld zwischen Theorie und Praxis verortet sich der vorliegende Diskussionsbeitrag, der illustrieren möchte, dass ein potenziell *bildender und erfahrungsorientierter Sportunterricht* auf Basis einer elaborierten Theorie der Erfahrung – auch in der heutigen Schulwirklichkeit – sehr wohl machbar ist.

Die in diesem Buch vorgestellten Unterrichtsbeispiele zeigen, ohne dabei praxisvirulente Fragen nach der Benotung, nach Theorieanteilen oder nach der Integration sportbefreiter Schüler auszuklammern, an einem möglichst breiten Inhaltsspektrum, wie ein solcher *erfahrungsorientierter und bildender Sportunterricht* aussehen kann. Im Sinne einer Sensibilisierung für Unterschiede und zur gezielten Verunsicherung bestehender Routinen generieren die Praxisbeispiele eine *andere Praxis,* was u. a. am Beispiel des oberen Zuspiels beim Volleyball (vgl. Giese & Grotehans, i. d. B.) illustriert wird, in dem die vertretene erfahrungs- und bildungsorientierte Unterrichtskonzeption klassisch-instruierenden Vermittlungsverfahren kontrastierend – *aber nicht abwertend* – gegenübergestellt wird.

In der Fachdiskussion besonders umstritten ist die Anwendung erfahrungsorientierter Unterrichtsverfahren auf streng normierte Bewegungsvorschriften. Denn üblicherweise wird induktiven Verfahren die Eignung besonders dann abgesprochen, wenn es um Bewegungsfertigkeiten geht, die wenig Varianz in ihrer Ausführung erlauben. Gerade die erfahrungsorientierte Vermittlung der Sicherungstechniken beim Topropeklettern (vgl. Giese, i. d. B.) oder auch das Windsurfen (vgl. Arnold & Jennemann, i. d. B.) zeigen allerdings, dass solche Zuschreibungen von Methoden zu Inhalten kritisch zu hinterfragen sind. Seit jeher kritisch diskutiert wird die Eignung induktiver Vermittlungswege allerdings auch bei *klassischen* Unterrichtsinhalten, wie dem turnerischen Handstand (vgl. Pilz, i. d. B.), dem Schwimmen (vgl. Schmid & Weigelt, i. d. B.), dem leichtathletischen Sprinten und Springen (vgl. Jennemann, i. d. B.) oder dem Kugelstoßen (vgl. Giese & Hasper, i. d. B.).

Dass die ästhetische Praxis des Tanzes (vgl. Bindel, i. d. B.), gleichgewichtssensible Tätigkeiten wie das Inlineskaten (vgl. Herwig, i. d. B.) bzw. das Kanufahren (vgl. Lochny & Weigelt, i. d. B.) oder in der Schule eher unübliche Inhalte wie Tennis (vgl. Hasper, i. d. B.) und Frisbee (vgl. Grotehans, i. d. B) mit erfahrungsorientierten Vermittlungsverfahren kompatibel sind, erscheint da unter Umständen naheliegender. Sowohl die theoretischen Vorüberlegungen als auch die Praxisbeispiele

Erfahrungsorientierter und bildender Sportunterricht

zeigen allerdings, dass für die Passung erfahrungsorientierter Vermittlungsverfahren weniger die Strukturen der Lerngegenstände verantwortlich sind, als das Niveau der Vorerfahrungen und die Möglichkeit, mit entsprechenden Situationsarrangements und ergebnisoffenen Aufgaben zielgenau an diese anzuknüpfen.

Die sich an dieser Stelle aufdrängende Überleitung zum Theorieteil soll allerdings nicht vollzogen werden, ohne vorher den Autorinnen und Autoren, dem Verlag *Meyer und Meyer* sowie den Reihenherausgebern *Heinz Aschebrock* und *Rolf-Peter Pack* für ihre immerwährende und unermüdliche Bereitschaft zu danken, an dem vorliegenden Werk aktiv und unter großem Einsatz mitgearbeitet zu haben. Das letztendliche Entstehen eines solchen Buches verdankt sich im Einzelnen so vielen Personen aus dem privaten, familiären und beruflichen Umfeld, dass sie hier zwar nicht einzeln aufgezählt werden können, ich ihnen an dieser Stelle aber zumindest kollektiv meinen aufrichtigen Dank aussprechen möchte.

Martin Giese

Theoretische Grundlagen

1 Theoretische Grundlagen eines erfahrungsorientierten und bildenden Sportunterrichts

Martin Giese

1 Auf der Suche nach der Erfahrung

Man kann ohne Übertreibung sagen, dass der Erfahrungsbegriff im Kontext der Diskurse um einen zeitgemäßen Sportunterricht und dessen Legitimation allgegenwärtig ist. Kaum eine fachdidaktische bzw. fachpraktische Veröffentlichung scheint ohne Verweis auf die Erfahrung auszukommen. Die Erfahrung kann in diesem Sinne als eine Art Einverständniskategorie bezeichnet werden, die den Autoren offenbar allgemeine Zustimmung garantiert und die das pädagogische Tun nachhaltig legitimiert. Selbst der Volksmund bescheinigt, dass man aus Erfahrung klug wird und dass Erfahrung die beste Lehrmeisterin sei.

Was aus eigener Erfahrung gelernt, mit den eigenen Sinnen und dem eigenen Körper erfahren wurde, scheint eine ganz besondere Bedeutung zu haben und ist tief und nachhaltig im Bewusstsein verankert. Da sich Erfahrung durch eine besondere Bindung an die Körperlichkeit auszeichnet, verwundert es kaum, dass vor allem Sport- und Bewegungspädagogen in ihr seit jeher ein originäres Betätigungsfeld sehen und dass in der Sport- und Bewegungspädagogik eine Vielzahl an Erfahrungskonzeptionen existiert, für die es in benachbarten Bereichen ebenso wenig eine Entsprechung gibt wie in der allgemeinpädagogischen Mutterwissenschaft: Grupes (1995) „Typologie der Erfahrung", Scherlers (1975) „Materiale Erfahrung", Funke-Wienekes (1980) „Körpererfahrung", Trebels (1984) „Bewegungserfahrung", Moeglings (1984) „Sanfte Erfahrung", Thieles (1996) „Leibliche Erfahrung", Frankes (2003) „Ästhetische Erfahrung" – hinter jedem dieser Begriffe verbirgt sich eine eigenständige Erfahrungskonzeption.

Der Erfahrung wird offensichtlich ein immenses pädagogisches Potenzial zugeschrieben. Möchten (Sport-)Pädagogen dieses Potenzial nutzen und einen erfahrungsorientierten Unterricht inszenieren, in dem sie nach Praxisanleitungen bzw.

Erfahrungsorientierter und bildender Sportunterricht

nach „Kochrezepten" einer erfahrungsorientierten Unterrichtslehre suchen, finden sie sich allerdings schnell in Teufels Küche wieder, denn die umfangreiche Thematisierung der Erfahrung in der Sport- und Bewegungspädagogik spiegelt vor allem eines wider – ihre Uneinheitlichkeit. Das Spektrum ist dabei groß und reicht von philosophisch-komplexen Ausdeutungen des Erfahrungsbegriffs, welche die Möglichkeit erfahrungsorientierten Sportunterrichts weitgehend verneinen, über theorieferne Praxiskonzepte, bis zur quasi esoterischen Verwendung der Erfahrung, die etwas nebulös Natürliches und Ursprüngliches bezeichnen soll und dabei einer realitätsfernen Zivilisationskritik Ausdruck verleiht.

Wo verortet sich das vorliegende Buch? Zunächst gilt festzuhalten, dass es trotz der umfassenden Diskussion bis heute an einer *einheitlichen* und vor allem *anthropologisch fundierten* Theorie der Erfahrung in der Sport- und Bewegungspädagogik fehlt, die modelliert, wie Erfahrungen entstehen und wie der Sportunterricht die Entstehung von Erfahrungen sinnvoll unterstützen kann (vgl. Giese, 2008c). Im Kontext der Diskurse um einen erfahrungsorientierten Sportunterricht wird eine Diskrepanz zwischen der prosperierenden Verwendung des Erfahrungsbegriffs und einer sich kümmernden bzw. praxisfernen Theoriebildung konstatiert. Viele relevante Fragen bleiben weitgehend unbeantwortet und der Erfahrungsbegriff merkwürdig unbestimmt und konturlos: Was ist eigentlich eine Erfahrung? Wie entstehen Erfahrungen? Kann der real existierende Sportunterricht die Entstehung von Erfahrungen unterstützen? Durch welche Strukturmerkmale zeichnet sich ein erfahrungsorientierter Sportunterricht konkret aus? Und vor allem: Kann eine Ausrichtung des Sportunterrichts an erfahrungsorientierten Vermittlungsverfahren sinnvolle Beiträge zu einer nachhaltigen Bildung des Individuums im Sportunterricht leisten? Wo liegen Chancen, aber auch Grenzen?

Der Versuch, zur Klärung dieser Fragen i. S. einer sport- und bewegungspädagogischen Grundlagenforschung beizutragen und daraus tragfähige Leitlinien für eine erfahrungsorientierte Unterrichtslehre zu ziehen, wurde bereits in dem zu dem vorliegenden Buch dazugehörigen Theorieband unternommen (vgl. Giese, 2008a). Dabei ging es keinesfalls darum, den zahlreichen Erfahrungskonzeptionen eine weitere hinzuzufügen, vielmehr wurde im kantischen Sinne nach der verbindenden Einheit in der Vielfalt gesucht und eine tragfähige anthropologische Grundlegung in der Verknüpfung mit aktuellen Lerntheorien versucht – ein *integratives* und kein additives Projekt. Die Ergebnisse dieser Theoriebildung werden im Folgenden zwar

Theoretische Grundlagen

einführend rekapituliert, interessierte Leser, die sich aber auch für deren Herleitung interessieren, müssen allerdings, um unnötige Redundanz zu vermeiden, auf den entsprechenden Theorieband verwiesen werden. Das vorliegende Buch löst vielmehr ein Desiderat ein, das mir in meiner Doppelfunktion als Forscher und aktiver Lehrer ganz besonders am Herzen liegt, die Darstellung erfahrungsorientierter und erprobter Unterrichtspraxis, die zeigt, dass erfahrungsorientierter Sportunterricht auf der Grundlage einer elaborierten, einheitlichen und anthropologisch fundierten Theorie der Erfahrung sehr wohl – auch im Rahmen heutiger Schulwirklichkeit – möglich ist. Dieser Band versteht sich als eine praktische Illustration der geleisteten Theoriebildung.

Damit wird eine Tradition wiederbelebt, die im Kontext der Erfahrungsthematisierung zuletzt bei Funke-Wieneke Anfang der 80er Jahre gepflegt wurde (vgl. Funke, 1983), die Darstellung konkreter erfahrungsorientierter Unterrichtspraxis in einer Herausgeberschrift, die sich die Erfahrungsorientierung explizit auf die Fahnen schreibt. Dabei wird allerdings keineswegs die These vertreten, und dies sei hier ausdrücklich erwähnt, dass Erfahrung hergestellt oder gar erzwungen werden kann, es geht vielmehr um die Bedingung der Möglichkeit, um die Schaffung günstiger Voraussetzungen, damit die Wahrscheinlichkeit für Erfahrung für möglichst viele Schüler möglichst hoch ist. Handlungsleitend ist die Frage: „Wie sind Erfahrung und Bildung im schulischen Sportunterricht möglich?" Wird dabei die Frage verfolgt, wie ein erfahrungsorientierter Sportunterricht zur nachhaltigen Bildung des Individuums im Sportunterricht beitragen kann, gilt es zunächst, das zugrunde gelegte Bildungsverständnis zu klären (vgl. Giese, 2008b).

Erfahrungsorientierter und bildender Sportunterricht

2 Bildung im und durch Sportunterricht?

Der Bildungsdiskurs hat in der sport- und bewegungspädagogischen Forschung nach wie vor Konjunktur. Bietz spricht, ähnlich wie auch Franke (2000, S. 97), Prohl (2006, S. 127) oder Schmidt-Millard (2005, S. 142), „von einer regelrechten Renaissance bildungstheoretischen Denkens" (Bietz, 2005, S. 85) in der Sport- und Bewegungspädagogik, wobei vor allem in jüngster Vergangenheit die inhaltliche Auseinandersetzung über Fächer und Inhalte von Bildung um eine, diesen Oberflächenphänomenen vorgelagerte, strukturalistische Diskussion ergänzt wurde (vgl. z. B. Alkemeyer, 2003; Becker, 2003; Bockrath, 2005; Bietz, 2005; Franke, 2003; Scherer, 2005b; Schmidt-Millard, 2005).[1]

Auch das im Folgenden vertretene Bildungsverständnis steht in der Tradition strukturalistischen Bildungsdenkens. Bevor diese Bekundung aber ausgedeutet wird, ist zunächst zu klären, was hier mit einem *strukturalistischen Diskurs* gemeint ist. Ein solcher Diskurs zeichnet sich vor allem dadurch aus, dass nicht danach gefragt wird, an welchen Inhalten sich Bildung im Sport vollziehen soll, sondern danach, durch welche Strukturen Bildungsprozesse eigentlich gekennzeichnet sind. Mit den Worten de Saussures, des Begründers der modernen Sprachwissenschaft, stehen die grammatikalischen bzw. funktionalen Tiefenstrukturen zur Diskussion und nicht die substanziellen Oberflächenphänomene.

Es geht also nicht um die vordergründige Frage, ob eher Fußball, Wellness oder Trendsportarten zu thematisieren sind, sondern um die Frage, durch welche Strukturen sich ein Sportunterricht auszeichnen muss, wenn er zumindest potenziell die Möglichkeiten zur Bildung geben möchte. Zentrales Element dieser Denkrichtung ist also nicht die Suche nach den *richtigen* Inhalten oder nach adäquaten Zielvorstellungen, an denen sich Bildung im Sport zu vollziehen habe, sondern die Frage nach der Bedingung der Möglichkeit von Bildung im Kontext sportlicher Handlungen. Sinn und Zweck einer solchen Herangehensweise ist, „den Diskurs auf eine den Bildungsinhalten vorgelagerte strukturelle Ebene zurückzuführen und erst von da aus die Diskussion einzelner Sachfragen auf der phänomenalen Ebene anzugehen" (vgl. Hildenbrandt, 2005, S. 202).

---

1 In Anlehnung an Hildenbrandt findet hier ein generatives Strukturkonzept Anwendung, „wie es schon in dem Begriff der ‚inneren Form' von v. Humboldt für die Sprache entwickelt worden ist. ‚Struktur' in diesem Sinne meint die Gestaltungskräfte, die die Generierung und Wandlung der Formen in kulturellen Formen zu Konfigurationen ordnen und erklären helfen" (Hildenbrandt, 2005, S. 202). Eine strenger methodische Formalisierung „wie sie Levi-Strauss [...] vorgelegt hat, ist nicht angestrebt" (ebd., S. 203).

Theoretische Grundlagen

2.1 Strukturen des Bildenden im Sportunterricht

Bildung wird im Folgenden als Aneignung bzw. Umgestaltung von Bewusstseinsinhalten verstanden,[2] die das Verhalten des Individuums bzw. seinen Weltbezug nachhaltig verändern. Verlieren junge Männer beispielsweise ihre Scheu vor dem Ausdruckstanz (vgl. Bindel, i. d. B.) oder richtet sich bei Tennisanfängern von einer Sekunde auf die andere die gesamte Schlagtechnik neu aus, weil ihr bisheriges Handeln von unfunktionalen Bewegungsvorstellungen beeinflusst war (vgl. Hasper, i. d. B.), sind das Beispiele für nachhaltige Veränderungen von Weltbezügen – für Bildungsprozesse. Als *Prozess* „kann Bildung verstanden werden, als Erwerb von Kulturkompetenz [bspw. Schwimmen lernen, MG], und als *Ergebnis* bezeichnet Bildung den Besitz und die Verfügbarkeit dieser Kompetenz bei der Gestaltung und Verknüpfung verschiedener Kulturgegenstände und Kultursegmente" (Hildenbrandt, 2000, S. 17). Da dem Menschen festgelegte Reiz-Reaktions-Schemata, wie sie beispielsweise dem pawlowschen Hund eigen sind, weitgehend fehlen, ist Bildung allerdings keine Option menschlichen Handelns, sondern primordiale Notwendigkeit: Die Mensch-Welt-Beziehungen sind zwingend gestaltungsbedürftig. Der Mensch ist zur (auto-)poietischen Selbstbildung quasi programmiert. Dabei gibt es kein substanzielles Ende des Bildungsprozesses. Bildung ist „dynamisch, sie bleibt permanente Aufgabe" (Schmidt-Millard, 2005, S. 144).

Im Kontext didaktischer Diskurse stellt sich die Frage, unter welchen Bedingungen diese Bildung im Sport zu erwerben ist. Zentrales Bindeglied des Konstrukts Bildung ist, nach Franke, das zur (Selbst-)Reflexion fähige Subjekt:

„Beides, der Reflexionsprozeß [kursiv, MG] auf der Basis von Vernünftigkeit, Selbstbestimmungsfähigkeit und Freiheit des Denkens und Handelns sowie die Frage nach dem vernunftbegabten, erkenntnisfähigen Subjekt [kursiv, MG] als autonome Person gelten als Voraussetzungen und Merkmale von Mensch-Welt-Bezügen, denen man eine bildungsrelevante Bedeutung zuschreibt." (Franke, 2000, S. 98).

---

[2] Das Bewusstsein wird in Anlehnung an Schwemmer und Cassirer als System von Verweisungen verstanden, in das die einzelnen Bewusstseinsinhalte integriert werden müssen, um sie identifizierbar zu machen. „Was vorbewußt ein leibliches Geschehen ist [...], wird dadurch zu einem bewußten Ereignis, daß es in ein Element des Systems von Verweisungen transformiert wird, als das unser Bewußtsein existiert" (Schwemmer, 1997, S. 81). Die umfassende Verknüpfungsstruktur der symbolischen Bewusstseinsinhalte wird zur zentralen Eigenschaft des Bewusstseins. Ein wichtiges Charakteristikum der Bewusstseinsinhalte ist, „daß alles Einzelne des Bewußtseins nur dadurch ‚besteht', daß es das Ganze potenziell in sich schließt und gleichsam im steten Übergang zum Ganzen begriffen ist" (Cassirer, 1954, S. 45).

Erfahrungsorientierter und bildender Sportunterricht

Bedingung der Möglichkeit, um auch sportiven Mensch-Welt-Bezügen bildungsrelevante Potenziale zuschreiben zu können, sind danach Situationen, die eine selbstständige Reflexion des Subjekts herausfordern oder zumindest zulassen. Gleichzeitig ist es notwendig, die kantische Erkenntnistheorie „über das enge, sprachorientierte Vernunftverstehen hinaus zu einer Kulturtheorie zu erweitern. [...] Kants transzendentale Logik [muss, MG] zu einer *semiotischen* Logik erweitert werden. D. h., ihre grundlegenden Operationen sind nicht nur an das Modell sprachlicher Begriffe gebunden; der Erkenntnisprozeß, der bisher eingeengt auf die Sprache gedeutet wurde, muß prinzipiell auch offen für nicht-sprachliche Erfahrungsbereiche sein" (Franke, 2000, S. 104). Es ist danach zu fragen, ob

„auf der präverbalen Ebene des Körperlichen reflexiv Distanz geschaffen werden kann, denn genau darin ist die Grundlage für Bildungsvorgänge zu sehen. Nur unter der Bedingung von reflexiver Distanz – so die allgemeine bildungstheoretische Annahme – können persönliche Handlungsspielräume gewonnen werden und persönliche Erlebnisse nachhaltig [kursiv, MG] Auswirkungen auf die Person und ihren Weltzugang insgesamt haben" (Bietz, 2005, S. 107).

Um zu erklären, wie auch ohne die ordnende Kraft der Sprache auf der präverbalen Ebene des Bewegens die Möglichkeit zur reflexiven Distanzierung geschaffen werden kann, wird auf die Diskrepanz zwischen der Ideal- und der Ausführungsform sportlicher Bewegungen verwiesen, die *Differenz-Erfahrungen* im Formungsprozess von Bewegungen provoziert. Entspricht beispielsweise das antizipierte Handlungsresultat nicht dem realen Resultat, wenn z. B. das Surfbrett trotz großer Anstrengungen und anderer Erwartungen nicht zum Kentern gebracht werden kann (vgl. Arnold & Jennemann, i. d. B.) oder entspricht der *wahrgenommene* Raum im Tun bzw. während der sportlichen Handlung nicht dem *vorgestellten* Raum, wenn sich z. B. günstige Anlauf- oder Schrittlängen anders darstellen als gedacht (vgl. Jennenmann, i. d. B.), kann dies zu einer kritischen Distanzierung führen und Reflexions- und damit Bildungsprozesse anstoßen. Entsprechendes zeigt Franke auch für das Verhältnis von vorgestellter und erlebter Zeit sowie für die Beziehung zwischen *Körper-Sein* und *Körper-Haben* (vgl. Franke, 2001, S. 36; Bietz & Scherer, 2002).[3]

---

3 Der genaue Funktionsmechanismus wird bei Franke (2005, S. 190f.) beschrieben.

2.2 Die Methodenkonstruktion als Prüfstein des Bildungsanspruchs

Gretchenfrage und gleichsam Prüfinstanz bei Bewertung und Einlösung der Tragfähigkeit des formulierten Bildungsanspruchs ist letztendlich die methodische Ausgestaltung des Sportunterrichts, eine Frage der Methodenkonstruktion.

„Bewegungsbildung vollzieht sich in diesem Verständnis in der subjektiv sinnvollen Auseinandersetzung mit spezifischen Bewegungsproblemen, wobei das Ziel darin besteht, das Bewegungsproblem zu lösen. Das Wie, also die Weise der Vermittlung und die Qualität des Erwerbs von Bewegungskönnen, ist dabei zumindest von ebensolcher Bedeutung wie das Was, also die Inhalte bzw. der ‚Lehrstoff'" (Prohl, 2006, S. 168).

Die Konstitution eines bildenden Sportunterrichts, der in unserem Kulturkreis stets humanistischen Erziehungsvorstellungen verpflichtet ist, kann allerdings nicht alleine auf einer strukturalistischen Argumentationsebene erreicht werden, denn „mit der Einbeziehung der Kategorie Bildung in den Begründungszusammenhang der Bewegungspädagogik gewinnt diese Disziplin eine explizit normative Orientierung" (Schmidt-Millard, 2005, S. 147). Im Bestreben durch den zu inszenierenden Sportunterricht auch humanistische Erziehungsideale zu fördern, liegt es auf der Hand, dass der Kompetenz-*Erwerb* weder in anthropologischer noch in pädagogischer Beliebigkeit vollzogen werden kann. Vielmehr erscheint eine anthropologische Versicherung der verwendeten Bildungstheorien besonders dringlich (vgl. Kap. 4.1).

Bereits an dieser Stelle können didaktische Konsequenzen angedacht werden, um damit zum nächsten Kapitel überzuleiten. Ist Selbstreflexion infolge einer kritischen Distanzierung zum eigenen Tun Voraussetzung von Bildungsprozessen, dann sollte der Sportunterricht so angelegt sein, dass Schüler aktiv zum Bilden *bewusster* und *vor-bewusster* Hypothesen und Antizipationen angeregt werden, die dann in konkreten und vor allem authentischen Situationen an der Wirklichkeit zu testen sind. Fährt das Kanu z. B. partout in eine andere Richtung, als vom Kanuten gedacht (vgl. Lochny & Weigelt, i. d. B.), muss der Unterricht Raum für Reflexionen bieten und diese, wenn möglich, sogar durch institutionalisierte Gesprächs- und Reflexionsphasen unterstützen. Deduktiv geschlossene und stark instruierende Unterrichtsverfahren scheinen sich vor diesem Hintergrund nicht für die Einlösung des Bildungsanspruchs zu eignen. Hoffnungsvoller erscheint der Verweis auf induktive, problemorientierte und vor allem erfahrungsorientierte Unterrichtskonzeptionen.

3 Erfahrungsorientierter Sportunterricht

Wurde im vorigen Kapitel dargelegt, durch welche strukturellen Merkmale sich ein bildender Sportunterricht auszeichnet und das Einlösen dieses Bildungsanspruchs abschließend an die Methodenkonstruktion geknüpft, so ist im Folgenden zu zeigen, wieso gerade ein erfahrungsorientierter Sportunterricht besonders geeignet erscheint, um diesen Anspruch einzulösen.

Anknüpfend an die einleitend getroffene Aussage, dass sich die Sport- und Bewegungspädagogik durch eine große Anzahl an Erfahrungskonzeptionen auszeichnet, soll diese Bekundung in Kap. 3.1 dargelegt werden, um den umfangreichen Erfahrungsdiskurs in seiner Historie darzustellen und aktuelle Entwicklungen vor diesem Hintergrund besser verständlich zu machen. Anschließend wird in Kap. 3.2 ein Klärungsversuch des Erfahrungsbegriffs vorgestellt, bevor in Kap. 3.3 ein anthropologisch reflektiertes und potenziell bildungswirksames Genesemodell der Erfahrung entwickelt wird.

3.1 Der Erfahrungsdiskurs in der Sport- und Bewegungspädagogik

Ursprünge einer Erfahrungsdidaktik liegen Anfang der 70er Jahre bei v. Hentig, der eine „Entschulung der Leibeserziehung" fordert. Er möchte „aus Erziehung wieder Erfahrung machen: an das Leben zurückgeben, was sich an ihm vollziehen kann und bewähren muß" (Hentig, 1972, S. 252). Hier zeigt sich bereits die grundsätzliche Stoßrichtung des Anliegens, nämlich dass „die Erfahrungsthematisierung von Anbeginn mit einer Distanzierung von einseitig an der Vermittlung traditioneller, kanonisierter Sportarten verhafteten Konzepten und den dahinter stehenden Wertorientierungen einhergeht" (Thiele, 1996, S. 92).

Funke-Wieneke überträgt die Idee einer Schule, die Lebens- und *Erfahrungsraum* ist, auf den Sportunterricht. In der Zeitschrift *Sportpädagogik* veröffentlichte Funke-Wieneke (1980) einen Beitrag mit dem Titel *Körpererfahrung*. In diesem Beitrag ruft er dazu auf, die Orientierung der vorherrschenden Sportdidaktik grundsätzlich zu überdenken und dem vernachlässigten Körper wieder zu seinem Recht zu verhelfen. Er fordert die „Wiedereinführung des fühlenden, sinnlichen, autonomen Subjekts in die Bewegungspädagogik" (Funke-Wieneke, 1991, S. 112). Auf Grundlage einer die negativen Aspekte stilisierenden Zivilisations- und Sportkritik sieht er in der Körper-

Theoretische Grundlagen

erfahrung eine Art Universaltherapeutikum, das eine Kompensationsfunktion für omnipräsente Zivilisationsschäden, wie den Verlust von primären Erfahrungen, bietet. Auch wenn das Konzept der Körpererfahrung fortwährender Kritik ausgesetzt ist (vgl. u. a. Leist, 1983; Volger, 1989; Thiele, 1996), fand es weite Verbreitung, und falls ein wie auch immer gearteter Zeitgeist existiert, traf es dessen Nerv punktgenau (vgl. Leist & Loibl, 1984, S. 47), was letztlich dazu führte, dass Körpererfahrung zeitweise synonym für Sportunterricht stand. Hauptkritikpunkte des Ansatzes wurden in der unzureichenden philosophisch-pädagogischen Klärung des Erfahrungsbegriffs, der damit verbundenen Theorieferne und der unzureichenden Beachtung des Weltbezugs des Menschen gesehen. So wurde im Laufe der Rezeption sogar Krückengehen und Linksschreiben zur Körpererfahrung (vgl. Rieder, 1984, S. 23).[4]

Das Trebels (1984) zugeschriebene Konzept der *Bewegungserfahrung*, das auf dem dialogischen Bewegungskonzept beruht, modifiziert die bis dato vorherrschende Turndidaktik. Die subjektseitige Schlagseite der Körpererfahrung wird bei Trebels korrigiert, da die Bewegungserfahrung die Bindung des Individuums an seine Umwelt explizit betont. Allerdings ist bei Trebels keine durchgehende Orientierung an der Erfahrung als Basisphänomen zu finden und auch er liefert keine elaborierte Klärung dieses Begriffs. Trotzdem ist Thiele zuzustimmen, wenn er in Funke-Wieneke und Trebels die beiden wichtigsten Vertreter der Erfahrungsorientierung sieht (vgl. Thiele, 1996, S. 117). Auch wenn sich Funke-Wieneke, Trebels und Moegling explizit auf die Erfahrung berufen und die Frage nach deren Didaktisierbarkeit bejahen, fällt es schwer, ihnen tatsächlich Erfahrungsorientierung zu bescheinigen, da keiner der Ansätze seine didaktischen Schlussfolgerungen tatsächlich durchgängig aus einer Versicherung über die strukturellen Eigenschaften der Erfahrung gewinnt.[5]

An diesem Punkt setzt Thieles Kritik an, der in Bezug auf Funke-Wieneke gar von bewusstem Theorieverzicht spricht (vgl. Thiele, 1996, S. 128).

---

4 Moeglings Überlegungen konnten keine Breitenwirkung entwickeln und werden hier deshalb nur randständig behandelt: Er reformuliert Funke-Wienekes Überlegungen zum Konzept der *sanften Körpererfahrung*. In einer simplifizierenden Dichotomie zwischen Hochleistungssport und sanfter Körpererfahrung stellt er den Hochleistungssport auf eine Stufe mit dem ideologisch verbrämten Sport des Dritten Reichs und fordert die Integration fernöstlicher Bewegungs- und Meditationstechniken in den Schulsport, um den schädigenden Einflüssen des Spitzensports zu begegnen. Moeglings Überlegungen werden wegen ihrer unreflektierten normativen Implikationen und wegen des esoterischen Grundtenors bis dato äußerst kritisch rezipiert (vgl. Thiele, 1996; Holz, 1991).

5 Diese Bestandsaufnahme gilt auch für die zahlreichen Einzelveröffentlichungen zur Erfahrungsthematisierung (vgl. exemplarisch Maraun, 1983; Bauer, 1983; Frankfurter Arbeitsgruppe, 1982; Bielefeld, 1991; Lange, Leist & Loibl, 1991; Treutlein, Funke-Wieneke & Sperle, 1992).

Erfahrungsorientierter und bildender Sportunterricht

"Solcher Theorieverzicht mag mit der besonderen ‚Dignität der Praxis', dem pragmatischen didaktischen Anliegen oder vielleicht auch der Komplexität der Phänomene plausibel gemacht werden können, doch zeigt sich auch – und zwar mit fortschreitender Dauer zunehmend, daß eine solche Vogel-Strauß-Mentalität mit Blick auf eine pädagogische Legitimation dysfunktional wirken muß" (Thiele, 1996, S. 147).

Obwohl Thieles Kritik in nuce zuzustimmen ist, muss die Konstatierung eines „bewussten Theorieverzichts" und einer von „jeglicher Theorie abgekoppelten" Praxis in dieser radikalen und verabsolutierten Form – als überdies sachlich nicht belegbar – zurückgewiesen werden. Thiele ist allerdings das Verdienst zuzusprechen, die theoretische Fundierung der Erfahrung mit seiner strukturellen Analyse des Erfahrungsbegriffs vorangebracht zu haben, doch bleibt auch er eine Klärung der Genese von Erfahrungen im Sportunterricht schuldig, weshalb sein Ansatz für das verfolgte Ziel eines praktischen Ertrags im Schulsport wenig Innovationskraft besitzt. Außerdem erfährt seine Kritik keinerlei pädagogisch-konstruktive Wendung.[6] Die Frage nach der Herstellbarkeit von Erfahrung im Sportunterricht wird von Thiele überaus skeptisch betrachtet und von Dieckmann unmissverständlich formuliert.

„Wo Erfahrung planmäßig gesucht wird, kommt es zu keiner" (Dieckmann, 1994, S. 79).

Erstaunlicherweise ist die theoretisch elaborierte und *unterrichtswirksame* Debatte um die Erfahrungsorientierung des Sportunterrichts mit Thiele weitgehend zum Stillstand gekommen. Die bildungstheoretische und sportphilosophische Bedeutung der Erfahrung wird von Franke und auch von Prohl (vgl. 2006, Kap. 10.2) bis dato zwar wiederholt zum Thema gemacht, da Frankes Arbeiten die Frage nach der Didaktisierbarkeit der Erfahrung jedoch nur randständig behandeln,[7] muss resümiert werden, dass der unterrichtspraktische Diskurs über die Erfahrung auf der Grundlage einer Theorie der Erfahrung weitgehend zum Erliegen gekommen und in einem argumentativen Patt erstarrt ist.

---

6 Aus soziologischer Perspektive verweist die Erfahrung für Thiele wegen ihrer strukturellen Selbstbezüglichkeit und der Notwendigkeit zur Selbstreflexion immer auf die Erfahrungsfähigkeit und erscheint deshalb als probates Mittel zur Einübung in pluralistische Lebenskonzepte und als Werkzeug zur Domestizierung der Postmoderne (vgl. kritisch dazu Beckers, 2005).

7 Franke muss das große Verdienst zugesprochen werden, die erkenntnistheoretischen Grundlagen der Erfahrung durch die Beschäftigung mit dem Differenzbegriff wesentlich konturiert zu haben (vgl. Franke, 2001; Franke, 2003). Erst dadurch wird die Erfahrung im Kontext von Bildungsprozessen im Sport nutzbar und an allgemeinpädagogische Konzepte der ästhetischen Bildung anschließbar.

3.2 Ein sport- und bewegungspädagogischer Erfahrungsbegriff

Vor diesem Hintergrund gilt es, einen philosophisch-pädagogisch fundierten Erfahrungsbegriff zu formulieren, der Grundlage einer entsprechenden Unterrichtslehre sein kann. Auch wenn es keinen Erfahrungsbegriff gibt, der „über die Grenzen der Vielzahl von Schulen hinaus konsensfähig wäre" (Thiele, 1996, S. 168), können i. S. einer mehrperspektivischen Annäherung, die mit hermeneutischen Verfahren nach dem kleinsten gemeinsamen Nenner in der Ideengeschichte des pädagogischen Erfahrungsbegriffs sucht, doch terminologische Anker geworfen werden (vgl. Giese, 2008a, Kap. 1): In summa wird Erfahrung als aktiver (auto-)poietischer Bildungsprozess verstanden, der die Mensch-Welt-Bezüge gleichsam steuert (Prozess) und vollendet (Produkt). Erfahrung führt als relationales Phänomen zwischen Mensch und Umwelt zu einem akkumulierenden Erfahrungsschatz, der die Person-Umwelt-Relationen nachhaltig verändert und im Idealfall ständig optimiert.

Eine dreiseitige Systematisierung des Erfahrungsbegriffs erscheint möglich. Auf der (a) *Seite des Subjekts* ist festzuhalten, dass es seine Erfahrungen selbst machen muss und eine rein sprachliche Vermittlung nicht möglich ist. Diese Position findet sich schon bei Scherler, wenn er sich „entschieden gegen empiristische Auffassungen [wendet, MG], nach denen Erfahrung etwas ‚an sich' sei, was sich dem Subjekt von selbst und ohne seine Mitwirkung aufdränge" (Scherler, 1975, S. 94). Diese notwendige, aber keinesfalls hinreichende Bedingung muss durch das innere Dabei-Sein ergänzt werden, wie es u. a. Hegel beschreibt. Doch erst die Selbstreflexion bzw. das selbstreflexive Denken generiert aus den Versatzstücken des Erlebens Erfahrungen, indem Erwartungen, Ursachen und Wirkungen in Beziehung zueinander gesetzt werden.

„Das Prinzip der Erfahrung enthält die unendlich wichtige Bestimmung, daß für das Annehmen und Fürwahrhalten eines Inhalts der Mensch selbst dabei seyn müße, bestimmter daß er solchen Inhalt mit der Gewißheit seiner selbst in Einigkeit und vereinigt finde" (Hegel, 1952, S. 50).

Erfahrungsorientierter und bildender Sportunterricht

Aber auch auf der (b) *Objektseite* des Lerngegenstandes können terminologische Anker geworfen werden.[8] Was erfahren werden soll, muss sich einerseits zwingend im Erfahrungshorizont des Subjekts befinden, da sonst weder Erkennen noch Lernen möglich ist, andererseits muss es die Antizipation so sehr stören, dass das Erlebnis ins Bewusstsein der Wahrnehmung rückt und nicht im amorphen Strom der Sinneseindrücke davonschwimmt. Vollkommene Fremdheit des zu Erfahrenden verhindert Erfahrungen ebenso wie völlige Vertrautheit. Zur Erfahrung kann dabei nur etwas werden, was nicht der Antizipation entspricht, was uns geistig in Stolpern bringt und uns zur Reflexion anhält.

Strukturell (c) zeichnen sich Erfahrungen dadurch aus, dass sie zukünftige Situationsantizipationen verändern. Erfahrungen sind dabei durch sprachlich-gedankliche Operationen ihrem originären, singulären, zeitlichen und thematischen Kontext entbunden. Sie sind in unserem Bewusstsein überdauernd fixiert. Sie haben handlungsleitende Funktion für die Zukunft, wobei sie als gedankliches und „kontextuell gebrochenes" Abbild des ursprünglichen Erlebnisses nicht als neue Erfahrungshorizonte neben alten stehen, sondern in diese integriert werden. Die Überlegungen führen zu folgender Übersicht:

a) Subjektseitige Voraussetzungen zum Machen von Erfahrungen
1. Erfahrungen müssen selbst gemacht werden und sind ein aktiver Zugriff auf die Umwelt oder sie entstehen zufällig in einem „fruchtbaren Moment".
2. Erst das Denken bzw. die Selbstreflexion vermag Erfahrungen zu generieren.
3. Zur Erfahrung gehört das *Dabei-Sein* i. S. Hegels.

b) Objektseitige Voraussetzungen zum Machen von Erfahrungen
4. Das Zu-Erfahrende muss im Rahmen der Vorerfahrungen des Subjekts liegen.
5. Das Zu-Erfahrende muss die Antizipation des Subjekts stören. Zur Erfahrung kann nur werden, was negativ oder positiv nicht der Antizipation entspricht und uns im Handeln innehalten lässt.

---

8 Gemeint sind keine präexistenten Objekte in der Außenwelt, die Schüler qua Erfahrung zu assimilieren hätten. Der Objektbegriff meint vielmehr die abstrakte Idee dessen, was der Lehrer vermitteln möchte.

c) Strukturelle Eigenschaften der Erfahrung

6. Erfahrung ist ein selbstbezüglicher und autopoietischer Bildungsprozess, der die Mensch-Welt-Bezüge steuert (Prozess) und vollendet (Produkt).
7. Erfahrungen verändern zukünftige Antizipationen.
8. Aus Erfahrung Lernen bedeutet Umlernen.
9. Erfahrungen sind in unserem Bewusstsein omnipräsent und aus ihrer zeitlichen, thematischen und situativen Singularität befreit.
10. Eine Erfahrung ist das durch das Subjekt „gebrochene" und umgeformte gedankliche (symbolische) Abbild des ursprünglichen Erlebnisses.

Suggeriert diese Darstellung möglicherweise den Eindruck terminologischer Kohärenz, muss nochmals ausdrücklich die Unmöglichkeit einer eindeutigen Fixierung des Erfahrungsbegriffs betont werden.

3.3 Eine strukturgenetische Modellierung von Erfahrung

Was ist in dem vorliegenden Zusammenhang mit einer *strukturgenetischen Modellierung* gemeint? Eine struktur-genetische Erfahrungstheorie erklärt vor allem zwei Dinge: Zum einen definiert sie, was mit dem Erfahrungsbegriff gemeint ist (vgl. Kap. 3.2) und zum anderen liefert sie ein Modell, das möglichst plausibel erklärt, wie sich Erfahrungsstrukturen in unserem Bewusstsein generieren. Zur Erinnerung: Erfahrungen werden hier als überdauernde Bewusstseinsstrukturen verstanden, die den Weltbezug des Individuums nachhaltig verändern. Ein solches Struktur-Genese-Modell ist unabdingbar, wenn es darum geht, eine erfahrungsorientierte Unterrichtslehre zu konzipieren. Denn nur wenn ein Modell vorliegt, das diese Strukturgenese erklärt, können auch Aussagen darüber getroffen werden, wie der Sportunterricht diesen Prozess potenziell unterstützen kann. An dieser Stelle zeigt sich erneut die Notwendigkeit und Potenz strukturalistischer Ansätze, die anstatt nach Inhalten oder Zielen zu fragen, nach den zugrunde liegenden Formungsmechanismen, nach der Grammatik der Ausbildung von Strukturen fragen.

Die Darstellung des Genesemodells kann – auch in dieser knappen Zusammenfassung der Theoriebildung – nicht ohne Verweis auf das zugrunde liegende Forschungsparadigma auskommen (vgl. ausführlich Giese, 2008a, Kap. 3), da aus diesem Modell zu gewinnende Unterrichtsmethoden implizit immer auch Menschenbilder transportieren (vgl. Krüger, 2003). Eine (erfahrungsorientierte) Unterrichtslehre darf die kritische Reflexion immanenter Menschenbilder nicht indolent übergehen, möchte sie auch pädagogischen und gesellschaftlichen Ansprüchen gerecht werden. Im Geiste humanistischer Erziehungsvorstellungen kann die Suche nach einem plausiblen und tragfähigen Modell nicht in anthropologischer Beliebigkeit geschehen.

Das Vorhaben, ein Genesemodell zu entwickeln, soll mithilfe des *symboltheoretischen Paradigmas* eingelöst werden, dessen integratives Potenzial sich in der Sport- und Bewegungspädagogik bereits wiederholt als fruchtbar erwiesen hat (vgl. Giese, 2008a, Kap. 3.2.4) und deshalb auch für den hochgradig divergenten Erfahrungsdiskurs geeignet erscheint.[9] Ist von Symbolphilosophie die Rede, ist

---

9 Lohnende Einführungen in das symboltheoretische Paradigma finden sich bei Bietz (2002), Drexel (2002), Franke (2006a) und Hildenbrandt (1997).

Theoretische Grundlagen

damit der exklusive Bezug auf eine inzwischen 15-jährige Forschungstradition auf Grundlage der *Philosophie der symbolischen Formen* Ernst Cassirers (vgl. Cassirer, 1954) gemeint. Auch ohne diese teilweise nicht leicht zugängliche und theoretisch äußerst abstrakte Theorie ausführlich darzustellen, kann ihr Nutzen auch in diesem knappen Rahmen plausibel gemacht werden, wenn zumindest zwei Grundaussagen vor Augen geführt werden: ihre (a) anthropologischen Grundannahmen und ihr (b) Genese-Modell symbolischer Formen.

Cassirer definiert den Menschen (a) anthropologisch als Ausdrucks- und Wirkungswesen, als *animal symbolicum*, das sich dadurch auszeichnet, dass es unablässig bedeutungshaltige Ausdrucksformen schafft (z. B. Sprache, Schrift, Mode, Architektur und eben auch Sport). Diese bedeutungshaltigen Formen sind immer als (sinnliche) Manifestation eines zugrunde liegenden Sinns zu verstehen. So ist der Fosburyflop die Ausdrucksform, in der sich die Intention ausdrückt, so hoch wie möglich zu springen. Da diese Ausdrucksformen damit quasi für etwas anderes stehen, spricht Cassirer von symbolischen Formen.

Cassirers *animal symbolicum* zeichnet sich also dadurch aus, dass es keine Alternative zur kreativen und sinnstiftenden Selbst-Bildung hat – das Subjekt ist verdammt zur Selbstbildung im Modus des Symbolischen (vgl. Kap. 5.2). Diese Anthropologie geht ebenso konform mit den Anforderungen an einen erfahrungsorientierten Sportunterricht wie mit humanistischen Erziehungsvorstellungen, da sich das Wesen des Menschen nicht in bedenklichen Eigenschaften manifestiert, wie beispielsweise in Freuds Libidolehre oder in Nietzsches Wille zur Macht, sondern in einer normativ unverfänglichen, weil funktionalen Bestimmung zur selbstständigen Schaffung von Ausdrucksformen.

Damit wird deutlich, dass Erfahrung als eine symbolische Form im Sinne Cassirers interpretiert wird.[10] Dies ist insofern hilfreich, als das Cassirer auch ein (b) Genesemodell symbolischer Formen liefert. Symbolische Formen – und damit Erfahrungen – entstehen in der Philosophie der symbolischen Formen, indem sich der anthropologisch verankerte Wirkungs- und Ausdruckswille des Individuums in

---

10 Die Annahmen sind hier stark verkürzt und implizieren in ihrer Prägnanz u. U. Verständnisschwierigkeiten. Philosophisch interessierten Lesern sei zur weiteren Lektüre Giese (2008a, Kap. 3.1) empfohlen.

Erfahrungsorientierter und bildender Sportunterricht

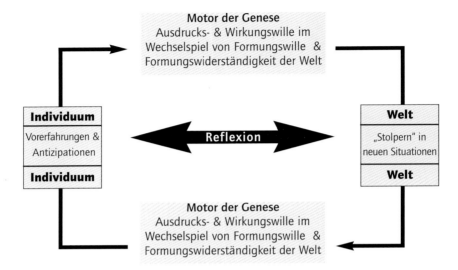

Abb. 1: Zirkulärer Bildungsmechanismus

einem zirkulären Wechselwirkungsprozess an der Widerständigkeit der Welt bricht (vgl. Abb. 1). Mit unserem bereits geprägten Inventar an symbolischen Formen (unseren Vorerfahrungen) treten wir der Welt bzw. neuen Situationen entgegen. Haben die bereits geprägten Formen in der Welt keinen Bestand, kommt es aufgrund des unhintergehbaren Wirkungswillens zur ständigen Überformung der ursprünglichen Form, bis im Idealfall eine Kongruenz zwischen den Handlungsabsichten und den tatsächlichen Handlungsfolgen hergestellt werden kann.[11]

---

[11] Diese Modellierung verweist auf strukturgenetische Ansätze in der Tradition Piagets oder Neissers, die davon ausgehen, „dass sich in der handelnden Auseinandersetzung des Menschen mit seiner Umwelt die handlungsleitenden Strukturen durch den zirkulären Wechsel des Einwirkens und Rückwirkens in Assimilations- und Akkommodationsvorgängen fortlaufend umformen" (Bietz, 2004, S. 134). Einzige Schnittstelle zwischen dem *Willen zur Form* und der *Formungswiderständigkeit der Welt* ist im Übrigen die motorische (Selbst-)Bewegung. Als *Urform der Synthese* stellt die Bewegung somit eine eigene Erkenntniskategorie dar. Schwemmer bezeichnet die motorische Selbstgliederung und die Anmutungsqualität unseres Ausdruckslebens vor diesem Hintergrund als „die ‚natürlichen' Wurzeln für die weitere Gliederung unserer Wahrnehmungswelt" (Schwemmer, 1997, S. 89).

4 Bildung und Erfahrung – eine Synopse

Die enge strukturelle Verwandtschaft der beiden Begriffe *Bildung* und *Erfahrung* sollte inzwischen augenfällig geworden sein. Bedingung der Möglichkeit eines potenziell bildungswirksamen Sportunterricht sind danach zumindest zwei Aspekte: einerseits das Lösen von vertrauten Ordnungen und Routinen, weil neue Situationen mit ihnen nicht adäquat bewältigt werden können, und andererseits (vor-) sprachliche Reflexionsleistungen, um auftretenden Diskrepanzen zwischen Handlungsabsichten bzw. antizipierten Handlungsresultaten und tatsächlich eingetretenen Handlungsresultaten nachzuspüren.

Die Notwendigkeit der Selbstreflexion und das paradoxerweise konstruktive Moment der Dekonstruktion wurden auch im Zusammenhang der Erfahrungsthematisierung als notwendige Bedingungen benannt (vgl. Giese, 2008b, S. 17f.). Bevor auf der Grundlage dieser Ähnlichkeiten nach einer erfahrungsorientierten und bildenden Unterrichtslehre gefahndet wird, soll die Dichotomie dieses Begriffspaars zunächst weiter ausgedeutet werden, um die notwendige theoretische Legitimation der Praxis weiter zu untermauern.

4.1 Der offene Weltbezug als sinnstiftende Gestaltungsaufgabe

Kommen wir nochmals auf die symbolphilosophische Bestimmung des Menschen als *animal symbolicum* zurück, die sowohl dem entwickelten Bildungsverständnis als auch dem dargestellten Erfahrungsbegriff zugrunde liegt. Anthropologische Grundlage dieser Überlegungen ist die Annahme, dass der Weltbezug des Menschen grundsätzlich offen und nicht im Vorfeld determiniert ist. Bietz weist darauf hin, dass sich ähnliche anthropologische Rahmenbedingungen „übereinstimmend in den Konzepten der philosophischen Anthropologie des 20. Jahrhunderts, der Philosophie der symbolischen Formen sowie der Sozialphilosophie" (Bietz, 2005, S. 88) finden lassen. I. e.: Menschliches Verhalten in konkreten Mensch-Umwelt-Beziehungen ist nicht, wie es im klassischen Behaviorismus postuliert wird, durch determiniertes Verhalten bestimmt, sondern *zwingend* gestaltungsbedürftig. Weil dem Menschen automatisierte Verhaltensmuster weitgehend fehlen, muss er sich bilden, um seine Handlungskompetenz zu erweitern. In Modifikation des Funktionskreismodells von Uexküll,

Erfahrungsorientierter und bildender Sportunterricht

das bei Tieren von einem Merk- (zur Reizaufnahme) und einem Wirknetz (zur Reizbeantwortung) ausgeht, über das sie mit der Umwelt in Kontakt treten, geht Cassirer beim Menschen von einem zusätzlichen Symbolnetz aus (vgl. Cassirer, 1996, S. 48). Der *Homo discens* der pädagogischen Anthropologie definiert sich nicht über seine Option, sondern über seine *Verdammnis* zum Lernen und Bilden.

„Wir müssen lernen, weil wir nicht alles schon wissen und kein Fühlen und Verhalten unmittelbar feststeht; und wir wissen nicht alles auf immer oder bauen unser Verhalten um, weil wir erfahren" (Dieckmann, 1994, S. 98).

Da die neu gebildeten, überdauernden Bewusstseinsinhalte dem Zurechtfinden in der Welt dienen und aus diesem Bestreben gleichsam emergieren, hat der Symbolisierungsprozess einen sinnstiftenden Charakter. Diese Symbolfunktion beschränkt sich nicht auf bestimmte Fälle, sondern ist ein universelles Prinzip.

„Das Prinzip des Symbolischen mit seiner Universalität, seiner allgemeinen Gültigkeit und Anwendbarkeit ist das Zauberwort, das »Sesam, öffne dich!«, das den Zugang zur menschlichen Welt, zur Welt der menschlichen Kultur, gewährt" (Cassirer, 1996, S. 63).

Solche Elemente einer einheitlichen anthropologischen Fundierung sind auf dem Weg zu einer Didaktik eines *bildenden und erfahrungsorientierten Sportunterrichts* ein wichtiger Zwischenschritt, da konkrete didaktische Konsequenzen somit nicht mehr nur Exzerpt bewegungswissenschaftlicher Effizienzkriterien sind, sondern auch reflektierten, humanistisch-anthropologischen Grundannahmen verpflichtet sind, die Schüler in ihrem So-Sein und als Teilhaber an einem demokratisch-freiheitlichen Gesellschaftssystem verstehen (Scherer, 2004, S. 138).

4.2 Stolpersteine zwischen Antizipation und Resultat

Wurde eben die Notwendigkeit der aktiven Bildung und Gestaltung der Weltbezüge durch das Individuum betont, so sind neben die Momente der Formung, des Bildens, des Wirkens und des Ausdrucks Momente der Enttäuschung, der Negation und der Störung der Antizipation zu stellen. Solche Bildungsvorstellungen betonen das Moment der Dekonstruktion (vgl. Alkemeyer, 2003, S. 58), der Krise (vgl. Becker 2001, S. 14), der Bruchlinien der Erfahrung (vgl. Waldenfels, 2002) oder der Dissensorientierung (vgl. Thiele, 1996, S. 289):[12]

„Erst die Irritation des Evidenten, die Demontage der Normativität des Faktischen und, besonders, die Herauslösung aus der Geborgenheit der Fremdbestimmung begründen die Freiheit zum Entwurf, zur Gestaltung der Wirklichkeit und des Selbst, ihre Behandlung als Aufgabe und Erfindung" (Alkemeyer, 2003, S. 58).

Die Herausbildung individueller und kultureller Bewusstseinsinhalte ist darauf angewiesen, dass sich der poietische Formungswille des Individuums an der Widerständigkeit der Welt bricht, dass der (un-)bewusst antizipierte Plan, wie z. B. ein Surfbrett zu steuern ist (vgl. Arnold & Jennemann, i. d. B.), nicht aufrechterhalten werden kann und die Metapher des Stolperns in einem unfreiwilligen Wasserbad ihren höchst realen Ausdruck findet. Es geht um Inkongruenzen zwischen Handlungsabsichten und Handlungsfolgen, damit es zu Differenzwahrnehmungen i. S. Frankes kommt.[13] Die Betonung der Diskontinuität meint allerdings nicht – und dies sei hier ausdrücklich erwähnt – die Reaktivierung existenzphilosophischer Überlegungen und eine damit einhergehende exklusive Fokussierung auf die Schmerzhaftigkeit solcher Momente, wie es beispielsweise Bollnow (1974, S. 20) fomuliert.[14]

---

[12] Auch wenn die genannten Autoren unisono die Bedeutung der Diskontinuität betonen, verfolgen sie doch divergente Zielvorstellungen: Während Alkemeyer für inkorporierte Machtkonfigurationen sensibilisiert, strebt Thiele nach Ansätzen zur Domestizierung der (Post-)Moderne. Becker begründet mit dieser Argumentationsfigur dagegen sein Bildungskonzept einer Abenteuerpädagogik.

[13] Gerade Cassirers Symbolphilosophie sensibilisiert als poietische Konstruktions- und Ausdruckstheorie für die Notwendigkeit eines *Primats der Konstruktion*. Die gesamte cassirersche Philosophie muss i. d. S. als ein Gestalten, als ein „Werden *zur* Form" (Schwemmer, 1997, S. 122) verstanden werden.

[14] Eine solche existenzphilosophische Pädagogik verbietet sich nicht nur aus strukturellen, sondern vor allem aus anthropologisch-humanistischen Gründen. Es kann kaum als verantwortungsvolles Lehren angesehen werden, Schüler negativen Momenten bzw. einer „Pädagogik des Schmerzes" auszusetzen.

Erfahrungsorientierter und bildender Sportunterricht

„Das Moment der Negation meint hier eine bestimmte Funktion und nicht eine Bewertung der Erfahrungsinhalte. Der Erwerb neuer Erfahrung setzt voraus, dass sich der selbstverständliche, alltägliche Umgang in einer neuen Situation als nicht mehr tragfähig erweist, dass Vorerfahrungen und Vorwissen ihre Gültigkeit verlieren" (Prohl, 2006, S. 164).

Das Moment der Enttäuschung einer Antizipation wird nach Prohl als eine normativ nicht vordeterminierte Störung der Antizipation verstanden, bei der die Störung sowohl in einem stolpernden Misslingen als auch in einem unerwarteten Gelingen verankert sein kann. Wenn Wasser urplötzlich keinen Widerstand mehr, sondern Abdruck bietet (vgl. Schmidt & Weigelt, i. d. B.), der schwerere Partner unverhofft gesichert werden kann (vgl. Giese, i. d. B.) oder Inliner auf einmal zielgerichtet geradeaus fahren (vgl. Herwig, i. d. B.), weil völlig unerwartet die Bewegungsausführung mit den Erfordernissen der Situation in Einklang gebracht werden kann, dann sind das fruchtbare Momente des unverhofften Gelingens, die unsere Antizipation stören, zur Selbstreflexion anregen und zu überdauernden Veränderungen zukünftiger Bewegungsrealisationen führen können.

Ist die Bildung überdauernder Bewusstseinsstrukturen an eine Störung der Antizipation gebunden, dann sind Bewegungen und Erfahrungen von ihrem Ende her, eben über ihr antizipiertes *Resultat* organisiert (vgl. Kap. 5.4).[15] Nur dann kann es zur reflexiven Distanziertheit kommen, die oben als Bedingung sportlicher Bildungsvorgänge bezeichnet wurde. Erst wenn wir in unserem leiblichen Tun Differenzen bemerken und uns unser Tun im Tun dadurch selbst fremd wird, kann Bildung – auch auf einer vorsprachlichen Ebene – im Sport stattfinden.

Daraus ergibt sich die Notwendigkeit der Befähigung der Individuen im Umgang mit Ungewissheiten und Brüchen – kurz: eine Verunsicherungsfreudigkeit bzw. die produktive Bejahung des Unvorhersehbaren. Dem Lehrer muss es gelingen, im Unterricht eine Atmosphäre der konstruktiv-produktiven Verunsicherung bestehender Handlungsroutinen zu schaffen, ohne dass diese Verunsicherungen von den Schülern mit Angst besetzt werden. Bei Prohl ist die Lehrkraft sogar dazu aufgefordert, eine „vorzeitige Stabilisierung von Lernniveaus in produktiver Absicht [vorsätzlich, MG] zu erschüttern" (Prohl, 2004, S. 126).[16]

---

15 Strukturäquivalente Überlegungen finden sich in Lernmodellen, die auf Basis von Hoffmanns (2001) *Modell der antizipativen Verhaltenskontrolle* entwickelt wurden, in der Sport- und Bewegungspädagogik (vgl. Scherer, 2001a) sowie in der Bewegungswissenschaft (vgl. Hossner & Künzell, 2003).

16 Einen interessanten unterrichtspraktischen Ertrag haben diese Überlegungen in den „Frankfurter Ansätzen" zum kooperativen Lernen im Sportunterricht gefunden (vgl. Gröben, 2005).

5 Unterrichtspraktische Konsequenzen – ein didaktisches Destillat

Auch wenn die Theoriebildung nur knapp in ihren Ergebnissen dargestellt worden ist, weil auf ausführliche Herleitungen und Begründungen in diesem Rahmen verzichtet wurde, können aus dem bisher Gesagten doch didaktische Konsequenzen gezogen werden, die – auf diesem theoretischen Fundament – plausibel aus einer Strukturanalyse der Phänomene Erfahrung und Bildung entwickelt werden und damit nicht normativ oder ideologisch begründet werden müssen.

5.1 Pädagogische Rahmenbedingungen

Die Theoriebildung führt in anthropologischer Perspektive zu vier grundsätzlichen Rahmenbedingungen (sport-)pädagogischen Handelns. (1) Lernende sind im Aufbau ihrer Erfahrungswelt – ebenso wie in ihrem Lernen – autonom. Die Erfahrung ist in ihrem Prozessmodus an die Eigenaktivität und die **Autonomie des Individuums** gebunden. Dieser Vorgang ist an keiner Stelle für direkte Eingriffe offen. Folgt die Genese überdauernder Bewusstseinsleistungen der wirkenden Auseinandersetzung des Individuums mit der Welt, dann ist die Bildung dieser Formen (hier: spezifische sportliche Techniken) an das Selbst-Machen gebunden – da gibt es weder Abkürzung noch Substitution. Durch Erklärungen lernen Schüler ebenso wenig Schwimmen wie durch Trockenübungen an Land (vgl. Schmidt & Weigelt, i. d. B.). Es bedarf zwingend der authentischen Auseinandersetzung mit der Sache in relevanten Situationen. Eine Erkenntnis, die in der alltäglichen Praxis häufig hintergangen wird und theoretisch oft nicht ausreichend unterfüttert ist. Scherler führt dazu unter Bezug auf Piaget bereits 1975 aus,

„daß Verstehen nur Erfinden oder Rekonstruieren durch Wiederentdecken heißen könne und daß selbst der Umstand, dabei Zeit zu verlieren und Umwege zu durchlaufen, nicht nur als Nachteil anzusehen sei. Da das Erkennen ein aktiver und konstruktiver Prozeß ist, den das Individuum selbst erfahren muß und der durch die Vermittlung von Kenntnissen oder Fertigkeiten nicht außer Kraft gesetzt werden kann, ist selbstbestimmtes Handeln eine notwendige Voraussetzung" (Scherler, 1975, S. 138).

Erfahrungsorientierter und bildender Sportunterricht

Oder in den Worten Funke-Wienekes (2004, S. 238):

"Direktives Handeln, das die Interpretations- und Suchleistungen, also die im Handeln erst stattfindende Erfahrungsbildung, abkürzend überspringen möchte, wird hier vom Grundsatz her ausgeschlossen."

(2) Eng daran gekoppelt ist die Erkenntnis, dass dieser Prozess exklusiv (auto-) **poietisch** zu interpretieren ist. Der Glaube, dass Schüler Lösungen von Bewegungsproblemen (Techniken), die sie vom Lehrer vorgegeben bekommen, einfach abbilden könnten und ihnen damit ein Teil des Selbstbildungsprozesses abgenommen werden könnte, ist ein Irrglaube. Mit dieser Annahme ist auch eine Abkehr von klassisch-instruierenden Vermittlungsstrategien und ihren „Machbarkeitsillusionen" verbunden. Die theoretische Fundierung macht vielmehr deutlich, dass es sich eben *nicht* um einen Ab-Bildungsprozess, sondern um einen Bildungsprozess handelt. Dieser autopoietische Vorgang beginnt bei den einfachsten Wahrnehmungsleistungen und setzt sich bis zu der Genese jeglicher kultureller Formen fort (vgl. Hildenbrandt, 2005).

(3) Sportliche Techniken kristallisieren sich am Leitfaden intentionaler Handlungsbezüge in konkreten Mensch-Umwelt-Beziehungen, weil sportliche Techniken motorische Ausformungen des zugrunde liegenden Sinns bzw. der Intention sind (vgl. Fosburyflopbeispiel in Kap. 3.3). Ohne Kenntnis der Intention kann deshalb die Form weder verstanden noch gelernt werden, was Hasper (i. d. B.) für das Tennis sowie Giese und Hasper (i. d. B.) für das Kugelstoßen zeigen. Damit werden die **Sinnbezüge des Bewegungshandelns** Dreh- und Angelpunkte des Lernens (vgl. Bietz, 2001b, S. 174; Leist & Loibl, 1991, S. 40; Scherer, 2005a, S. 189; Trebels, 1985, S. 15). Es gibt nach diesem Verständnis keine neutrale Bewegung in einer bedeutungssterilen Welt, sondern nur intentionale Bewegungshandlungen von Individuen, mit denen diese in der realen Welt etwas bezwecken wollen. Die sichtbare Bewegung ist in diesem Sinne Folge bzw. Manifestation einer Absicht, einer verfolgten Intention. Folgen wir dieser Annahme, dann muss der zugrunde gelegte Sinn im Vermittlungsprozess in einer Art und Weise transportiert werden, die es Schülern erlaubt, diesen Sinn auch jederzeit erkennen zu können. Die Gestaltung autonomer Selbstentfaltungsräume in offenen Lernarrangements ist nur sinnvoll, wenn der Lerner den Sinn einer Technik bzw. das entspre-

Theoretische Grundlagen

chende Bewegungsproblem erkennen kann (vgl. Kap. 5.5). Nur dann hat er die Möglichkeit, adäquate Formen zu generieren.[17]

(4) Neue Erfahrungen sind immer an **Vorerfahrungen** gebunden. Es muss gelingen, die Unterrichtsinhalte an diese Vorerfahrungen anzuschließen. Eine Orientierung des Erfahrungsprozesses an den Objektstrukturen der Bewegung, an den äußeren Erscheinungsformen, tritt in den Hintergrund. Gestützt wird diese These auch durch Befunde der Blindensportforschung. In seiner Untersuchung zur Bewegungsvorstellung bei Blindheit konnte Bietz (2002) zeigen, dass die Fähigkeit zur Bildung adäquater Bewegungsvorstellungen nicht von den modalen Aspekten der Wahrnehmung wie Sehen, Hören, Fühlen usw. abhängt, sondern von der Möglichkeit der Lernenden, mit den sprachlichen Instruktionen, adäquate intentionale Bezüge zu verknüpfen, um dadurch passende Sinnbezüge in der Bewegung zu konstruieren. Diese Fähigkeit ist von den Vorerfahrungen eines Individuums abhängig. Da Sehgeschädigte aufgrund von Überbehütung und anderen sozialen Einflussfaktoren i. d. R. jedoch über beeinträchtigte Bewegungsbiografien verfügen (vgl. Schwier, 1995, S. 211), sind ihre Schwierigkeiten letztlich nicht im Visusausfall, sondern in mangelnden Vorerfahrungen begründet (vgl. Bietz, 2002, S. 210). Es muss also darum gehen, stimmige Absichten des Bewegungshandelns im Vermittlungsprozess zu transportieren und nicht darum, Ausführungsparameter möglichst genau zu beschreiben (vgl. Kap. 5.3).

---

17 Das Primat der Sinnbezüge, das auf die Bedeutungsebene menschlicher Bewegungshandlungen verweist, gilt auch für Bewegungsbeschreibungen, -anweisungen und Rückmeldungen. Wenn ein Schüler eine Bewegung ausführt (z. B. eine Vorhand beim Tennis), wird diese äußerlich sichtbare Form häufig in physikalischen Kategorien beschrieben (z. B. Stellung zum Ball, Schlägerblattwinkel, ...). Da der interne Prozess jedoch intentional bzw. semantisch strukturiert ist, begehen wir einen Kategorienfehler, wenn die physikalischen Kategorien im Vermittlungsprozess für Rückmeldungen und Korrekturen ungefiltert an die Schüler zurückgegeben werden.

Erfahrungsorientierter und bildender Sportunterricht

5.2 Eine erfahrungsorientierte und bildende Unterrichtslehre

In didaktischer Perspektive sind Individuen deshalb in **authentische Situationen** zu bringen, die sich dadurch auszeichnen, dass die Subjekte in ihnen Formen auch tatsächlich selbst bilden können. Die Situationen dürfen nicht restlos *vorinterpretiert* sein und müssen eine Deutung durch das Individuum zulassen. Dieses Kriterium ist nicht gegeben, wenn, wie in instruierenden Lehrwegen üblich, die Lösung für ein Bewegungsproblem von vornherein vorgegeben wird und die Schüler – zum Eklektizismus statt zur (Selbst-)Bildung verdammt – dazu aufgefordert sind, diese Lösung nachzuahmen. Der Frisbeeschüler erfährt nur in der konkreten Situation eine authentische Rückmeldung auf sein Vorhaben, die Scheibe möglichst stabil und gerade zum Partner zu werfen (vgl. Grotehans, i. d. B.). Die zu arrangierenden Situationen haben also zumindest den folgenden Ansprüchen zu genügen: Sie müssen authentisch und für den Schüler sinnhaft sein, der Lerner muss in Bezug auf die Lösung des Bewegungsproblems selbst aktiv werden können, es muss eine Deutungsoffenheit bestehen und es muss zu einer Auseinandersetzung mit einem relevanten Problem kommen.

Eine zentrale Forderung ist nach Bietz dabei die **Aufgabenorientierung:**

„Der Lehre kommt daher die Aufgabe zu, eine konstruktive eigenständige Auseinandersetzung mit sinnvollen Aufgabenstellungen in entsprechenden situativen Arrangements zu ermöglichen, in denen lernrelevante Erfahrungen gemacht werden könne" (1999, S. 206).

Die gemeinten Aufgaben zeichnen sind durch (ergebnis-)offene Lösungswege aus, bei denen es nicht darum geht, eine vorgegebene Bewegung nachzubilden. Vielmehr muss es gelingen, die kreativen Potenziale der Schüler auf ein relevantes Problem hin zu fokussieren. Die dynamische Strukturgenese überdauernder Bewusstseinsleistungen wird behindert, wenn Schülern durch vorgefertigte Lösungen die Chance genommen wird, ihren eigenen Wirkungswillen an der Welt zu brechen. Aufgrund der anthropologischen Fundierung ist zwar jedes Handeln als Manifestation eines intentionalen Ausdrucks- und Wirkungswillen zu verstehen, doch kann davon ausgegangen werden, dass es einen Unterschied macht, ob sich der Formungswille auf ein relevantes Problem bezieht oder auf das Nachbilden einer Bewegungsvorgabe.

Theoretische Grundlagen

Dies ist nur möglich, wenn die Bedeutung der Aufgabe im Sinne des Erhalts der Sinnbezüge transparent ist (vgl. Kap. 5.1). Entsprechende Aufgaben, in denen Schüler in einer selbstständigen, tätigen Auseinandersetzung mit dem als sinnhaft erkannten Problem, die unbekannte Lösung selbst explorieren, lassen immer auch ein Scheitern potenziell zu. Stoßen Schüler in solchen Aufgaben tatsächlich auf individuell relevante Probleme, wie z. B. das Geradeausfahren auf Inlineskates (vgl. Herwig, i. d. B.), dann gewinnen die gefundenen Lösungen für sie auch eine individuelle Bedeutung und realisieren einen Sinn.

Ein besonderes Augenmerk ist deshalb auf die genetische Aufbereitung der Inhalte zu legen, was hier als **sinnerhaltende Elementarisierung** bezeichnet wird. Die notwendige Vereinfachung der Lernsituation, die in klassischen Vermittlungskonzepten einer Orientierung an einer ideellen, für Schüler aber weder wahrnehmbaren noch existenten Objektstruktur der Bewegung folgt, wird obsolet (vgl. Pilz, i. d. B.; Giese & Grotehans, i. d. B.).[18] Geeignete Vereinfachungsstrategien orientieren sich an der Bedeutungsebene von Bewegungsproblemen. Hildenbrandt und Scherer (1995) schlagen deshalb vor, Bewegungsprobleme auf ihre elementaren Einheiten hin zu reduzieren, wobei der *semantische Kern* erhalten bleiben muss (vgl. Arnold & Jennemann, i. d. B.).[19]

„Viele der gängigen Vermittlungsstrategien erzeugen hier ein Reduktionismus-Problem, indem sie die Elemente des methodischen Aufbaus aus Elementen der Zieltechnik gewinnen. Abgesehen davon, daß einem solchen Vorgehen analytische Fehlschlüsse (z. B. vom Produkt auf den Prozeß und von der Außen- auf die Innensicht) zugrunde liegen, wird das Verhältnis von Aufgabe und Lösung umgedreht: Methodische Aufgaben entwickeln sich dann aufgrund gegebener Techniken, nicht, wie üblicherweise beim Handeln, Lösungstechniken aufgrund gegebener Aufgaben" (Hildenbrandt & Scherer, 1995, S. 48).

---

[18] Sind solche Analyseverfahren im Kontext empirischer bewegungs- bzw. trainingswissenschaftlicher Untersuchungen selbstredend hilfreich und notwendig, so sind sie auf der Folie einer symbolphilosophischen Theoriebildung mit den erfahrungsorientierten Überlegungen inkommensurabel, weil sie die symbolisch vermittelte, semantische Ebene individueller Mensch-Welt-Bezüge systematisch ausblenden.

[19] Wird bspw. Speerwurf vermittelt, indem die Gesamtbewegung in Teilbewegungen seziert wird, die dann einzeln gelernt und schlussendlich wieder zusammengesetzt werden, bekommen die Teilbewegungen im Üben andere Sinnkonnotationen. Der Kreuzschritt, in endloser Reihe über den Platz getänzelt, ist eben ein anderer als der, der einen konkreten Abwurf vorbereitet (Scherer, 2001b).

Erfahrungsorientierter und bildender Sportunterricht

Bleibt noch eine weitere, für das hier verfolgte Thema ungemein wichtige Konsequenz: die **Initiierung von Reflexionsleistungen**. Dieser Prozess kann beispielsweise (eher sprachlich orientiert) unterstützt werden, indem Schüler vor der Auseinandersetzung mit der Sache ihre Erwartungen in Bezug auf die Aufgabenlösung explizit formulieren, wie es Bindel (i. d. B.) für den Tanz zeigt oder indem Schüler (eher vorsprachlich orientiert) dazu angehalten werden, eigene Sicherungssysteme fürs Klettern zu bauen und auszutesten (vgl. Giese, i. d. B.). Im Kern dieser Bemühungen geht es um die Bewusstmachung von – möglicherweise unbewussten – Antizipationen sowie um die Sensibilisierung für Diskrepanzen zwischen Absichten, Handlungen und Effekten. In der Unterrichtspraxis haben sich zu diesem Zweck u. a. *Lernplakate* als sinnvoll und hilfreich erwiesen, da auf ihnen die Bandbreite möglicher Erfahrungen ebenso dokumentiert werden kann wie mögliche Diskrepanzen zwischen Antizipationen und Effekten (vgl. dazu i. d. B. Giese & Grotehans; Jennemann; Giese & Hasper; Schmidt & Weigelt). Eine solche Verfahrensweise hat natürlich ihre Grenzen: Einerseits ist die Bewegungszeit im Sportunterricht ohnehin knapp bemessen und andererseits führt eine kognitive Aufschaltung von Bewusstseinsprozessen auf Bewegungen nicht selten zu Störungen der Bewegungsausführung und des Lernprozesses. Dieses unter dem Namen *Bliss-Boder-Hypothese* in der Motorikforschung bekannte Phänomen darf für den hier diskutierten Sachverhalt aber nicht überinterpretiert werden (vgl. Loosch, 1999, S. 41). Ziel der Reflexionen ist nicht die ständige Aufschaltung kognitiver Prozesse im Tun, sondern eine Unterstützung von Reflexionsvorgängen, die sich im und aus dem Tun ergeben.[20]

Dies kann nur funktionieren, wenn Schüler an dem Entstehen der Lösung beteiligt werden und eigene Lösungsansätze unter der Maßgabe einer klaren Zielvorgabe entwickeln und erproben. Damit wird – häufig fehlinterpretiert – keine didaktische Beliebigkeit kolportiert, vielmehr ist m. E. das Gravitationszentrum, um das sich die Ursachen für das Scheitern offener bzw. erfahrungsorientierter Unterrichtskonzeptionen bewegen, benannt: Die autonome Auseinandersetzung mit ergebnisoffenen Aufgaben ist nicht als sinn- und vor allem zielloses *anything goes* zu verstehen. Durch ein **transparentes Handlungsziel,** das von den Schülern selbstständig kontrolliert

---

20 Franke unterscheidet i. d. S. „eine Reflexion im Vollzug" und „eine Reflexion über den Vollzug", wobei die erste eher leiblich-körperlicher Natur ist, während sich die nachgeschaltete sprachliche Reflexion über den Vollzug dadurch auszeichnet, „dass der Vollzug des Tuns (einschließlich der darin involvierten Reflexionen) zum Gegenstand wird. Sie kann deshalb als eine höherstufige Reflexion angesehen werden" (Franke, 2006b, S. 205).

Theoretische Grundlagen

werden kann, erhalten die Aufgaben eine intersubjektiv sinnvolle und klare Struktur. Neue Bewusstseinsstrukturen und damit funktionale Bewegungsausführungen können Schüler nur herausschälen, wenn sie selbstständig kontrollieren können, ob die von ihnen gewählten Lösungsvarianten zu adäquaten Resultaten führen.

Bei Hasper (i. d. B.) werden im Anfängertennis beispielsweise Zielzonen ausgelegt, deren Position mit den Schülern unter spieltaktischer Perspektive thematisiert wird und deren Anspielen – was von den Schülern problemlos kontrolliert werden kann – funktionale Lösungen von unfunktionalen unterscheiden hilft. Es sollte allerdings genügend Zeit zur Verfügung stehen, um die Effekte unterschiedlicher Aktionen sinnvoll miteinander abgleichen zu können. Vor dem Hintergrund transparenter, sinnvoller und realisierbarer Handlungsziele können die Schüler im Abgleich von autonom antizipierten Lösungsmöglichkeiten, mit kontrastierenden Lösungsvarianten und deren divergierenden Effekten die individuell optimale Lösung selbstständig erkennen und stimmige Aktions-Effekt-Beziehungen aufbauen.

Fassen wir das bisher Gesagte zusammen, dann ergeben sich daraus zumindest die folgenden Konsequenzen: Ein Sportunterricht, der den hier vertretenen Prinzipien folgt, stellt die Autonomie der Schüler in den Mittelpunkt seiner Bemühungen. Der Vermittlungsprozess ist durch die Genese authentischer Situationen gekennzeichnet, in denen Schüler auf relevante Probleme stoßen, die in ihrer Bedeutung transparent sind und die dem Primat der Sinnbezüge folgen. Die Person-Umwelt-Beziehung ist dabei so zu gestalten, dass es zu einer ergebnisoffenen Auseinandersetzung mit dem Gegenstand kommt, deren Erfolg von den Schülern selbstständig evaluiert werden kann. Wegen des Fehlens vorgegebener Lösungen müssen die Schüler in diesen Situationen auf Basis ihrer Vorerfahrungen selbstständig Antizipationen generieren, die im Auseinandersetzungsprozess mit der Welt bestätigt oder enttäuscht werden und die Differenzerfahrungen ermöglichen. Unterstützt wird dieser Prozess durch (vor-)sprachliche Reflexionsanlässe und durch die Elementarisierung der Lerninhalte.

Erfahrungsorientierter und bildender Sportunterricht

5.3 Verbale und visuelle Bewegungsanweisungen

Es sollte bereits deutlich geworden sein, dass ein erfahrungsorientierter und bildender Sportunterricht auf konkrete Bewegungsanweisungen, die sich auf äußerlich sichtbare Ausführungsparameter der Zielbewegung beziehen, weitgehend verzichtet. Gerader dieser Aspekt ist allerdings auch ein zentraler Kristallisationspunkt der Skepsis gegenüber offenen Unterrichtsformen. Induktive Unterrichtskonzeptionen sehen sich häufig dem Generalverdacht ausgesetzt, für die Vermittlung geschlossener Fertigkeiten nicht geeignet zu sein. Das Erlernen komplexer motorischer Fertigkeiten ist scheinbar untrennbar an die Überzeugung gebunden, dass die Lehrkraft dem Schüler genau erklären müsse, was zu tun sei. Stellvertretend für solche Positionen sei hier aus Größings Standardwerk *Einführung in die Sportdidaktik* zitiert:[21]

„Wenn der Weg zum Ziel völlig offen bleibt und die Lösung der Aufgabe wirklich selbständig gesucht und gefunden werden kann, hat man es mit der freien Bewegungsaufgabe zu tun. [...] Die Bewegungsaufgabe ist beim Sammeln von Bewegungserfahrungen im Kindesalter angemessen, aber unangebracht bei der Feinformung einer normierten Sporttechnik bei 15- bis 18-Jährigen. [...] Je mehr es im Lernprozess um den Erwerb genormter sportmotorischer Tätigkeiten geht, umso unbrauchbarer erweist sich die Bewegungsaufgabe" (2007, S. 195).

Besonders plausibel erscheint diese Annahme in sicherheitsrelevanten Bereichen. Für die Vermittlung der Sicherungstechniken beim Topropeklettern z. B. scheint sich ein erfahrungsorientierter Ansatz geradezu zu verbieten, da deren korrekte Anwendung keinerlei Varianz in der Ausführung zulässt und am Ende aus guten Gründen streng normierte Techniken stehen (vgl. Giese, i. d. B.). Dieser Einwand ist ernst zu nehmen, doch sind die aktuellen Sicherheitsstandards nicht vom Himmel gefallen, sondern das Resultat einer langen Entwicklung, die sich an Problemen und Anforderungen in konkreten Situationen vollzogen hat. Auch wenn nicht jede Feinheit dieser Entwicklung im hier verstandenen Sinne selbst erfahrbar gemacht werden kann, weil dafür notwendige Situationen nicht (gefahrlos) herstellbar sind, können zumindest die jeweiligen Probleme, die mit den etablierten Techniken gelöst werden, im Unterrichtsverlauf transparent gemacht werden. Aufgrund dieser Erfahrungsbasis können dann auch normierte Bewegungsformen als funktional optimierte Varianten der von den Schülern angedachten Lösungen nachvollzogen werden (vgl. Kap. 5.5).

---

21 In diesem Zusammenhang ist kritisch anzumerken, dass die dabei verwendeten Zielnormen häufig unhinterfragt dem Spitzensport entnommen werden und für Schüler zuweilen gar nicht die individuell besten Lösungen eines Bewegungsproblems sind (vgl. Giese & Hasper, i. d. B.).

Theoretische Grundlagen

Zudem ist zu bedenken, dass auch verbale und visuelle Bewegungsanweisungen strukturellen Wirkungsbeschränkungen unterworfen sind.[22] Die theoretische Fundierung macht deutlich, dass das Beschreiben einer Bewegung kein reales Abbild einer objektiven Welt liefert, sondern als subjektiv-kreative Neubildung einer bedeutungshaltigen Bewegungsform zu verstehen ist.

„Dabei sollte immer klar sein, dass dieses Vorhaben [das Beschreiben, MG] von vornherein ein Umformungsprozess ist, in dem der Gegenstand in ganz anderer Gestalt symbolisch gewissermaßen neu erschaffen wird. Die Hoffnung, im Beschreiben könne eine tatsächliche Erfassung des Gegenstandes gelingen, ist eben trügerisch" (Hildenbrandt, 2001, S. 37).

Vor diesem Hintergrund entpuppt sich die Vorstellung, dass eine Beschreibung nur möglichst präzise sein müsse, um optimale Bewegungsvorstellungen zu provozieren, als problematisch.

„Zu nennen wären noch einmal vor allem die Codierungsnot in Zusammenhang mit Gleichgewichts- und Lageempfindungen und die unterschiedliche Gliederung von Bewegungsverlauf und Beschreibungsduktus: strikte Parataxe der Beschreibung bei meist sehr komplexer hypotaktischer Gliederung des Bewegungsablaufs. [...] Anweisungen wie ‚schnell' oder ‚langsam' liefern nur ungenaue Informationen und können deshalb auch nur annähernd ‚verstanden' werden" (Hildenbrandt, 2001, S. 39).

Visuelle Beschreibungsformen (Vormachen, Bildreihen, Filmsequenzen etc.) haben zwar den Vorteil, Bewegung in ihrer Gänze und ihrer Dynamik darzustellen und damit ein Mehr an Informationen zu übertragen, doch „reduzieren auch diese Verfahren Bewegung auf ein rein äußerliches Oberflächenphänomen, das zunächst wenig handlungsrelevante Informationen bietet" (Hildenbrandt, 2001, S. 37). Ein Nutzen visueller Informationsquellen kann nur unterstellt werden,

---

22 Ein positiver Einfluss verbaler Instruktionen auf das motorische Lernen wird keineswegs verneint. Es geht vielmehr um das Aufzeigen struktureller Grenzen. Dass verbale Bewegungsanweisungen beim Erlernen sportlicher Bewegungen helfen, wird durch eine Vielzahl empirischer Studien gestützt (vgl. Gröben & Maurus, 1999). Besonders effektiv scheinen solche Anweisungen zu sein, „wenn sich die Instruktionen an der subjektiven Erlebnisperspektive der Lernenden orientieren und phänomenal präsente Aspekte der zu erlernenden Bewegungshandlung ansprechen" (Gröben & Maurus, 1999, S. 118). Diese Spezifizierung verweist auf die Notwendigkeit, mit den Instruktionen – sollen sie wirksam sein – *innere intentionale Bilder* bei den Adressaten anzusprechen.

"wenn aufgrund eigener Bewegungserfahrungen im Betrachten des Bildes Mitbewegungen ausgelöst werden. Das wiederum setzt voraus, daß die Betrachtenden aufgrund der Bilder eigene Bewegungserfahrungen einbeziehen können, so daß die Funktion der Bilder gerade nicht in ihrer objektiven Formvorgabe, sondern in den erinnerten und assoziierten Bewegungen liegt und damit zu einer Strukturierung des Bewegungsvollzuges beiträgt" (Trebels, 1990, S. 17).[23]

5.4 Bewegungskorrekturen

Obige Überlegungen implizieren auch eine Relativierung klassischer Feedbackverfahren, in denen meist eine gemittelte, unmittelbare und verbale Bewegungskorrektur erfolgt, die sich auf die Kernpunkte der Bewegung beziehen sollte (vgl. Söll, 2005, S. 213). Die Korrekturmaßnahme bezieht sich dabei auf äußere Ausführungsparameter der Bewegung, die i. d. R. als richtig oder falsch eingestuft werden (vgl. Meinel & Schnabel, 1998, S. 172). Diese Art der Korrektur hat sich als wenig lernwirksam erwiesen, da Bewegungen eben nicht über ihre Ausführungsparameter, sondern – wie bereits hergeleitet – über ihre antizipierten Effekte kontrolliert werden (vgl. Kap. 4.2; Mechsner, 2001). Der lehrerorientierte Sollwertabgleich ist deshalb durch einen schülerorientierten Zielabgleich zu ersetzen. Lernerfolg ist nicht an eine korrekte Ausführung, sondern an stimmige Handlungsintentionen und das Handlungsresultat zu knüpfen, weshalb sich erfahrungsorientierte Aufgaben – was hier bewusst wiederholt wird (vgl. Kap. 5.2) – durch ein transparentes Handlungsziel auszeichnen *müssen*, das von den Schülern selbstständig kontrolliert werden kann.

Die Problematisierung und Verunsicherung bestehender Praxen soll dafür sensibilisieren, dass verbale und visuelle Vermittlungs- und Korrekturstrategien prinzipiellen Wirkungsbeschränkungen unterliegen, weil sie an beschränkte Kommunikationskanäle (z. B. Sprache, Bilder oder Filmsequenzen) gebunden sind, auf subjektiv-kreative Gestaltungsprozesse aller Beteiligten angewiesen sind und für das Gelingen einer solchen Kommunikation nicht eine schimärenhafte Genauigkeit der Beschreibung verantwortlich ist, sondern die möglichst zielgenaue Anbindung

---

[23] Diese Erkenntnis wird auch durch Forschungsergebnisse im Marburger Blindensportprojekt bestätigt. So konnte Bietz (2002) zeigen, dass die Schwierigkeiten Sehbehinderter beim Lernen komplexer motorischer Bewegungen nicht in erster Linie als Folge des Visusausfalls zu interpretieren sind, sondern in defizitären Vorerfahrungen gründen, die adressatenadäquate Instruktionen zur Bildung angemessener Bewegungsvorstellungen erschweren (vgl. Kap. 5.1).

Theoretische Grundlagen

der Vermittlungsbemühungen an den Erfahrungshorizont der Schüler. Vor diesem Hintergrund legen die nachfolgenden Unterrichtsbeispiele Zeugnis davon ab, dass sich elaborierte aufgaben- und erfahrungsorientierte Unterrichtskonzepte auch für die Vermittlung normierter sportlicher Techniken sehr wohl eignen. Größings Annahme, dass „sich die Gymnastik und das Turnen besser für diese methodische Maßnahme [eignen, MG], als ein Kurzstreckenlauf oder ähnlich genormte sportmotorische Bewegungen in der Leichtathletik, beim Schwimmen oder im Skilauf" (2007, S. 195) und die damit verbundenen Zuschreibungen spezifischer Methoden zu vorab definierten Inhalten und Altersstufen ist auf verschiedensten Ebenen hoch problematisch und mutet atavistisch an.

5.5 Erfahrungsfelder im Spannungsfeld von Öffnung und Vorstrukturierung

Dabei wird nicht einer praxisfernen Dichotomie das Wort geredet, sondern die Frage verfolgt, an welcher Stelle des Kontinuums Offenheit-Vorstrukturierung, sich ein erfahrender und bildender Sportunterricht zu verorten hat und nach welchen Kriterien diese Positionierung im konkreten Unterrichtsgeschehen immer wieder neu vorzunehmen ist. Es wäre eine realitätsferne Annahme, und damit wird bereits auf das folgende Kapitel vorausgedeutet, dass alle Schüler in einem erfahrungsorientierten Sportunterricht jederzeit funktionale Zieltechniken selbstständig entwickeln würden, wenn ihnen nur genügend Zeit zur Verfügung stünde. Dafür gibt es unterschiedliche Gründe: Zunächst determinieren die verfügbaren Vorerfahrungen selbstredend das Potenzial der Lösungssuchenden. Dieser Aspekte kann hier allerdings vernachlässigt werden, weil sich die *Vor*-Erfahrungen einer Steuerung durch die Lehrkraft an dieser Stelle entziehen.

Bei der Unterrichtsplanung sind zumindest drei Aspekte kritisch zu beachten, die das eigenständige Suchen und Finden funktionaler Lösungen erschweren. Als Erstes sind, wie in Kap. 5.3 bereits angeklungen, *sicherheitssensible* Bereiche zu nennen, die ein Explorieren geeigneter Verfahren aus Sorge um die körperliche Unversehrtheit verbieten (Giese, i. d. B.). Zweitens implizieren *hochgradig artifizielle* Zieltechniken, wie sie z. B. beim leichtathletischen Springen zu finden sind, aufgrund ihrer Alltagsferne eine große Entdeckungswiderständigkeit (Jennemann, i. d. B.; Pilz, i. d. B.) und als Drittes sind Erfahrungsbereiche zu nennen, die sich nur

Erfahrungsorientierter und bildender Sportunterricht

durch einen unverhältnismäßig *großen Aufwand* realisieren lassen. Wenn Surf- oder Kanuschüler nach einem Sturz ins Wasser lange Zeit brauchen, um wieder in die Ausgangsposition zu gelangen, stößt dieses Verfahren zusätzlich zu möglichen Frustrationen und entstehenden Ängsten an pragmatische Grenzen (Arnold & Jennemann, i. d. B.; Lochny & Weigelt, i. d. B.).

Dass Schüler funktionale oder standardisierte Techniken nicht immer selbstständig entdecken, ist allerdings nicht als Auflösung des erfahrungsorientierten Unterrichtsprinzips zu werten, *solange* die Sinnbezüge des Bewegungshandels erhalten bleiben und die Schüler einordnen können, für welches reale Problem, das sie selbst als solches erkannt haben, die normierten Bewegungsvorschriften optimierte Lösungen darstellen. Die Autoren der nachfolgenden Praxisbeispiele begegnen dieser Crux, u. a. indem sie die Erfahrungsfelder in Abhängigkeit von der Lerngruppe unterschiedlich stark vorstrukturieren und neben der Möglichkeit des freien Erprobens ggf. divergierende Lösungs- und Ausführungsvarianten vorgeben, die in ihrer bewussten Kontrastierung das Explorieren funktionaler Lösungen erleichtern.

5.6 Grenzen erfahrungsorientierten und bildenden Sportunterrichts

Das bisher Gesagte zeigt, dass erfahrungsorientierte und potenziell bildende Unterrichtskonzeptionen in der Schule mit zwei besonders prekären Ressourcen erkauft werden, der effektiven Lernzeit und der partiellen Unplanbarkeit des Unterrichtsgeschehens. Auch wenn Zeit in Zeiten sich selbst beschleunigender Lebenswirklichkeiten einen inflationären Wert hat, ist die landläufige Standarddebatte um den Zeitaufwand induktiver Vermittlungskonzeptionen stark zu relativieren. Dadurch, dass das Ergebnis in deduktiven Vermittlungswegen bereits zu Beginn der Auseinandersetzung mit dem Gegenstand von der Lehrkraft vorgegeben wird und dadurch eine Schimäre der Zeiteffektivität heraufbeschworen wird, ist allerdings noch nicht sichergestellt, dass die Schüler dieses Ergebnis auch nachhaltig in ihr Bewusstsein übernehmen. Die vorgenommene Theoriebildung lässt vielmehr das Gegenteil vermuten: Da sich deduktiv-geschlossene Vermittlungsverfahren nicht an den strukturgenetischen (Selbst-)Bildungsmechanismen orientieren, ist zu konstatieren, dass sie diese Bildungsmechanismen zumindest nicht positiv unterstützen, weil sie die Autonomie des Individuums hintergehen.

Theoretische Grundlagen

Massive Einwände ergeben sich aber auch unter der Perspektive divergierender Vorerfahrungen. Da die Möglichkeit neuer Erfahrungen immer von den bereits gemachten Erfahrungen abhängig ist, bezeichnet Bietz die Vorerfahrungen als „die Bedingung des Lernens und der Autonomie der Lernenden" (2004, S. 135). Da sich Vorerfahrungen trotz ihrer grundsätzlichen kulturellen Stabilität von Biografie zu Biografie unterscheiden, resultieren daraus selbstredend Schwierigkeiten bei dem Versuch, erfahrungsorientierte Lehrwege zu konzipieren.

„Jedoch ergibt sich auch hier ein prinzipielles und wohl kaum lösbares Dilemma. [...] Ein didaktisches Arrangement von Situationen ist so aus prinzipiellen Gründen immer insofern unbestimmt, als es auf die spontane Deutung des Erfahrenden angewiesen ist. Erfahrung kann demnach über das Instrument des äußerlich verbleibenden Situationsarrangements nicht hergestellt, sondern bestenfalls angeregt werden, wobei allerdings der Spielraum des Erfahrenden relativ groß bleibt" (Thiele, 1996, S. 242).

Die oben (vgl. Kap. 5.2) als notwendige Voraussetzung interpretierte Deutungsoffenheit der Situationen wird in dieser Sichtweise zum Stolperstein ihrer Didaktisierung, weil die Lernenden diese Deutung auf der Grundlage ihrer je eigenen Biografie vollziehen und sie für den Lehrer dadurch zu einer unbekannten Größe im Vermittlungsprozess wird.

An dieser Stelle ist m. E. ein Umdenken unumgänglich. Es kann in der Tat nicht sichergestellt werden, wer in welcher Situation welche Erfahrung macht und ebenso wenig kann Erfahrung wegen ihres autopoietischen Charakters von außen hergestellt werden. Diese Schwierigkeit kann zwar nicht aufgelöst werden, es gilt, sich aber davon zu lösen, diese Tatsache als ein Grunddilemma zu betrachten. Mit der Anerkennung des Faktums, dass Bildungsprozesse – wegen ihrer primordialen Biografiebezogenheit – keinen eindeutig quantifizierbaren Output haben, wird auch der Glaube an die Existenz operationalisierbarer Lernziele grundsätzlich in Frage gestellt.

„Abschied zu nehmen hätte eine auf die konkrete Praxis ausgerichtete erfahrungsorientierte Pädagogik von der Festschreibung eindeutig fixierter, operationalisierbarer Lehr-Lern-Ziele. Als Leitidee wäre dem gegenüber die Befähigung zum Umgang mit Erfahrung zu formulieren, eine Forderung, die sicher noch weiter präzisierbar ist, aber wohl nicht in quantifizierbare oder meßbare Kategorien zu pressen sein dürfte – es sei denn um den Preis der vollständigen Umgestaltung des Phänomens in wissenschaftlich gereinigte (aber auch amputierte) ‚Empirie' " (Thiele, 1996, S. 292).

Erfahrungsorientierter und bildender Sportunterricht

In der hier verfolgten Argumentation ist die anthropologisch begründete Annahme zentral, dass die Unmöglichkeit eindeutiger Operationalisierbarkeiten unhintergehbar ist, unabhängig davon, wie Vermittlungsprozesse angelegt werden. Dies gilt auch – bzw. ganz besonders – für deduktiv instruierende Unterrichtskonzeptionen. Lernkonzepte, die sich an der Außensicht der Bewegung orientieren, haben nur schimärenhafte Vorteile. Verstehen wir Vorerfahrungen tatsächlich als Bedingung des Lernens und Erfahrens, dann wirkt die individuelle Biografie in jeder Unterrichtskonzeption als unbekannte Größe, ganz gleich, wie die Vermittlungsprozesse angelegt werden. Dieses Phänomen wird in klassischen Lernmodellen keineswegs aufgefangen oder umgangen, sondern lediglich ignoriert.

In diesem Sinne ist (Sport-)Unterricht immer, unabhängig von den Methoden, ein ungewisser Entwurf in den zukünftigen Handlungsrahmen der Schüler, bei dem niemals sichergestellt werden kann, ob eine Passung tatsächlich gelingt. Unterrichtskonzepte, die davon ausgehen, dass mit klar definierten Vermittlungsverfahren klar definierte Lernfortschritte bei den Schülern provoziert werden können, ignorieren vor diesem Hintergrund die Wirkungsmechanismen des Erfahrens und verfehlen in ihren immanenten Lernannahmen den anthropologischen Kern der Argumentation. Der Lehrer *kann* nicht sicherstellen, dass für alle Schüler passende situative Unterrichtsarrangements bestehen. Werden Schüler aber dafür sensibilisiert, Eigenverantwortlichkeit für ihre Bildungsprozesse zu übernehmen, braucht er dies auch nicht. Die Frage nach der individuellen Passung ist deshalb vom Lehrer auf die Schüler zu übertragen.[24] Im Sinne einer inneren, von den Schülern getragenen Differenzierung ist zu beachten, dass der Unterricht den Schülern die Möglichkeit bietet, die gerade beschriebene Passung suchen, finden und herstellen zu dürfen (vgl. Laging, 2004). In der praktischen Umsetzung kann dies z. B. bedeuten, dass die Schüler selbstständig über die Auswahl und den Schwierigkeitsgrad ihrer Übungen entscheiden (vgl. Pilz, i. d. B.), was in deduktiven Unterrichtskonzeptionen durch die strikte Vorstrukturierung der Inhalte meist nur schwer möglich ist.

---

24 Ähnliche Gedanken finden sich bei Prohl, bei dem Lernende „in stärkerem Maße als üblich in die Verantwortung genommen [werden, MG] – nicht nur für den eigenen, sondern auch für den Lernprozess der übrigen Gruppenmitglieder" (Prohl, 2004, S. 125) und bei Laging, für den es unter der Perspektive der selbsttätigen Mitwirkung bei individuellen Bildungsprozessen im Sportunterricht darum gehen muss, „die Lernenden reflexiv an dem Werden von Bewegungslösungen zu beteiligen" (Laging, 2005, S. 175).

Theoretische Grundlagen

Aus diesen Überlegungen folgt allerdings auch, dass umfangreiche Vorerfahrungen bzw., genauer gesagt, deren große Heterogenität erfahrungs- und bildungsorientierte Unterrichtsformen erschwert, weil die zu konzipierenden Aufgaben dann passende Situationen in einem wesentlich breiteren Könnensspektrum abbilden müssen. Interessierte Kollegen, die mit solchen Ansätzen bisher wenig vertraut sind, sollten deshalb in Betracht ziehen, entsprechende Unterrichtsversuche eventuell zunächst an Inhalten zu erproben, die eine relativ homogene und idealerweise niedrige Ausgangslage in Bezug auf die Vorerfahrungen erwarten lassen, wie das in diesem Band u. U. für das Frisbee (vgl. Grotehans, i. d. B.), den Kajaksport (vgl. Lochny & Weigelt, i. d. B.) oder die Sicherungstechniken beim Topropeklettern (vgl. Giese, i. d. B.) unterstellt werden kann.

Kritisch zu bedenken ist zudem, dass ein erfahrungsorientierter und bildender Sportunterricht hohe Anforderungen an die Flexibilität und vor allem die fachliche Kompetenz der Lehrkraft in der jeweiligen Thematik stellt. Können die provozierten Effekte der Schülerhandlungen, die in offenen Aufgaben eine immense Bandbreite aufweisen können, von der Lehrkraft nicht zuverlässig antizipiert und in ihrer Funktionalität für die intendierte Zieltechnik nicht adäquat abgeschätzt werden, ist die Anwendung erfahrungsorientierter Vermittlungsverfahren selbstkritisch zu überdenken.

6 Fazit

Abschließend lässt sich resümieren, dass ein erfahrungsorientierter und bildender Sportunterricht, der den entwickelten didaktischen Rahmenrichtlinien folgt und anerkennt, dass nicht in Gänze sichergestellt werden kann, was die einzelnen Schüler tatsächlich erfahren u. a. deshalb zu bevorzugen ist, weil er fundamentale Strukturmerkmale des menschlichen Selbstbildungsprozesses berücksichtigt, anthropologisch-humanistischen Grundsätzen Rechnung trägt und sich dabei seiner strukturellen Grenzen bewusst ist. Trotz bzw. gerade wegen dieses Resümees soll abschließend nochmals darauf hingewiesen werden, dass hier zwar ein spezifisches didaktisch-methodisches Konzept entfaltet und legitimiert wird, es aber keinesfalls um die Abqualifizierung etablierter Unterrichtsverfahren geht, sondern vor allem um die Sensibilisierung für Unterschiede (vgl. dazu ausführlich Giese & Grotehans, i. d. B.). Diese Bekundung ist der Überzeugung geschuldet, dass „das Stadium der weitgehend unplausiblen, reinen Entweder-oder-Positionen längst überwunden" (Hossner & Roth, 2002, S. 111) ist.

Erfahrungsorientierter und bildender Sportunterricht

Literatur

Alkemeyer, T. (2003). Formen und Umformungen. Die Bedeutung von Körpersoziologie und Historischer Anthropologie für eine kritisch-reflexive Sportpädagogik. In E. Franke & E. Bannmüller (Hrsg.), *Ästhetische Bildung* (S. 38-70). Butzbach-Griedel: Afra Verlag.

Bauer, D. (1983). Wie Wissenschaft Bewegungserfahrung herstellen kann. *Sportpädagogik: Annäherungen, Versuche, Betrachtungen. Bewegung zwischen Erfahrung und Erkenntnis* [Themenheft], 32-37.

Becker, P. (2001). Vom Erlebnis zum Abenteuer. *Sportwissenschaft, 31* (1), 3-16.

Becker, P. (2003). Die Neugier des Odysseus und ihre Folgen. *Sportwissenschaft, 33* (2), 123-142.

Beckers, E. (2005). Renaissance des Bildungsbegriffs in der Sportpädagogik. In R. Laging & R. Prohl (Hrsg.), *Bewegungskompetenz als Bildungsdimension* (S. 25-38). Hamburg: Czwalina.

Bielefeld, J. (1991). Körpererfahrung: Grundlage menschlichen Bewegungsverhaltens. (S. 303). Göttingen [u. a.]: Verlag für Psychologie Hogrefe.

Bietz, J. & Scherer, H.-G. (2002). „Die Zeit drängt und der Raum ist dicht" – Zum phänomenalen Erleben von Raum und Zeit im Sportspiel. In N. Gissel, G. Köppe & J. Schwier (Hrsg.), *Sportspiele – vermitteln, trainieren, erleben* (S. 35-42). Hamburg: Czwalina.

Bietz, J. (1999). Bewegungslernen als sinnerschließendes Handeln im Sportspielunterricht. In B. Heinz & R. Laging (Hrsg.), *Bewegungslernen in Erziehung und Bildung* (S. 203-210). Hamburg: Czwalina.

Bietz, J. (2001a). Wenn Blinde uns die Augen öffnen. *Sportunterricht, 50* (6), 172-176.

Bietz, J. (2001b). Sprache, Vorstellung und Bewegung – eine symboltheoretische Betrachtung. In J. Nitsch & H. Allmer (Hrsg.), *Denken – Sprechen – Bewegen* (S. 174-180). Köln: Moser.

Bietz, J. (2002). *Bewegungsvorstellung und Blindheit. Eine repräsentationstheoretische und symboltheoretische Grundlegung.* Schorndorf: Hofmann.

Bietz, J. (2004). Anthropologische Grundlagen des Bewegens und Bewegungslernens. In M. Schierz & P. Frei (Hrsg.), *Sportpädagogisches Wissen. Spezifik – Transfer – Transformationen* (S. 128-137). Hamburg: Czwalina.

Bietz, J. (2005). Bewegung und Bildung – Eine anthropologische Betrachtung in pädagogischer Absicht. In J. Bietz, R. Laging & M. Roscher (Hrsg.), *Bildungstheoretische Grundlagen der Bewegungs- und Sportpädagogik* (S. 83-122). Baltmannsweiler: Schneider Verlag.

Theoretische Grundlagen

Bockrath, F. (2005). Bewegung – Erziehung – Habitusbildung. In R. Laging & M. Pott-Klindworth (Hrsg.), *Bildung und Bewegung im Schulsport* (S. 23-41). Butzbach-Griedel: Afra Verlag.

Bollnow, O. F. (1974). Was ist Erfahrung? In R. Vente (Hrsg.), *Erfahrung und Erfahrungswissenschaft* (S. 19-29). Stuttgart: Kohlhammer.

Cassirer, E. (1954). *Philosophie der symbolischen Formen. Erster Teil: Die Sprache.* Oxford: Bruno Cassirer.

Cassirer, E. (1996). *Versuch über den Menschen: Einführung in eine Philosophie der Kultur.* Hamburg: Meiner.

Dieckmann, B. (1994). *Der Erfahrungsbegriff in der Pädagogik.* Weinheim: Dt. Studien-Verlag.

Drexel, G. (2002). *Paradigmen in Sport und Sportwissenschaft.* Schorndorf: Hofmann.

Franke, E. (2000). Symbolisches Wissen durch den Körper – Möglichkeiten für eine Renaissance bildungstheoretischen Denkens in der Sportpädagogik. In H.-G. Scherer & J. Bietz (Hrsg.), *Kultur – Sport – Bildung: Konzepte in Bewegung* (S. 95-111). Hamburg: Czwalina.

Franke, E. (2001). Ironie im Sport? Ein Beitrag zur Bedeutungsanalyse nicht-verbaler Symbole. In G. Friedrich (Hrsg.), *Zeichen und Anzeichen – Analysen und Prognosen des Sports* (S. 23-44). Hamburg: Czwalina.

Franke, E. (2003). Ästhetische Erfahrung im Sport – ein Bildungsprozess? In E. Franke & E. Bannmüller (Hrsg.), *Ästhetische Bildung* (S. 17-37). Butzbach-Griedel: Afra Verlag.

Franke, E. (2005). Körperliche Erkenntnis – Die andere Vernunft. In J. Bietz, R. Laging & M. Roscher (Hrsg.), *Bildungstheoretische Grundlagen der Bewegungs- und Sportpädagogik* (S. 180-201). Baltmannsweiler: Schneider Verlag.

Franke, E. (2006a). Ernst Cassirer: Philosophie der symbolischen Formen (1923-1929). In J. Court & E. Meinberg (Hrsg.), *Klassiker und Wegbereiter der Sportwissenschaft* (S. 112-121). Stuttgart: Kohlhammer.

Franke, E. (2006b). Erfahrung von Differenz – Grundlage reflexiver Leiberfahrung. In R. Gugutzer (Hrsg.), *Body Turn: Perspektiven der Soziologie des Körpers und des Sports* (S. 187-208). Bielefeld: transcript.

Frankfurter Arbeitsgruppe (1982). *Offener Sportunterricht – analysieren und planen.* Reinbek: Rowohlt.

Funke, J. (1980). Körpererfahrung. *Sportpädagogik, 4* (3), 13-20.

Funke, J. (1983). *Sportunterricht als Körpererfahrung.* Reinbeck bei Hamburg: Rowohlt.

Erfahrungsorientierter und bildender Sportunterricht

Funke-Wieneke, J. (1991). Körper- und Bewegungserfahrungen als Grundkategorien bewegungs- und sportpädagogischen Handelns. In S. Redl, R. Sobotka & A. Russ (Hrsg.), *Theorie und Praxis der Leibesübungen* (S. 108-117). Wien: Österreichischer Bundesverlag.

Funke-Wieneke, J. (2004). *Bewegungs- und Sportpädagogik: wissenschaftstheoretische Grundlagen, zentrale Ansätze, entwicklungspädagogische Konzeption.* Baltmannsweiler: Schneider Verlag.

Giese, M. (2008a). *Erfahrung als Bildungskategorie. Eine sportsemiotische Untersuchung in unterrichtspraktischer Absicht.* Aachen: Meyer und Meyer.

Giese, M. (2008b). Strukturalistische Bildungsdiskurse in der Sport- und Bewegungspädagogik. Eine meta-analytische Bestandsaufnahme. *Spectrum der Sportwissenschaften, 20* (1), 6-28.

Giese, M. (2008c). Erfahrungsorientierter Sportunterricht – der Versuch einer Reanimierung. *Sportwissenschaft, 38* (2), 168-188.

Gröben, B. & Maurus, P. (1999). Bewegungsanweisungen – Hilfe oder Hindernis beim Erlernen sportlicher Bewegungen? In B. Heinz & R. Laging (Hrsg.), *Bewegungslernen in Erziehung und Bildung* (S. 107-120). Hamburg: Czwalina.

Gröben, B. (2005). Kooperatives Lernen im Spiegel der Unterrichtsforschung. *Sportpädagogik, 29* (6), 48-52.

Größing, S. (2007). *Einführung in die Sportdidaktik: Lehren und Lernen im Sportunterricht.* Wiebelsheim: Limpert.

Grupe, O. (1995). Erfahrungen im Sport: Haben sie eine besondere pädagogische Bedeutung? In H. Schaller & D. Pache (Hrsg.), *Sport als Bildungschance und Lebensform* (S. 20-26). Schorndorf: Hofmann.

Hegel, G. W. F. (1952). *Philosophische Bibliothek Bd. 5., Phänomenologie des Geistes. Nach d. Text d. Orig.-Ausg. hrsg. von Johannes Hoffmeister.* 6. Aufl. Hamburg: Felix Meiner.

Hentig, H. v. (1972). Lerngelegenheiten für den Sport. *Sportwissenschaft, 2* (2), 239-257.

Hildenbrandt, E. & Scherer, H.-G. (1995). Wie Blinde zur Leichtathletik finden, was das für Sehende bedeutet. *Sportpädagogik, 19* (5), 47-53.

Hildenbrandt, E. (1997). *Sport als Kultursegment aus der Sicht der Semiotik.* Hamburg: Czwalina.

Hildenbrandt, E. (2000). Bildung als Ausformung von Kulturkompetenz. In H.-G. Scherer & J. Bietz (Hrsg.), *Kultur – Sport – Bildung: Konzepte in Bewegung* (S. 17-24). Hamburg: Czwalina.

Theoretische Grundlagen

Hildenbrandt, E. (2001). Bewegung beschreiben – Beschreibung verstehen. In F. Bockrath & E. Franke (Hrsg.), *Vom sinnlichen Eindruck zum symbolischen Ausdruck – im Sport* (S. 25-48). Hamburg: Czwalina.

Hildenbrandt, E. (2005). Aspekte einer strukturalistischen Bildungstheorie der Bewegungs- und Sportpädagogik. In J. Bietz, R. Laging & M. Roscher (Hrsg.), *Bildungstheoretische Grundlagen der Bewegungs- und Sportpädagogik* (S. 202-212). Baltmannsweiler: Schneider Verlag.

Hoffmann, J. (2001). Das ideomotorische Prinzip. ABC, Closed Loops und Schemata. In J. R. Nitsch (Hrsg.), *Denken, Sprechen, Bewegen: vom 1. bis 3. Juni 2000 in Köln* (S. 69-75). Köln: bps-Verlag.

Holz, O. (1991). Bewegungserfahrung – Verbindungen und Abgrenzungen zur Körpererfahrung. In C. Kruse & J. Thiele (Hrsg.), *Gesundheitsbildung durch Wahrnehmungsentwicklung und Bewegungserfahrung* (S. 42-55). Köln: Sport und Buch Strauß.

Hossner, E. & Künzell, S. (2003). Motorisches Lernen. In H. Mechling & J. Munzert (Hrsg.), *Handbuch Bewegungswissenschaft – Bewegungslehre* (S. 131-153). Schorndorf: Hofmann.

Hossner, E. & Roth, K. (2002). Sportspiele vermitteln. In K. Ferger, N. Gissel & J. Schwier (Hrsg.), *Sportspiele erleben, vermitteln, trainieren. 2. Sportspiel-Symposium der dvs vom 4.-6.10.2000 in Gießen* (S. 111-124). Hamburg: Czwalina.

Krüger, M. (2003). *Menschenbilder im Sport.* Schorndorf: Hofmann.

Laging, R. (2004). Differenzieren im Sportunterricht. *Sportpädagogik, 28* (2), 4-9.

Laging, R. (2005). Bewegung und leibliche Bildung – Bewegungspädagogische Überlegungen zum Bildungsbeitrag des Schulsports. In J. Bietz, R. Laging & M. Roscher (Hrsg.), *Bildungstheoretische Grundlagen der Bewegungs- und Sportpädagogik* (S. 159-179). Baltmannsweiler: Schneider Verlag.

Lange, H., Leist, K. & Loibl, J. (1991). Zur Bedeutung der Körpererfahrung für das motorische Lernen. In J. Bielfeld (Hrsg.), *Körpererfahrung. Grundlagen menschlichen Bewegungsverhaltens* (S. 59-86). Göttingen [u. a.]: Verlag für Psychologie Hogrefe.

Leist, K. (1983). Körpererfahrung. *Sportpädagogik: Annäherungen, Versuche, Betrachtungen: Bewegung zwischen Erfahrung und Erkenntnis* [Themenheft], 38-44.

Leist, K. & Loibl, J. (1984). Körpererfahrung: Eine tragfähige didaktische Kategorie für den Sportunterricht? In E. Niedermann (Hrsg.), *Salzburger Beiträge zum Sport unserer Zeit. 10. Folge* (S. 47-67). Salzburg: Wiss. Ges. für Sport u. Leibeserziehung.

Erfahrungsorientierter und bildender Sportunterricht

Leist, K. & Loibl, J. (1991). Zur bewegungspädagogischen Bedeutung der Körpererfahrung. In J. Bielfeld (Hrsg.), *Körpererfahrung. Grundlagen menschlichen Bewegungsverhaltens* (S. 36-57). Göttingen [u. a.]: Verlag für Psychologie Hogrefe.

Loosch, E. (1999). *Allgemeine Bewegungslehre.* Wiebelsheim: Limpert.

Maraun, H. (1983). Erfahrung als didaktische Kategorie. *Sportpädagogik: Annäherungen, Versuche, Betrachtungen: Bewegung zwischen Erfahrung und Erkenntnis* [Themenheft], 26-31.

Mechsner, F. (2001). Gleich zu gleich bewegt sich's leicht. *Max Planck Forschung* (4), 14-15.

Meinel, K. & Schnabel, G. (1998). *Bewegungslehre – Sportmotorik: Abriss einer Theorie der sportlichen Motorik unter pädagogischem Aspekt.* Berlin: SVB Sportverlag.

Moegling, B. & Moegling, K. (1984). *Sanfte Körpererfahrung. Für dich selbst und zwischen uns.* Bd. 1. Kassel: Kasseler Verlag.

Prohl, R. (2004). Vermittlungsmethoden – eine erziehungswissenschaftliche Lücke in der Bildungstheorie des Sportunterrichts. In M. Schierz & P. Frei (Hrsg.), *Sportpädagogisches Wissen. Spezifik – Transfer – Transformationen* (S. 117-127). Hamburg: Czwalina.

Prohl, R. (2006). *Grundriss der Sportpädagogik.* Wiesbaden: Limpert.

Rieder, H. (1984). Körpererfahrung – eine neue Modewelle. In E. Niedermann (Hrsg.), *Salzburger Beiträge zum Sport unserer Zeit. 10. Folge* (S. 17-32). Salzburg: Wiss. Ges. für Sport und Leibeserziehung.

Scherer, H.-G. (2001a). Zwischen Bewegungslernen und Sich-Bewegen-Lernen. *Sportpädagogik, 23* (4), 1-24.

Scherer, H.-G. (2001b). Jan lernt Speerwerfen. *Sportpädagogik, 23* (4), 2-5.

Scherer, H.-G. (2004). Bewegungslernen zwischen Anthropologie und Empirie. In M. Schierz & P. Frei (Hrsg.), *Sportpädagogisches Wissen. Spezifik – Transfer – Transformationen* (S. 138-145). Hamburg: Czwalina.

Scherer, H.-G. (2005a). Lernen und Lehren von Bewegungen. In R. Laging & R. Prohl (Hrsg.), *Bewegungskompetenz als Bildungsdimension* (S. 181-192). Hamburg: Czwalina.

Scherer, H.-G. (2005b). Bewegung und Bildung – Relationale Bildung im Bewegungshandeln. In J. Bietz, R. Laging & M. Roscher (Hrsg.), *Bildungstheoretische Grundlagen der Bewegungs- und Sportpädagogik* (S. 123-141). Baltmannsweiler: Schneider Verlag.

Theoretische Grundlagen

Scherler, K. (1975). Sensomotorische *Entwicklung und materiale Erfahrung.* Schorndorf: Goldmann Verlag.

Schmidt-Millard, T. (2005). Bildung im Kontext einer Bewegungspädagogik. In J. Bietz, R. Laging & M. Roscher (Hrsg.), *Bildungstheoretische Grundlagen der Bewegungs- und Sportpädagogik* (S. 142-153). Baltmannsweiler: Schneider Verlag.

Schwemmer, O. (1997). *Ernst Cassirer. Ein Philosoph der europäischen Moderne.* Berlin: Akademie Verlag.

Schwier, J. (1995). *Spiel- und Bewegungskarrieren sehgeschädigter Kinder und Jugendlicher.* Hamburg: Czwalina.

Söll, W. (2005). *Sportunterricht – Sport unterrichten: ein Handbuch für Sportlehrer.* Schorndorf: Hofmann.

Thiele, J. (1996). *Körpererfahrung – Bewegungserfahrung – leibliche Erfahrung: sportpädagogische Leitideen der Zukunft?* Sankt Augustin: Academia Verlag.

Trebels, A. H. (1984). Bewegungserfahrungen beim Turnen. In E. Niedermann (Hrsg.), *Salzburger Beiträge zum Sport unserer Zeit. 10. Folge* (S. 95-120). Salzburg: Wiss. Ges. für Sport und Leibeserziehung.

Trebels, A. H. (1985). Turnen vermitteln. *Sportpädagogik, 9* (5), 10-19.

Trebels, A. H. (1990). Bewegungsgefühl: Der Zusammenhang von Spüren und Bewirken. *Sportpädagogik, 14* (4), 12-18.

Treutlein, G., Funke-Wieneke, J. & Sperle, N. (1992). *Körpererfahrung im Sport: wahrnehmen – lernen – Gesundheit fördern.* Aachen: Meyer & Meyer.

Volger, B. (1989). Auf der Suche nach dem Bewegungserlebnis. In W. Schmidt (Hrsg.), *Selbst- und Welterfahrung in Spiel und Sport* (S. 163-195). Hamburg: Czwalina.

Waldenfels, B. (2002). *Bruchlinien der Erfahrung: Phänomenologie, Psychoanalyse, Phänomenotechnik.* Frankfurt am Main: Suhrkamp.

Erfahrungsorientierter und bildender Sportunterricht

2 Leichtathletische Sprünge: Vom Sprinten zum Weitsprung

Volker Jennemann

In diesem Unterrichtsvorschlag geht es in einem ersten Block um die erfahrungsorientierte Erarbeitung der leichtathletischen Sprinttechnik und in einem zweiten Block um die darauf aufbauende Thematisierung des leichtathletischen Weitsprungs. Der zeitliche Umfang beträgt zwischen 6-8 Doppelstunden. Alternativ kann das Sprinten in einer eigenständigen Unterrichtseinheit entwickelt werden. Die vorgestellten Aufgaben eignen sich für Schüler ab der Klassenstufe 5, können aber auch in der Sek. II gewinnbringend eingesetzt werden. In der Oberstufe bietet es sich an, Aspekte der Bewegungslehre ergänzend zu den praktischen Inhalten im Rahmen der Theoriestunden von Prüfungs- oder Leistungskursen zu erarbeiten.

1 Von der pädagogischen Bedeutung und dem sportfachlichen Nutzen

Die Ausrichtung der Schulleichtathletik auf wenige, streng normierte Techniken wurde in der Vergangenheit innerhalb der fachdidaktischen Diskussion vielfach kritisch reflektiert (vgl. Brodtmann, 1998, S. 3; Hägele, 2003, S. 27). So wurde u. a. bemängelt, dass sich Sportunterricht gerade mit Blick auf die Bundesjugendspiele auf die leichtathletischen Kerndisziplinen beschränkt. Diese Kritik hat zu einer Umorientierung geführt, sodass spezifische Techniken nun in Themenfeldern strukturverwandter Bewegungen erarbeitet werden sollen. Dabei soll den Schülern ermöglicht werden, durch vielseitige Bewegungshandlungen eine breite Basis an Bewegungserfahrungen zu sammeln, die sie in ihrer Gesamtheit dazu befähigen, den eigenen Körper variabel und der konkreten Bewegungsaufgabe angemessen bewegen zu können. Ebenso wurde in der fachdidaktischen Diskussion deutlich, dass das Training physischer Grundeigenschaften vor dem Hintergrund trainingswissenschaftlicher Erkenntnisse im Sportunterricht nur eingeschränkt möglich und eine Leistungssteigerung *vor allem über die Ausbildung koordinativer Fähigkeiten* zu erreichen ist.

Der in der Arbeit in Themen- und Bewegungsfeldern enthaltene Anspruch, den Körper optimal und situationsadäquat zur Lösung konkreter Bewegungsaufgaben

Leichtathletische Sprünge

einzusetzen, kann allerdings nur eingelöst werden, wenn nicht einseitig genormte Bewegungsvorgaben den Unterricht bestimmen, sondern dieser variabel und mehrperspektivisch angelegt ist. D. h.: kognitive Bewusstmachung, Wissen um den Gesamtzusammenhang und Reflexion von sportlichem Tun müssen feste Bestandteile des Unterrichtens sein (vgl. Giese, i. d. B., Kap. 5).

Vor diesem Hintergrund entsteht mit der Zielstellung des vorliegenden Unterrichtsvorschlags, zwei konkrete leichtathletische Techniken zu erarbeiten, zunächst ein Widerspruch. Bedenkt man jedoch, dass Bewegungstechniken lediglich Mittel für das bestmögliche Lösen von Bewegungsproblemen sind, lässt sich die Unvereinbarkeit von Lernziel und didaktischem Anspruch auflösen (vgl. Loibl, 2001, S. 41). I. d. S. ist der vorliegende Unterrichtsvorschlag von einer erfahrungsorientierten Vorgehensweise geprägt, die es den Schülern ermöglicht, Bewegungstechniken für sich als (am besten) geeignete Möglichkeit zur Bewältigung einer Bewegungsaufgabe zu entdecken (vgl. Giese & Hasper, i. d. B.). Insofern kann es gelingen, dass weder „disziplinäre Fähigkeits- und Fertigkeitsaspekte auf Dauer zu kurz kommen, noch der schulische Erziehungs- und Bildungsauftrag unverhältnismäßig vernachlässigt werden" (Hägele, 2003, S. 31).

2 Methodisch-didaktische Vorüberlegungen

Um zu gewährleisten, dass die Schüler die anvisierten Fertigkeiten mit einem hohen Maß an Eigentätigkeit entwickeln, ist es sinnvoll, die nachfolgenden Bewegungsaufgaben auf Arbeitsblättern zusammenzufassen und in Partner- bzw. Kleingruppenarbeit erarbeiten zu lassen. Dabei ist klassische Stationsarbeit ebenso möglich wie eine interessenorientierte Bearbeitung der einzelnen Aspekte durch die Schüler. Die Ergebnisse der Arbeitsphasen sollten abschnittsweise im Lerngruppenplenum gesammelt, diskutiert und auf einem Lernplakat fixiert werden. Die gemeinsame Verschriftlichung der Aufgabenlösung erleichtert es den Schülern, die erarbeiteten Bewegungsfertigkeiten mit einer höchstmöglichen Genauigkeit bei der individuellen Bewegungsausführung umzusetzen.

Der Maßstab für eine gelungene bzw. funktionale Lösung der Bewegungsaufgabe ist dabei immer, ob die Bewegungsaufgabe (Sprinten oder Springen) effektiv, d. h. schneller bzw. weiter, realisiert werden konnte. Um dies herauszufinden, ist sicherzustellen, dass die Schüler nicht bereits nach einem Versuch eine Bewegungsausfüh-

Erfahrungsorientierter und bildender Sportunterricht

rung zur Aufgabenlösung als geeignet oder ungeeignet bewerten, sondern sich mehrere Durchführungen lang Zeit nehmen, um sich in die Bewegung *hineinzufühlen*.

Biomechanische, koordinativ-technische und konditionelle Einflussgrößen bestimmen als leistungslimitierende Faktoren die Sprungweite beim Weitsprung. Die beiden erstgenannten Aspekte bilden den Kern der nachfolgenden Unterrichtseinheit *Weitsprung*. Da die erzielte Sprungweite allerdings wesentlich von der erreichten Anlaufgeschwindigkeit am Absprungbalken abhängt, sollte die Anlaufgeschwindigkeit zunächst den individuellen Fähigkeiten entsprechend ausgebaut werden. Die Laufschnelligkeit hängt neben der verfügbaren Kraft wesentlich von koordinativen Fähigkeiten ab, die sich im Gegensatz zu konditionellen Fähigkeiten im schulsportlichen Alltag wesentlich besser fördern lassen, sodass sich eine positive Leistungsentwicklung vor allem über eine Verbesserung der Laufkoordination erreichen lässt. In Abhängigkeit von der kognitiven Leistungsfähigkeit der Lerngruppe sollte der Zusammenhang zwischen Sprungweite und Anlaufgeschwindigkeit im Absprung selbstständig – ausgehend von folgender Frage – erarbeitet werden:

Was musst du tun, um weit zu springen?

Die Unterrichtserfahrung zeigt, dass die beiden Aspekte *schnelles (An-)Laufen* und *kräftiges Abspringen* von den Schülern meist selbstständig genannt werden. Aufgrund obiger Überlegungen wird der Unterrichtsfokus im weiteren Unterrichtsverlauf zunächst auf das schnelle Laufen gelegt, was zu einer zweiten Frage führt:

Was musst du tun, um schnell zu laufen?

Die Schüler sollen aufgrund ihres Vorwissens überprüfbare Hypothesen formulieren. Auch eine kleine Erprobungsphase wäre denkbar. Insgesamt kommen die Schüler aufgrund der Alltagsferne der spezifischen Sprinttechnik allerdings kaum auf alle relevanten Aspekte, die eine funktionale Sprinttechnik definieren. Methodisch ist es für eine zielführende und zeiteffiziente Erarbeitung der Bewegungstechniken deshalb nötig, den Such- und Erfahrungsraum – in Abhängigkeit von den vorhandenen Vorerfahrungen der Schüler – unterschiedlich stark vorzustrukturieren (vgl. Giese, i. d. B., Kap. 5.5). Dazu dient in diesem Unterrichtsvorschlag eine Tabelle (vgl. Tab. 1, s. S. 59), in der zentrale Elemente einer funktionalen

Leichtathletische Sprünge

Sprinttechnik mit Stichpunkten benannt sind. Diese Stichpunkte sollen die Schüler in einer offenen Auseinandersetzung mit der Sache mit Leben bzw. Erfahrung füllen.[1]

3 Der Auftakt zum Weitsprung: Das Sprinten lernen

Zum Auftakt bietet es sich an, sich den Themen Sprinten und Weitsprung anhand selbst gewählter Bewegungsaufgaben zu nähern. Da viele Schüler erfahrungsgemäß Schwierigkeiten damit haben, vielfältige Bewegungsformen selbstständig und kreativ zu erproben, kann diese Fähigkeit mithilfe Kleiner Spiele angebahnt werden. Hierbei ist darauf zu achten, dass die Schüler dazu angehalten werden, sich auch ungewöhnliche Bewegungsformen zu überlegen. Folgende Spiele haben sich in diesem Zusammenhang im Unterricht bewährt:

Spiel – König und Diener
Zwei Schüler (Diener) haben die Aufgabe, sich immer auf derselben Seite (links oder rechts) eines dritten Schülers (König) aufzuhalten. Dabei müssen sie alle (Fort-)Bewegungsformen nachmachen, die der König vorgibt. Nach einigen Minuten werden König und Diener getauscht, sodass sich jeder Schüler Bewegungen überlegen muss, mit denen er seine Diener auf Trab hält.

Spiel – Handicap-Fangen
Ein Fänger muss in einem begrenzten Raum versuchen, einen Gejagten abzuschlagen, woraufhin das Amt des Fängers auf den Abgeschlagenen wechselt. Um die Schwierigkeit zu erhöhen, darf sich der Fänger ein Handicap (z. B. rechte Hand an linkem Fuß, Scherenlauf, Hopser mit geschlossenen Füßen etc.) überlegen, das die Fortbewegung aller am Spiel beteiligten Personen behindert.

---

1 Sensibilisiert dieses Vorgehen für Grenzen der Erfahrungsorientierung in der Realität des Sportunterrichts, wird durch die Vorstrukturierung das Prinzip der Erfahrungsorientierung allerdings keineswegs aufgegeben, da den Schülern aufgrund der transparenten Unterrichtsgestaltung sehr wohl klar ist, warum diese Aspekte zum Thema werden. Die Auseinandersetzung mit den einzelnen Aspekten erfolgt anhand offener Bewegungsaufgaben sowie der anschließenden Beschreibung und Analyse kontrastierender Bewegungsausführungen. In Kombination mit transparenten und selbstständig kontrollierbaren Handlungszielen ermöglicht dies den Schülern, selbstständig abzuschätzen, welche Bewegungsausführungen der individuellen Optimierung ihrer Techniken am zuträglichsten sind.

Erfahrungsorientierter und bildender Sportunterricht

Im Anschluss an die Spiele sollte diskutiert werden, welche Bewegungselemente von den Schülern eigentlich variiert wurden, um damit zu der Tabelle überzuleiten, die einen Eindruck über die Vielzahl der Variationsaspekte beim Laufen verschafft (vgl. Tab. 1). Die Tabelle sollte auf das Unterrichtsgespräch und die Zielgruppe abgestimmt und als *Protokoll* der Bewegungsexperimente verwendet werden. In gemeinsamen Plenumsphasen werden die Ergebnisse von den Schülern vorgemacht, erläutert sowie ggf. von der gesamten Klasse ausprobiert.[2]

Zentraler Aspekt, unter dem die Analysen stattfinden müssen, ist einerseits die Optimierung der Laufzeit und andererseits die Frage nach dem individuellen Wohlbefinden bei der jeweiligen Aufgabenlösung, da es den Schülern häufig auch unbewusst bzw. vorsprachlich gelingt (vgl. Giese, i. d. B., Kap. 5.2), gelungene von weniger gelungenen Bewegungen zu unterscheiden.

In Abhängigkeit davon, welche Aspekte des Laufens oder Sprintens von den Schülern als besonders bedeutsam erachtet werden, ist es im weiteren Unterrichtsgang notwendig, Prioritäten zu setzen und einzelne Knotenpunkte der Bewegung in das Zentrum der Betrachtungen zu rücken. Im Folgenden werden Aufgaben zur erfahrungsorientierten Erarbeitung der Aspekte *Fußaufsatz, Knieeinsatz, Armeinsatz, Hüfthaltung, Oberkörperhaltung* und *Kopfhaltung* vorgestellt. Die Schüler sollten dazu angehalten werden, zu jeder Aufgabe in der Kleingruppe zu überlegen, welche Lösungsvariante sie für sinnvoll halten.

---

2 Insbesondere dann, wenn die Schüler in diesem Zusammenhang bereits zentrale Erkenntnisse zu dieser Bewegungsaufgabe erarbeitet haben.

Leichtathletische Sprünge

Tab. 1: Elemente einer funktionalen Sprinttechnik

	Fußaufsatz	Knieeinsatz	Armeinsatz	Hüfthaltung	Oberkörper-haltung	Kopfhaltung			
Gelenkwin-kelstellung				(z. B.) ✓3			Aufgaben mit Material (z. B. kleine Hindernisse, Bälle etc.)	Aufgaben mit Wahrnehmungsschwerpunkten	Aufgaben zu ästhetischen Aspekten
Bewegungs-richtung									
Bewegungs-amplitude									
Bewegungs-dynamik									
Bewegungs-rhythmus									
Fortbewegungs-geschwindigkeit									

3.1 Wie setze ich meine Füße auf, um schnell zu laufen?

Der Fußaufsatz beim Sprintlauf erfolgt hauptsächlich auf dem Fußballen, da so ein vergleichsweise hoher Vortrieb erzeugt werden kann.

Aufgabe – Fußaufsatz
Lauft so schnell wie möglich durch die mit Pylonen markierte Strecke (ca. 15 m)!

Variiert dabei die Fußstellung und setzt beim *ersten Lauf* den Fuß nur auf der Ferse auf, beim *zweiten Lauf* auf der ganzen Sohle und beim *dritten Lauf* auf dem Fußballen auf.

Die Unterschiede in der Fortbewegungsgeschwindigkeit sind in der Regel so groß, dass der Ballenlauf problemlos als die bestmögliche Lösung identifiziert werden kann. Problematisch kann jedoch sein, dass die Schüler den Ballenaufsatz zu sehr betonen (gestreckte Fußspitze) bzw. die Aufgabe der Belastung der ganzen Sohle „automatisch" durch ein etwas verzögertes Aufsetzen der Ferse lösen. In diesem

---

3 Bei der Arbeit mit der Tabelle können sich die Schüler beispielsweise bestimmte Körperregionen und eine Bewegungsaktion aussuchen. Mögliche Bewegungsausführungen für obige *exemplarische Auswahl* wären beispielsweise Läufe mit unterschiedlich stark ausgeprägter Hüftbeugung.

Erfahrungsorientierter und bildender Sportunterricht

Fall kann der Ballenlauf nicht als optimale Aufgabenlösung erkannt werden. Für den Unterricht in der Oberstufe bietet sich an dieser Stelle an, die Bewegung zu analysieren und das Phänomen biomechanisch zu erklären (optimale Vordehnung der Muskulatur, Dehnungsverkürzungszyklus, Überlappungszustände der Muskeleiweiße etc.). In der Sek. I sollte sich auf eine – dem Leistungsstand angemessene – Bewegungsanalyse beschränkt werden, um, ausgehend von dieser, das Bewegungsexperiment zu verfeinern.

3.2 Wie bewege ich den Rest vom Bein?

Der Kniehub in der vorderen Schwungphase sowie das Anfersen in der hinteren Schwungphase stellen weitere Knotenpunkte der Sprintbewegung dar.

Aufgabe – Knieeinsatz
Lauft so schnell wie möglich durch die mit Pylonen markierte Strecke (ca. 15 m)!

Macht eure Knie beim *ersten Lauf* ganz steif. Beim *zweiten Lauf* beugt die Knie so weit wie möglich und führt diese bis auf Hüfthöhe. Beim *dritten Lauf* führt den Fuß so nah wie möglich an das Gesäß.

Auch hier sind die Unterschiede in der Fortbewegungsgeschwindigkeit in der Regel leicht festzustellen. Die Begriffe *Kniehub* bzw. *Kniehebelauf* und *Anfersen* sollten eingeführt werden. Bei entsprechendem Kniehub bzw. angemessenem Anfersen lassen sich deutlich höhere Laufgeschwindigkeiten erreichen, als bei Läufen mit fixierten Kniegelenken. Auch hier sind für Schüler der Sek. II Exkurse in die Biomechanik möglich (s. o. sowie die *optimale Koordination der Teilimpulse*). Sollte es zu Problemen kommen, kann auch die Schrittlänge als Kriterium in den Fokus der Betrachtung aufgenommen werden, da diese bei diesen Experimenten direkt mit der Fortbewegungsgeschwindigkeit korreliert.

Um die Funktion des Kniehubs stärker erfahrbar zu machen und dabei zugleich die oftmals bei Anfängern zu gering ausgeprägte Schrittlänge weiter zu optimieren, können die Aufgaben auch als Sprungläufe bzw. Laufsprünge ergänzend zu den Laufformen durchgeführt werden.

Leichtathletische Sprünge

3.3 Wie bewege ich die Arme?

Die Bewegung der Arme gleicht die Beinbewegungen aus und verhindert so, dass der Oberkörper ins Straucheln gerät, was eine unruhige Laufbewegung zur Folge hätte und eine nicht konstante Schrittlängengestaltung verstärken würde.

> **Aufgabe – Armeinsatz**
> Lauft so schnell wie möglich durch die mit Pylonen markierte Strecke (ca. 15 m) und setzt eure Füße immer auf einer Linie (z. B. einer Laufbahnmarkierung) auf.
>
> Sucht einen funktionalen Armeinsatz. Fixiert die Hände einmal an der Hosennaht, bewegt die Arme einmal immer ganz gestreckt und einmal mit gebeugtem Ellbogen (< 90°).

Bei dieser Aufgabe rückt die Beobachtung der Unruhe bzw. Ruhe des Oberkörpers in den Fokus der Betrachtung. Um diesbezügliche Erfahrungen zu verstärken, können die Aufgaben erweitert werden, indem die Schüler beim Laufen einen flach aufliegenden Tennisring auf dem Kopf balancieren sollen. Spätestens durch diese Maßnahme wird die optimale Lösung der Bewegungsaufgabe für die Schüler deutlich wahrnehmbar.

3.4 Wie halte ich meinen Oberkörper?

Die Haltung des Oberkörpers entscheidet darüber, ob die von den Beinen entwickelte Kraft ökonomisch zum Vortrieb genutzt werden kann. Es geht Kraft verloren, wenn der Oberkörper in Rücklage gerät oder die Beugung in der Hüfte zu stark ist. Darüber hinaus kommt bei einer zu starken Hüftbeugung hinzu, dass die optimale Schrittlänge nicht erreicht werden kann.

> **Aufgabe – Oberkörperhaltung**
> Lauft so schnell wie möglich durch die mit Pylonen markierte Strecke (ca. 15 m)!
>
> Beugt dabei euren Oberkörper beim *ersten Lauf* ganz weit nach vorne und beim *zweiten Lauf* ganz weit nach hinten.

Im Rahmen des Unterrichtsgesprächs sollte die leichte Oberkörpervorlage als Lösungsmöglichkeit entwickelt werden. Für den Unterricht in der Sek. II bietet es sich an dieser Stelle (wie auch beim Sprintstart) an, die Wirkung der Körperschwerpunktlage und der beim Sprint einwirkenden Kraftvektoren zu thematisieren. Zusätzlich zur vorgenannten Aufgabe kann auch die Schulterhaltung und ihr Einfluss auf die Oberkörperhaltung erarbeitet werden.

Aufgabe – Schulterhaltung
Lauft so schnell wie möglich mit der Technik des Anfersens durch die mit Pylonen markierte Strecke (ca. 15 m)! Haltet dabei die Arme auf Schulterhöhe gestreckt zur Seite. Haltet beim *ersten Lauf* die Handflächen zum Boden und beim *zweiten Lauf* zum Himmel gedreht.

Hier wird für die meisten Schüler erfahrbar, dass die nach hinten gezogenen Schultern (Handflächen nach oben gedreht) Stabilität im Rumpf erzeugen, die sich positiv auf den Sprintlauf auswirkt. Die Schüler sollten versuchen, dieses Gefühl der Schulterhaltung zu verinnerlichen, damit sie es bei der komplexen Sprintbewegung wieder abrufen bzw. wiedererkennen können.

3.5 Wie halte ich meinen Kopf?

Ähnlich wie die Schulterhaltung wirkt sich auch die Kopfhaltung auf die Rumpfhaltung aus. Ein zu weit nach vorn gebeugter Kopf erzeugt zu große Oberkörpervorlage. Wird der Kopf zu weit in den Nacken genommen, fällt der Läufer in eine Hohlkreuzhaltung, die einen funktionalen Kniehub erschwert.

Aufgabe – Kopfhaltung
Lauft so schnell wie möglich durch die mit Pylonen markierte Strecke (ca. 15 m) und variiert eure Kopfhaltung. Blickt beim *ersten Lauf* mit den Augen zu euren Füßen, beim *zweiten Lauf* zum Himmel und beim *dritten Lauf* zum Horizont.

Die Blickrichtung hat wesentlichen Einfluss auf die Kopfhaltung. Gerade Anfänger neigen dazu, dass sie mit ihren Augen das Laufgeschehen kontrollieren wollen. Aus diesem Grund blicken sie, mit den bereits genannten Nachteilen für die Körperhaltung, häufig auf ihre Beine oder Füße, sodass dieses Verhalten mit seinen Konsequenzen bei dieser Aufgabe thematisiert werden kann. In der Sek. II kann an dieser Verhaltensweise das Modell der Bewegungskontrolle von Meinel und Schnabel (1998) und die sich im Verlauf des Lernprozesses ändernde Bedeutung des inneren und äußeren Regelkreises herausgearbeitet werden.

Der Sprintlauf selbst bildet den Abschluss dieser Unterrichtssequenz. Organisatorisch lässt sich dies in Kleingruppenarbeit (ca. drei Schüler) umsetzen, da so

Leichtathletische Sprünge

gewährleistet ist, dass die Schüler durch wechselseitiges Beobachten eine verhältnismäßig umfassende Bewegungskorrektur bewerkstelligen können. Für den Fall, dass weitere „Fehlerbilder", wie beispielsweise nach außen gerichtete Fußspitzen oder eine zu geringe Abdruckstreckung – ein für die Schüler recht anschauliches Bild für diese Körperhaltung ist das Sitzen auf einem Barhocker – von den Schülern entdeckt werden oder in der Lerngruppe gehäuft auftreten, bietet es sich an, diese ebenfalls kontrastierend zum Thema zu machen.

Darüber hinaus bietet es sich auch an, weitere Erfahrungen durch die *Variation der Rahmenbedingungen* oder der *Laufbewegung selbst* zu ermöglichen. Bezogen auf die Rahmenbedingungen, können dies Läufe auf unterschiedlichem Untergrund, mit Vorgaben zur Schrittlängengestaltung, Berg- und Talläufe etc. sein. Die Laufbewegung selbst kann beispielsweise durch Veränderung der Ausführungsgeschwindigkeit oder der aufzuwendenden Kraft variiert werden.

4 Weitsprung

Ein zentrales Problem des Weitspringens im Schulsport besteht darin, die erreichte Schnelligkeit beim Absprung umzusetzen. Deshalb ist es für einige Schüler nicht sinnvoll, das Weitspringen aus der maximalen Laufgeschwindigkeit heraus zu thematisieren (vgl. Frey, Kurz & Hildenbrandt, 1995, S. 80). Vor diesem Hintergrund ist kritisch zu fragen, inwiefern eine Unterrichtssequenz zum *Sprinten* vor der Thematisierung des Weitspringens zweckmäßig ist. Das dies trotzdem Sinnvoll sein kann, liegt darin begründet, dass viele Schüler insbesondere aufgrund technischer Mängel und nicht wegen häufig postulierter konditioneller Defizite ihre individuell maximale Laufgeschwindigkeit nicht erreichen (vgl. Kretschmer, 2004, S. 4).

Ferner ist davon auszugehen, dass die maximale Laufgeschwindigkeit in der Unterrichtssequenz *Sprinten* verbessert wird, sodass die Mehrzahl der Schüler nun auch bei submaximaler Anlaufgeschwindigkeit zumindest ein ähnlich hohes Tempo erreichen wird, wie es vorher bei subjektiv maximaler Anlaufgeschwindigkeit erreicht wurde. Infolgedessen können die so vorbereiteten Schüler mit hoher Wahrscheinlichkeit trotz submaximalem Anlauf höhere Geschwindigkeiten beim Absprung umsetzen. Außerdem erweitert sich der Spielraum, innerhalb dessen die Schüler versuchen können, Laufgeschwindigkeit am Absprungbalken in Sprungweite umzusetzen.

Erfahrungsorientierter und bildender Sportunterricht

Eine weitgehend *stabile Schrittlängengestaltung* ist ein weiterer Aspekt, der für eine dem Weitsprung vorgeschaltete Sprintschulung spricht. Abbremsen vor dem Absprung oder Anlaufen in Schlangenlinien führen dazu, dass Schüler vor dem Absprung ungünstige Körperhaltungen einnehmen. Dieses Problem lässt sich durch den Absprung aus einer Zone zwar abmildern, trotzdem sind Schüler mit gering ausgeprägter Sprinterfahrung kaum in der Lage, ihre Schrittlänge und, daraus resultierend, ihre Anlaufgenauigkeit annähernd zuverlässig einzuschätzen.

Der *sinnerhaltenden Elementarisierung* folgend (vgl. Giese, i. d. B., Kap. 5.2), sollen den Schülern von Beginn an authentische Weitsprungerlebnisse ermöglicht werden, die auch ein authentisches Abschätzen funktionaler Aktions-Effekt-Beziehungen erlauben. Um dies zu erreichen, ist es notwendig, die Verweildauer in der Luft möglichst weit auszudehnen. Auch das lange Nachdrücken beim Absprung oder ein lang gehaltenes Schwungbein können nur bei einer ausreichend langen Phase zwischen Absprung und Landung realisiert werden. Wenn man beachtet, dass der Absprung als Beginn der Flugphase im Weitsprung immer aus eigener Kraft erbracht wird, sollte die Flugzeitverlängerung hauptsächlich auf zweierlei Weisen angestrebt werden.

4.1 Den Anlauf optimieren [4]

Zum einen kann die Flugphase durch einen *erhöhten Absprung* verlängert werden, z. B. durch einen Kastendeckel oder besser durch eine kleine Rampe. Zum anderen kann dies durch eine angemessene *Gestaltung des Anlaufs* geschehen. D. h., der Anlauf darf weder zu lang (die Schüler werden einige Meter vor dem Absprung wieder langsamer) noch zu kurz (die Schüler erreichen nicht ihr optimales Anlauftempo) gestaltet werden. Da viele Schüler erfahrungsgemäß zu lange Anläufe wählen, bieten sich folgende Kontrastaufgaben an.

Aufgabe Anlauflänge I
Lauft von der Pylone (ca. 10 m bis zum Absprungpunkt) aus an und springt so weit wie möglich. Verringert dabei die Länge des Anlaufs bei jedem Versuch.

---

[4] Um die Schüler bei der Suche nach der Anlauflänge zu unterstützen, ist es sinnvoll, neben der Anlaufstrecke ein Bandmaß auszurollen, an dem sich jeder orientieren kann.

Leichtathletische Sprünge

Vermutlich werden einige Schüler den Anlauf von Beginn an als zu kurz bezeichnen. Spätestens jedoch mit den Verkürzungen im zweiten und dritten Durchgang werden alle Schüler den Anlauf als zu kurz zur Entwicklung ihrer individuell optimalen Anlaufgeschwindigkeit empfinden.

Aufgabe Anlauflänge II
Lauft von der Pylone (ca. 30 m bis zum Absprungpunkt) aus an und springt so weit wie möglich.

Bei dieser Aufgabe wird die überwiegende Mehrzahl der Schüler feststellen, dass dieser Anlauf zur Entfaltung der optimalen Anlaufgeschwindigkeit zu lang ist.

Aufgabe Anlauflänge III
Jeder findet für sich in maximal drei Versuchen einen Anlauf, der es ermöglicht, möglichst weit zu springen. Wenn ihr eure optimale Anlauflänge gefunden habt, merkt euch die Distanz bis zum Balken.

Meist macht es keinen Sinn, für alle Schüler einen gemeinsamen Startpunkt festzulegen, sodass in diesem Unterrichtsabschnitt für alle die Möglichkeit besteht, den eigenen Anlauf herauszufinden (vgl. Plagge & Strömich, 1987, S. 38).

4.2 Eine funktionale Bewegungsvorstellung entwickeln

Ähnlich wie beim Sprinten führt eine völlig offene, nicht vorstrukturierte Auseinandersetzung mit der Frage, wie weites Springen möglich ist, in der Regel nicht zu befriedigenden Ergebnissen. Deshalb bedarf es auch hier einer Vorstrukturierung des Erfahrungsraums. Im Verlauf der Unterrichtssequenz zum Sprinten haben die Schüler bereits Erfahrungen mit der Beobachtung und Analyse von Bewegungen gemacht. Den Ausgangspunkt für den weiteren Verlauf der Unterrichtseinheit bildet deshalb die Betrachtung eines Reihenbildes zum Weitsprung oder im Idealfall der Zeitlupenbeobachtung eines Weitsprungs.[5] Im zweiten Fall ist es vorzuziehen, die Aufzeichnung eines Sprungs von einem Nachwuchsathleten am besten im

---

[5] Ein geeignetes Reihenbild findet sich beispielsweise in dem vom DLV herausgegebenen Rahmentrainingsplan Schüler-Leichtathletik (vgl. Güllich & Müller, 2004, S. 98).

Erfahrungsorientierter und bildender Sportunterricht

Schüleralter zu verwenden. Solche Aufnahmen sind meist problemlos bei einem Leichtathletikverein vor Ort erhältlich. Die dort zu beobachtende Technik (des Schrittweitsprungs) kommt der von den Schülern angestrebten Zielbewegung meist bereits so nah, dass von einem positiven Transfer auf die eigene Technik ausgegangen werden kann. Darüber hinaus lassen sich solche Videoaufzeichnungen in der Regel deutlich bequemer analysieren, sodass wesentliche Elemente des Schrittweitsprungs wie der Fußaufsatz beim Absprung, der Einsatz des Schwungbeins und der anderen Schwungelemente, das Abdruckbein und die (Einleitung der) Landung erkannt werden können.[6]

Auch hier sollten die Schüler Hypothesen formulieren, welcher Bewegungsaspekt wichtig sein könnte und welche Funktion diesem bei der Gesamtbewegung zukommen könnte. Die Hypothesen werden auf dem Lernplakat gesammelt und anschließend von den Schülern überprüft. Ebenso wie beim Sprinten ist es auch beim Weitsprung nötig, bestimmte Gesichtspunkte der Weitsprungtechnik zu fokussieren. Dies sollte im Idealfall anhand der von den Schülern formulierten Thesen geschehen. Ist dies nicht möglich, müssen die Aufgaben zu den Knotenpunkten der Bewegung im gelenkten Unterrichtsgespräch erarbeitet werden.

Die nachfolgenden Aufgaben sollten mit jedem Bein durchgeführt werden, auch wenn die Schüler schon ein Absprungbein bevorzugen. Ebenso hat es sich in der Praxis als hilfreich erwiesen, die ersten (wenigen!) Versuche aus konditionellen Gründen mit einem verkürzten Anlauf durchzuführen. Erst danach sollte der verlängerte Anlauf erprobt werden. Aus dem maximalen Anlauf sollten in der Sek. I *nicht mehr als 10 Anläufe pro Einheit* bzw. Doppelstunde gemacht werden, weil die Bewegung sonst im ermüdeten Zustand erlernt wird, was eher ein Trainingsmittel des Leistungssports ist. Ebenso ist bei maximalem Anlauf darauf zu achten, dass ausreichend große Pausen zur Regeneration des neuromuskulären Systems eingelegt werden, wodurch natürlich die tatsächliche Bewegungszeit im Sportunterricht stark eingeschränkt wird.

---

6 Zu Möglichkeiten und Grenzen beim Einsatz von Abbildungen, Bildreihen und Videosequenzen im Sportunterricht vergleiche Giese (i. d. B., Kap. 5.3; 2008, S. 67f.) oder Trebels (1990, S. 17).

Leichtathletische Sprünge

4.3 Wie setze ich meinen Fuß zum Springen am besten auf?

Können die Schüler im Unterrichtsgespräch oder in freien Erprobungsphasen noch nicht hinreichend artikulieren, wie der Absprungfuß aufzusetzen ist oder wird die Unterrichtssequenz zum Weitsprunganlauf erst nach dem Erlernen der Hauptphase des Weitsprungs durchgeführt, ist es sinnvoll, zunächst zu thematisieren, wie der Absprungfuß aufzusetzen ist.

Aufgabe – Einbein-Stand-Weitsprung
Springt so weit wie möglich. Stellt euch auf das leicht gebeugte Bein und hebt das andere Bein in die Kniehubposition. Springt aus dem Stand und variiert dabei die Position des Absprungfußes. Probiert auch folgende Varianten aus:
Stellt euch im ersten Versuch auf den *Fußballen*. Stellt euch im zweiten Versuch auf den *ganzen Fuß*. Stellt euch im dritten Versuch auf die *Ferse*.

Bei dieser Aufgabe erfahren die Schüler, dass der Absprung mit der ganzen Fußsohle einen vergleichsweise weiten Sprung ermöglicht und diese Fußposition gleichzeitig förderlich für eine stabile Körperhaltung ist (Gleichgewicht). Der Sprung von der Ferse liefert kaum Weite, während der Sprung aus dem Fußballenstand zwar Weite, aber eine sehr instabile Körperposition zur Folge hat sowie eine hohe Verletzungsgefahr beinhaltet.

4.4 Was ist ein Schwungbein?

Charakteristisch für den Schrittweitsprung ist der lange Zeit waagerecht fixierte Oberschenkel des Schwungbeins. Um den Schülern den Sinn dieser Aktion sowie die Funktion der Arme als Schwungelement zu verdeutlichen, bietet sich folgende Aufgabe an.

Aufgabe – Abdruck
Versucht, euch so hoch wie möglich vom Boden zu lösen! Stellt euch dazu auf ein Bein und hebt das andere Bein und die Arme ruckartig an. Stoppt die Bewegung abrupt, bevor sich der Oberschenkel waagerecht vor dem Körper befindet.

Wird dieses Experiment so ausgeführt, dass das Schwungbein tatsächlich abrupt stoppt, werden die Schüler beschreiben, dass sie wenige Zentimeter in die Luft springen, ohne gesprungen zu sein. Daraus lässt sich ableiten, dass diese Bewe-

Erfahrungsorientierter und bildender Sportunterricht

gung den Absprung positiv beeinflussen kann. In einem weiteren Versuch kann erarbeitet werden, in welcher Position das Abstoppen des Sprungbeins erfolgen muss, um einen möglichst großen Schwung nach oben zu erzeugen! In der Sek. II bietet sich hier an, das Prinzip der Koordination von Einzelimpulsen zu thematisieren.

Die Hypothese, dass sich ein bestimmter Schwungbeineinsatz positiv auf die Sprungleistung auswirkt, wird in nachfolgender Aufgabe überprüft. Hierbei ist es hilfreich, die Sprunggrube durch unmittelbar über dem Sand gespannte Zauberschnüre in Zonen zu unterteilen, wodurch etwaige Änderungen in der Sprungweite bzw. funktionale Lösungen leichter wahrgenommen werden können.

Aufgabe – Schwungbeineinsatz
Lauft mit verkürztem Anlauf an und versucht, so weit wie möglich zu springen. Friert die Bewegung nach dem Absprung ein. Setzt bei den ersten Versuchen bewusst kein Schwungbein ein, bei nachfolgenden Versuchen aber schon.

4.5 Wie drücke ich mich vom Boden ab?

Innerhalb der kurzen Zeitspanne des Absprungs müssen neben der Koordination der Schwungelemente auch weitere komplexe Aktionen realisiert werden. Nachdem der Absprungfuß kurz und flach aufgesetzt wurde, erfolgt die Amortisationsphase, bei der das Absprungbein kurzzeitig im Hüft-, Knie- und Sprunggelenk gebeugt wird, bevor die Streckung dieser Gelenke erfolgt. In Abhängigkeit von der Anlaufgeschwindigkeit steht für diese Aktionen mehr oder weniger Zeit zur Verfügung.

Aufgabe – Absprungverhalten
Springt so weit wie möglich.

Lauft an und springt im *ersten Versuch* so, dass ihr in eurem Sprungbein den Schwung vom Anlauf relativ stark abfangt (eine kleine Pause zwischen Anlauf und Absprung machen). Im *zweiten Versuch* beugt das Sprungbein so wenig wie möglich und drückt euch so schnell vom Boden ab. Führt beide Versuche zunächst aus einem langsamen und später aus schnelleren Anläufen heraus durch.

Bei dieser Aufgabe wird deutlich, dass die Kraft des Anlaufs nicht von der Absprungbewegung verschluckt werden darf und dass dies im Wesentlichen von der Anlaufgeschwindigkeit und wie sehr man dieser Geschwindigkeit einen Widerstand entgegensetzen kann, abhängt.

Leichtathletische Sprünge

4.6 Wie lande ich?

Zur Maximierung der Sprungweite ist es notwendig, dass die Landung aktiv durch das *Nachvorneschleudern* der Beine unterstützt wird. Durch das einfache Setzen der Beine in die Sprunggrube – meist direkt unterhalb des Körperschwerpunkts – büßt der Springer Weite ein. Um diese *Klappmesserbewegung* durchführen zu können, muss das Sprungbein möglichst lange hinter dem Körper gehalten werden (es zeigt zum Absprungpunkt), damit es zur Landung als Schwungelement eingesetzt werden kann.

Die Schüler sollen herausfinden, dass die Sprungweite wesentlich davon abhängt, wie weit sie die Füße vor dem Körper in die Grube setzen und inwiefern es ihnen gelingt, den Rest des Körpers in dem von den Füßen verursachten Loch zu platzieren. Wesentlich dafür ist, ob das Sprungbein als unterstützendes Schwungelement, das erst unmittelbar vor der Landung von hinten nach vorne genommen wird, zur Verfügung steht. Die wenigsten Schüler werden in der Lage sein, diese Bewegung nur aufgrund ihrer Rumpfmuskulatur zu vollziehen. Daher ist es sinnvoll, die Schüler Hypothesen formulieren und überprüfen zu lassen, wie sie das weite Nachvornebringen der Füße zur Landung realisieren können und sie ggf. auf die Funktion des Sprungbeins bei der Landung hinzuweisen.

> **Aufgabe – Landung mit dem Schwungbein**
> Lauft mit dem verkürzten Anlauf an und versucht, eine Landetechnik zu finden, die keine Weite verschenkt. Probiert auch folgende Varianten aus:
>
> ■ Setzt die Füße nebeneinander unterhalb des Körpers in die Sprunggrube.
> ■ Setzt die Füße weit vor dem Körper in den Sand und vollzieht eine Klappmesserbewegung.
>
> *Hinweis:* Das Gesäß soll in dem Loch landen, das die Füße reißen.

Erfahrungsorientierter und bildender Sportunterricht

4.7 Wie halte ich Oberkörper und Kopf?

Ähnlich wie beim Sprint entscheidet die Lage des Oberkörpers und des Kopfs, wie gut die Kraft des Absprungs auf den Gesamtkörper übertragen werden kann. Fehlt die Hüftstreckung im Absprung oder ist die Oberkörpervorlage zu stark ausgeprägt, wird häufig eine Vorwärtsrotation ausgelöst – der Schüler landet mit dem Gesicht im Sand. Ist der Springer zu weit nach hinten gelehnt oder springt er mit einer ausgeprägten Hohlkreuzhaltung ab, trifft er seinen Körper nicht und erzielt keine entsprechende Weite bzw. bringt den Körper nicht in eine leichte – zur Landung jedoch nötige – Rückwärtsrotation. Der Kopf und die Blickrichtung haben auch hier wesentlichen Einfluss auf die Haltung des Oberkörpers.

Aufgaben zur Oberkörper- und Kopfhaltung
Springt so weit wie möglich! Lauft mit verkürztem Anlauf an und landet mit beiden Füßen gehockt in der Grube. Variiert die Haltung folgender Körperteile:

- Beugt den Oberkörper im Absprung stark nach vorne.
- Beugt den Oberkörper leicht nach vorne und bleibt in der Hüfte gestreckt.
- Lehnt den Oberkörper beim Absprung nach hinten.
- Blickt beim Absprung auf die Füße.
- Blickt beim Absprung zum Horizont.
- Blickt beim Absprung zum Himmel.

In der anschließenden Plenumsphase werden die Folgen der einzelnen Aktionen thematisiert. Dabei sollte deutlich werden, dass die leichte Oberkörpervorlage bei gestreckter Hüfte sowie der Blick zum Horizont für die optimale Gestaltung der Flugphase von großer Bedeutung sind. Sollten die Schüler dies mit dem verkürzten Anlauf nicht herausfinden können, ist es nötig, die Anlaufgeschwindigkeit durch eine Verlängerung des Anlaufs zu erhöhen, da die Effekte der Aktionen so verstärkt wahrnehmbar gemacht werden können.

Zum Abschluss der Unterrichtssequenz Weitsprung sollten die verschiedenen Ergebnisse des Unterrichtsgangs wieder in Kleingruppenarbeit vertieft werden. In diesem Rahmen können dann auch verstärkt Hilfsmittel, wie beispielsweise kleine Hindernisse zum Überspringen oder Rampen zur Absprungerhöhung, eingesetzt werden, um individuelle Erfahrungen zu verstärken bzw. die konkrete Bewegungsaufgabe für den Lernenden zwingender zu gestalten.

Literatur

Brodtmann, D. & Landau, G. (1982). An Problemen lernen. *Sportpädagogik*, 6 (3), 16-22.

Brodtmann, D. (1998). Laufen, Springen und Werfen im Schulsport. *Sportpädagogik Sonderheft*, 3-6.

Frey, G., Kurz, D. & Hildenbrandt, E. (1995). *Laufen, Springen, Werfen.* Reinbek bei Hamburg: Rowohlt.

Giese, M. (2008). *Erfahrung als Bildungskategorie. Eine sportsemiotische Untersuchung in unterrichtspraktischer Absicht.* Aachen: Meyer und Meyer.

Güllich, A. & Müller, F. (2004). *Schüler-Leichtathletik: offizieller Rahmentrainingsplan des Deutschen Leichtathletik-Verbandes für das Grundlagentraining.* Münster: Philippka-Sportverlag.

Hägele, W. (2003). Die Leichtathletik im Schulsport der Postmoderne. *Bewegungserziehung, 57* (1), 27-31.

Kretschmer, J. (2004). FAQ: Wie fit sind unsere Grundschüler? *Sportpraxis, 45* (4), 4-9.

Loibl, J. (2001). *Basketball – Genetisches Lehren und Lernen.* Schorndorf: Hofmann Verlag.

Meinel, K. & Schnabel, G. (1998). *Bewegungslehre – Sportmotorik: Abriss einer Theorie der sportlichen Motorik unter pädagogischem Aspekt.* Berlin: SVB Sportverlag.

Plagge, F. & Strömich, B. (1987). Zum Weitsprung anlaufen. *Sportpädagogik, 11* (5), 38-39.

Schöllhorn, W. (2003). *Eine Sprint- und Laufschule für alle Sportarten.* Aachen: Meyer und Meyer.

Simon, C. & Kramer, R. (2004). *Leichtathletik: Technikvariationstraining beim Laufen.* Schorndorf: Hofmann-Verlag.

Trebels, A. H. (1990). Bewegung sehen und beurteilen. *Sportpädagogik, 14* (1), 12-20.

Erfahrungsorientierter und bildender Sportunterricht

3 Die Welt ist eine Kugel – Vorschläge zu einer individuell bedeutsamen Bewegungsausformung

Martin Giese & Jan Hasper

Sportliche Techniken, die dem Spitzensport entnommen und ungebrochen in den Schulunterricht übertragen werden, stellen für Schüler häufig nicht die optimale Lösung eines Bewegungsproblems dar. In diesem Unterrichtsbeispiel soll eine solche Fehlorientierung umgangen werden, indem Schüler selbstständig nach individuell optimalen Lösungen suchen, um eine Kugel so weit wie möglich zu stoßen. Das Unterrichtsvorhaben ist ab der 10. Klasse für Schüler geeignet, um bereits bestehende Vorerfahrungen weiter auszubauen. Dauer: 1-2 Doppelstunden.

1 Techniken als individuell optimale Lösungen motorischer Probleme

Standardisierte sportliche Techniken, wie sie aus dem Spitzensport bekannt sind und im Fernsehen zu sehen sind, werden häufig unhinterfragt in den Schulsport übernommen und zu Leitbildern der Technikvermittlung gemacht. Die Logik hinter einer solchen *Abbild-Didaktik* übergeht jedoch die entscheidende Frage, ob die Technik eines Spitzensportlers auch die angemessene Technik für einen Schüler ist. Beim Kugelstoßen im Sportunterricht sollte es um die Entwicklung individuell-optimaler Techniken gehen, mit denen die Bewegungsaufgabe, möglichst weit zu stoßen, von Schülern auch tatsächlich bestmöglich gelöst werden kann. Im Fokus der Unterrichtskonzeption stehen daher bewusst keine normierten Bewegungsvorschriften, sondern die Generierung zentraler Erfahrungen und eines Verständnisses, auf welche Weise welche Faktoren welchen Beitrag zur Stoßweite liefern. In einem Stationsbetrieb sollen die Schüler im explorativen Umgang mit verschiedenen Einflussgrößen und unter der Maßgabe transparenter Handlungsziele die leistungsstandunabhängigen Faktoren für das Erreichen einer möglichst großen Stoßweite entdecken.

Die Welt ist eine Kugel

Mit diesem Ansatz verbindet sich die Hoffnung, dass eine solche Problemsensibilisierung hilft, im weiteren Unterrichtsverlauf eigenständiger und zielkonformer die Bewegungsausformung voranzutreiben (vgl. Giese & Hasper, 2005).

2 Von der Technikorientierung zur Schülerorientierung

Eine Orientierung an den Technikleitbildern des Spitzensports wirkt im Schulsport in vielen Fällen sogar kontraproduktiv. Die Schüler bringen häufig nicht die konditionellen und koordinativen Voraussetzungen mit, um die normierten Techniken gewinnbringend einzusetzen. Weil mit der Komplexität solcher Techniken auch die Schwierigkeit steigt, einzelne Bewegungsteile erfolgreich aufeinander abzustimmen, steht vor ersten Erfolgserlebnissen eine schleppende Übungsphase, die im zeitlichen Rahmen des Sportunterrichts kaum zu befriedigenden Ergebnissen führt. Am Ende einer Stunde bleibt dann nur die frustrierende Erkenntnis, dass man Kugelstoßen „halt einfach nicht kann". Da Techniken letztlich jedoch nur Mittel sind, um eine Bewegungsaufgabe optimal zu lösen, müssen sie vorbehaltlos an die Voraussetzungen der Individuen angepasst werden.

Die heute existierenden Techniken sind das Ergebnis eines Prozesses, in dem sich die Bewegung durch Umgestaltungs- und Verfeinerungsprozesse entlang der gestiegenen Leistungsfähigkeit der Spitzenathleten immer weiter überformt hat. Der Blick auf die Leistungsdiskrepanz zwischen Hochleistungssportler und Schüler macht deutlich, dass es nicht anzustreben ist, die Techniken der Spitzensportler zu übernehmen. Viele Schüler haben im Hochstart eine bessere 100-m-Zeit als im Tiefstart und springen im Schersprung höher als mit dem Fosburyflop. Die sorglose Orientierung an den Technikleitbildern des Spitzensports halten wir für eine bedenkliche Entwicklung des Schulsports im Allgemeinen. Hierin begründet sich eine der hausgemachten Hauptursachen für Frustration, schlechte Leistungen und Verweigerung gegenüber dem Schulsport. Die Schulsportdidaktik sollte sich stattdessen stärker an den Voraussetzungen der Schüler und an der konkreten Situation im Sportunterricht orientieren, um nicht Gefahr zu laufen, am Individuum vorbei zu unterrichten.

Erfahrungsorientierter und bildender Sportunterricht

3 Vom Nachmachen zum verstehenden Selbermachen

In unserem Unterrichtsvorschlag wird – schul-untypisch – auf die Vermittlung einer standardisierten und normierten Zieltechnik verzichtet. Damit eröffnen sich umfangreiche Möglichkeiten der inneren Differenzierung, weil sich nicht mehr Aufgaben aufgrund vorgegebener Bewegungen, sondern – wie im Sport eigentlich üblich – Bewegungen aufgrund vorgegebener Aufgaben ergeben. Schüler lösen Aufgaben im Rahmen ihrer Möglichkeiten. Da kein direkter Vergleich mit einer Zieltechnik stattfindet, sondern sich die Rückmeldung im Sinne eines *transparenten Handlungsziels* ausschließlich aus der erreichten Weite ergibt (vgl. Giese, i. d. B. Kap. 5.2), können sich die Schüler so ganz auf ihren eigenen Lern- und Verstehensprozess konzentrieren.

Der Lehrer gibt keine schematischen Bewegungsabfolgen vor, sondern stellt den Schülern an den Stationen Aufgaben, die es zu lösen gilt. Invariant bleibt lediglich die Grundidee der Weitenoptimierung. Die Aufgabenorientierung macht eine Fokussierung auf die Vermittlung von Einzelelementen der Bewegung obsolet, da im Sinnrahmen der Aufgabe die Steuerung von Teilelementen bereits aufgehoben ist. Dem Schüler wird der Suchprozess nach der optimalen Lösung für sein Bewegungsproblem nicht abgenommen, indem ihm die fertige Bewegung vorgegeben wird. Er muss sich vielmehr selbst auf den Weg machen und kann nicht darauf vertrauen, dass der Lehrer die richtige Lösung parat haben wird.

Die einzelnen Stationen, die im Folgenden vorgestellt werden, sind so angelegt, dass die Schüler elementare Zusammenhänge des Kugelstoßens erfahren und verstehen können. Dieses Verständnis ist die Basis, um im nächsten Unterrichtsschritt eine verstehende und reflexive Auseinandersetzung mit den bestehenden Techniken zu gewährleisten und deren Nutzen für sich kritisch und kompetent bewerten zu können.

4 Über den Aufbau funktionaler Bewegungsvorstellungen

Das hier vorgestellte Unterrichtsvorhaben trägt der im Eingangskapitel dargestellten Annahme Rechnung (vgl. Giese, i. d. B.), dass sich Bewegungslernen in der selbstständigen, tätigen Auseinandersetzung eines Individuums mit offenen Aufgaben vollzieht. Vor diesem Hintergrund erscheint der Sportlehrer als ein Moderator des Lernprozesses, der Möglichkeitsräume aufzeigt und für die Einhaltung von Sicherheitsbestimmungen verantwortlich ist. Lernen ist in diesem Sinne ein sich ständig selbst überformendes Umlernen. Direktes Lehrerfeedback sollte dabei nur in wohlbedachten Dosen erfolgen, da Lernen hier als selbstregulativer Prozess verstanden wird, in den der Lehrer keine direkten Eingriffsmöglichkeiten hat, es gilt, den selbstregulativen Fähigkeiten der Schüler zu vertrauen.

Schüler werden in die Thematik des Kugelstoßens immer schon gewisse Bewegungsvorstellungen einbringen, sei es, dass diese durch eigene Vorerfahrungen mit der Thematik oder durch Eindrücke, die sie aus den Medien gewonnen haben, entstanden sind. Ob sie nun realistisch sind oder nicht, sie fließen in die Bewegungsorganisation strukturierend ein. Weniger erfolgreiche Bewegungen sind dann weniger ein Zeichen motorischer Unzulänglichkeiten, als vielmehr Ausdruck und direkte Folge ungünstiger Bewegungsvorstellungen und -absichten, die als Ursache aber tückischerweise im Verborgenen bleiben, was Hasper (i. d. B.) auch für das Tennis zeigt. Im Kugelstoßen zeigt sich dieses Phänomen besonders deutlich im Kontext der Abstoßrichtung. Der ganze Bewegungsablauf richtet sich neu aus, wenn versucht wird, die Kugel nicht mehr nach vorne, sondern vor allem nach vorne oben wegzustoßen, sodass von außen mitunter eine scheinbar gänzlich andere Bewegung beobachtet werden kann. Ein Ziel ist es daher, durch den im Folgenden vorgeschlagenen Zugang den Aufbau realistischer Bewegungsvorstellungen zu ermöglichen, was einen selbstständigeren, konstruktiv-kritischen Umgang mit dem Thema im weiteren Unterrichtsverlauf im Allgemeinen und eine Schnittstelle für theoriegeleitete Diskussionen (z. B. zu biomechanischen Prinzipien) im Besonderen erlaubt.

Erfahrungsorientierter und bildender Sportunterricht

5 Sachstrukturanalyse

Wenn eine Orientierung an Idealtechniken und daraus abgeleiteten Sollwerten für die Unterrichtsgestaltung zu kurz greift, stellt sich die Frage nach einer alternativen, sinnvolleren Bezugsgrundlage. Diese ergibt sich, wenn man statt nach einem Katalog räumlich-zeitlicher Ablaufkriterien einzelner Techniken danach fragt, welchem gemeinsamen Ziel alle Bewegungen im Kontext von Kugelstoßen folgen, wenn man sich auf die Suche nach dem semantischen Kern macht (vgl. Arnold & Jennemann, i. d. B.). Diese Herangehensweise schafft ein Bewegungsverständnis, nach dem eine Bewegung nicht mehr trennscharf mit den Begriffen *richtig* oder *falsch* belegt werden kann, sondern eher in Bezug auf ihren Zweck und die Voraussetzungen der Ausführenden als *günstig* oder *ungünstig* eingeschätzt werden sollte. Es eröffnet sich ein Möglichkeitsraum für Bewegungsformen, der durch die Zweckgebundenheit der Bewegung und die Fähigkeiten der Ausführenden strukturiert und somit keinesfalls willkürlich ist.

Die Stoßweite hängt von wenigen Faktoren ab, aus denen sich funktionale Grundprinzipien ableiten lassen, die mit der Bewegungsausführung realisiert werden müssen. Betrachtet man den Zeitpunkt, an dem die Kugel die Hand verlässt, so ist die erreichte Weite bereits festgelegt. Sie ergibt sich aus Abflughöhe, Abflugwinkel und Abfluggeschwindigkeit. Für die Entwicklung individuell-optimaler Techniken spielt die **Abflughöhe** eine untergeordnete Rolle, denn der Bereich der Abflughöhe wird primär von der Körpergröße festgelegt. Näherungsweise fliegt die Kugel so viel weiter, wie sie höher abgestoßen wird. Der optimale **Abflugwinkel** beträgt ca. 40° und variiert mit der Abfluggeschwindigkeit. Da eine gradgenaue Kalibrierung des Abflugwinkels im schulischen Sportunterricht sicher nicht möglich ist, sollte man sich an dieser Stelle vielmehr die daran gebundene Abstoßrichtung im Groben vor Augen führen. Das spielt insofern eine große Rolle, weil Schüler teilweise die Bewegungsvorstellung haben, die Kugel müsse nur nach vorne, nicht jedoch nach vorne oben gestoßen werden. In solchen Fällen wird Weite verschenkt. Als Anhaltspunkt, um günstige von ungünstigen Bewegungen zu unterscheiden, ist die Realisierung eines optimalen Abflugwinkels per se unzureichend, weil ein optimaler Abflugwinkel durchaus auch mit unfunktionalen Bewegungsausführungen realisiert werden kann.

Die Welt ist eine Kugel

Als entscheidende Bezugsgröße bleibt folglich die **Abfluggeschwindigkeit**, die umso größer ist, je größer der auf die Kugel übertragene Schwung (physikalisch: Impuls) ist. Deshalb sollte jede Bewegung beim Kugelstoßen dem Ziel folgen, mit ihr einen möglichst großen Schwung auf die Kugel zu übertragen. Der Impuls, der letzten Endes auf die Kugel übertragen wird, ist immer das Ergebnis einer Summation von Einzelimpulsen. Diese Summation entsteht dadurch, dass mit der Bewegung eines Körperteils der Schwung auf den folgenden Körperteil übertragen (Prinzip der Impulsübertragung) und durch dessen Bewegung verstärkt wird (Prinzip der Impulssummation). Der Schwung „wandert" in einer sog. kinematischen Kette von unteren Körperteilen (Beinen) zu oberen (Rumpf) und von inneren (Oberkörper) zu äußeren Körperteilen (Stoßarm), bis er die Kugel schließlich erreicht. Stemmbewegungen der Beine sowie Rumpf- und Oberkörperrotationen können aufgrund der beteiligten Muskelmasse einen größeren Beitrag zum Gesamtschwung leisten als die Stoßarmbewegung selbst. Diese Erkenntnis deckt sich aber i. d. R. keineswegs mit den Bewegungsvorstellungen der Schüler, die mit einer guten Stoßweite häufig primär kräftige Armbewegungen verbinden. Generell ist ein flüssiger Bewegungsablauf wichtig, um neben der Erzeugung auch eine optimale Schwungübertragung zu gewährleisten (Prinzip der Koordination von Teilimpulsen), denn entscheidend ist, welcher Schwung an der Kugel ankommt und nicht, wie groß der Schwung „zwischendurch" einmal gewesen ist.

Ein Blick zum Weitsprung verdeutlicht das: Jennemann (i. d. B.) gestaltet den Anlauf dort so, dass die Geschwindigkeit kurz vor dem Absprung maximal ist. Es ist ungünstig, wenn die Geschwindigkeit etwa auf halber Strecke maximal ist und dann bis zum Absprung selbst wieder abfällt. So wie beim Weitspringen ein kürzerer Anlauf u. U. zu einer höheren Geschwindigkeit am Brett führt, können beim Kugelstoßen für Schüler u. U. kompaktere Bewegungsausführungen die Kugel stärker beschleunigen helfen als ausladendere, denn eine Verlängerung des Beschleunigungswegs macht nur dann Sinn, wenn die Schüler auch tatsächlich konditionell dazu in der Lage sind, die Kugel über den längeren Weg kontinuierlich zu beschleunigen. Der Beschleunigungsweg muss dem Gedanken der Optimierung und nicht der Maximierung folgen. Analog können einfachere Bewegungen sinnvoller als komplexere werden, wenn bei komplexeren Bewegungen die Koordination der Teilbewegungen nur unzureichend gelingt und der aufgebaute Schwung aufgrund von Bewegungsunterbrechungen wieder verpufft.

Erfahrungsorientierter und bildender Sportunterricht

6 Didaktisches Destillat

Obige Analyse hat als zentrale Aufgabe des Kugelstoßens die Schwungerzeugung und -übertragung auf die Kugel ausgemacht. Für die Unterrichtsgestaltung bedeutet dies, dass dieser herausgeschälte Bewegungszweck im Sinne des Erhalts der Sinnbezüge zum handlungsleitenden Schema für die Genese einer individuell-optimalen Technik werden muss, indem die Schüler lernen, ihre Bewegungen auf diesen Zweck hin auszurichten. Ziel ist es, Schüler über kontrastierende Aufgaben die Einflussfaktoren auf die Weite explorativ selbstständig erfahren zu lassen. Durch das Isolieren einzelner Faktoren kommt es zu Stoßweitendifferenzen, in denen sich deren Einfluss unmittelbar visualisiert.[1]

Die in unserem Vorschlag thematisierten Einflussfaktoren, sind, der Sachstrukturanalyse folgend, der *Abflugwinkel*, das *Angleiten*, ein flüssiger *Bewegungsablauf* und der *Beitrag der einzelnen Körperteile* (Arme, Rumpf, Beine) auf die Abfluggeschwindigkeit. So ergeben sich die sechs Stationen, die jeweils einen dieser Aspekte aufgreifen. Wir erhoffen uns mit diesem Zugang eine Sensibilisierung, die einerseits zum kritischen Hinterfragen der gemachten Erfahrungen anregt, an die man dann auch theoriebezogen (z. B. Thematisierung biomechanischer Grundprinzipien) anknüpfen kann und die – wie bereits angesprochen – andererseits die Voraussetzung schafft, selbstständiger bei der Entwicklung individuell-optimaler Techniken mitzuwirken.

Dabei stellen wir uns nicht vor, dass aufgrund dieser Erfahrungen quasi aus dem Nichts Bewegungstechniken *nach-erfunden* werden, sondern dass bei einer späteren Auseinandersetzung mit gängigen Techniken der Blick auf das Wesentliche gelenkt wird. Diese nicht unkritisch nachgeahmt, sondern als Lösungsideen verstanden werden können, die hinsichtlich der eigenen Fähigkeiten auf Brauchbarkeit untersucht und selbstständig modifiziert werden sollten.

---

[1] Hier geht es um das Erkennen funktionaler Aktions-Effekt-Beziehungen, was umso leichter möglich ist, wenn möglichst nur ein Parameter der Gesamtbewegung variiert wird und die anderen Parameter möglichst konstant gehalten werden.

7 Handreichungen für die Praxis

7.1 Durchführungshinweise

Konkrete Vorerfahrungen, wie der Unterschied zwischen Werfen und Stoßen, über die die Schüler in diesen Klassenstufen in der Regel verfügen, sollten (auch aus verletzungsprophylaktischen Gründen) vorhanden sein. In diesem Sinne sind die Unterrichtsvorschläge nicht als *Erstkontakt* zu verstehen, sondern als ergänzend-vertiefender Zugang.

Der Parcours kann sowohl auf dem Sportplatz als auch in der Halle durchgeführt werden. Es sollten jedoch bei allen Übungen auch leichtere und ggf. kleinere Kugeln, als für die Altersstufe vorgesehen, verwendet werden, um eine frühzeitige Ermüdung zu verhindern und sich prägnante Effekte mit leichteren Kugeln bisweilen besser visualisieren lassen. Für den Parcours sollten bei 25 Schülern inklusive Einweisung, Wechsel der Stationen und Durchführung etwa 60 Minuten eingeplant werden. Jede Gruppe sollte zur Ergebnisdokumentation einen Laufzettel führen, auf dem Erfahrungen festgehalten werden können.

7.2 Unterrichtsverlauf

Im Folgenden wäre es möglich, vorhandenes Vorwissen zu thematisieren und wünschenswert, die Schüler selbstständig Stationen entwickeln zu lassen. Doch es geht uns hier nicht darum, zu *bekannten* Einflussfaktoren Stationen von den Schülern entwerfen zu lassen, sondern darum, anhand von Stationen noch nicht bekannte Einflussgrößen und deren Bedeutung zu *entdecken*. Deshalb wird hier der umgekehrte Weg gegangen. Die Schüler bearbeiten vorgegebene Stationen, haben jedoch die Aufgabe, die Einflussfaktoren zu *entdecken*, die in den einzelnen Stationen thematisiert werden.

Der Stationsbetrieb ist mit folgendem Aufgabenkatalog zu durchlaufen:
- Versucht, herauszufinden, welche Faktoren an welchen Stationen thematisiert werden. Welche haben wir bereits genannt und welche sind neu?
- Wie könnt ihr an den Stationen 1-3 die größte Weite erreichen?
- Versucht, bei den Stationen 3-6 die dort thematisierten Einzelfaktoren nach ihrer Bedeutung zu gewichten.

8 Die Stationen im Einzelnen

8.1 Station 1: Die Bedeutung der Abflugrichtung (Winkel)

Die teilweise falsche Bewegungsvorstellung, dass die Kugel nur nach vorne, nicht jedoch nach vorne oben gestoßen werden muss, soll korrigiert werden.

Aufgabe – Über den Stab
Ein Partner hält in unmittelbarer Nähe des Abstoßpunkts in unterschiedlichen Höhen einen Gymnastikstab horizontal. Stoße über den Stab. In welcher Höhe muss der Stab gehalten werden, damit du eine optimale Weite erreichst?

Abb. 1: Abflugrichtung

Es ist darauf zu achten, dass der Partner seitlich versetzt steht, sodass er nicht von der Kugel getroffen werden kann. Alternativ können auch zwei Partner ein gespanntes Seil halten (vgl. Abb. 1).

8.2 Station 2: Die Länge des Angleitens

Ein längerer Angleit- bzw. Beschleunigungsweg ist nur dann von Vorteil, wenn die Kugel auch tatsächlich über den gesamten Weg beschleunigt werden kann. Die teilweise falsche Bewegungsvorstellung, dass ein möglichst langer Angleitweg zu einer größeren Weite führt, soll korrigiert werden.

Aufgabe – Weniger ist mehr?
Variiere die Länge des Angleitens. Wie lang muss das Angleiten sein, damit du eine optimale Weite erreichst?

Zur Veränderung der Größe der Abstoßzone bietet es sich an, diese mit Springseilen auszulegen. Hier sollten keine zu leichten Kugeln verwendet werden.

Die Welt ist eine Kugel

8.3 Station 3: Die Bedeutung eines flüssigen Bewegungsablaufs

Für die Stoßweite ist eine lineare Beschleunigung der Kugel unerlässlich. Diese wird nur erreicht, wenn die Teilbewegungen harmonisch ineinander übergehen. Jede Unterbrechung in der Beschleunigung führt dazu, dass die Mehrarbeit, die vor der Unterbrechung geleistet wurde, weitgehend verloren geht.

Aufgabe – Roboter

Variiere die Flüssigkeit deines Bewegungsablaufs. Stoße abwechselnd so abgehackt wie möglich und so gleichmäßig wie möglich. Wie muss dein Bewegungsablauf sein, damit du eine optimale Weite erreichst?

Diese Übung kann mit Angleiten oder im Stand vollzogen werden. Der Effekt wird deutlich, solange die Bewegungsausführungen nur in der gestellten Aufgabe variieren und ansonsten möglichst identisch bleiben.

8.4 Station 4: Die relativ geringe Bedeutung der Armbewegung

Der Einfluss der Armbewegung wird häufig weit überschätzt. Diese Einschätzung wird bei dieser Station relativiert, weil auch ohne Armbewegung eine beachtliche Weite erreicht werden kann (Abb. 2).

Aufgabe – Trizeps Kings

Stoße, so weit du kannst!
a) Der Stoßarm des ausführenden Schülers wird mit einem Parteiband zwischen Handgelenk und Ellbogen fixiert, sodass eine Streckbewegung des Arms nicht möglich ist.
b) Nimm das Parteiband ab und versuche, die Stöße des ersten Durchlaufs mit Einsatz des Arms zu wiederholen.

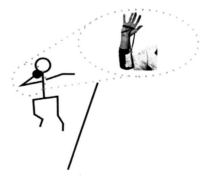

Abb. 2: Armbewegung

Das Ergebnis wird umso anschaulicher, je weniger der Schüler die Bewegungsausführung zwischen den Versuchen (a) und (b) verändert. Unter Umständen empfiehlt es sich, diese Station im Stand durchzuführen, da hier störende Einflüsse weitgehend ausgeschaltet sind.

8.5 Station 5: Der Einfluss der Oberkörperrotation

Der Einfluss der Oberkörperrotation zeigt sich als Kontrast der Ausführungsvarianten. Die erste Ausführungsvariante bildet zudem die Kontrastbewegung zu *Station 2*, weil dort der Schwung aus allen Teilen, aber nicht aus dem Arm erzeugt werden kann, während hier der Schwung gerade nur aus dem Arm erzeugt werden kann (vgl. Abb. 3).

Aufgabe – Rotation

Stoße, so weit du kannst!
a) Der ausführende Schüler stellt sich frontal zur Stoßrichtung. Der Ellbogen des Stoßarms wird auf Schulterhöhe genommen. Ein Partner stellt mit angestellter Handfläche Kontakt zum Oberarm des Ausführenden her, sodass eine „Ausholbewegung" durch Oberkörperverdrehung verhindert wird.
b) Nun soll der Ausführende Stöße durchführen, bei denen er die Rotation des Oberkörpers besonders betont.

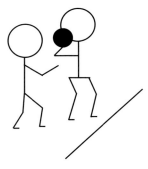

Abb. 3: Oberkörperrotation

8.6 Station 6: Der relativ große Einfluss der Beine

Der Einfluss der Beinbewegung wird durch das Knien komplett ausgeschaltet. Das betrifft auch translatorische Bewegungen, wie etwa Angleitbewegungen. Das Potenzial der Beine wird im Abgleich der beiden Bewegungsausführungen deutlich (vgl. Abb. 4).

Die Welt ist eine Kugel

Aufgabe – Kniestoß
Stoße, so weit du kannst!
a) Die Schüler sollen kniend stoßen. Damit das Ergebnis nicht durch unterschiedliche Abstoßhöhen verfälscht wird, soll die Übung z. B. von einem Kasten erfolgen, der die durch das Knie verloren gegangene Abstoßhöhe kompensiert.
b) Nun soll der Schüler aus einer stark akzentuierten Beinbewegung heraus stoßen.

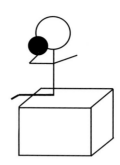
Abb. 4: Beine

9 Abschließende Hinweise und Zusammenfassung

9.1 Anregungen für Theorieinhalte

Die in vielen Bundesländern vorgesehene Verknüpfung mit theoretischen Inhalten lässt sich in diesem Unterrichtsvorhaben besonders gut inszenieren. Bereits im Vorfeld können die Schüler mit Internetrecherchen beauftragt werden, in denen Idealbilder bzw. Technikleitbilder des Kugelstoßens gesucht werden sollen.[2] Auch biomechanische Analysen können parallel oder im Vorfeld angestellt werden. Auf den Sport bezogen, hat vor allem Kassat (1993) die relevanten Zusammenhänge verständlich und unterrichtstauglich formuliert. Möglich wären auch lerntheoretische Überlegungen, indem das hier gewählte Vorgehen mit klassisch-instruierenden Verfahren verglichen und bewertet wird.

9.2 Aufgaben für sportbefreite Schülerinnen und Schüler

Sportbefreite Schüler sollten einzelnen Gruppen zugeordnet werden und bei der Abschätzung der Funktionalität einzelner Faktoren mitarbeiten. Zudem sind die Lösungen zu dokumentieren und bei Bedarf auf einem Laufzettel oder einem Lernplakat zu fixieren.

---

2 Lohnende Inhalte finden sich beispielsweise unter http://www.sportunterricht.de/lksport.

Erfahrungsorientierter und bildender Sportunterricht

9.3 Anmerkungen zur Notengebung

Da sich ein tieferes Verständnis der biomechanischen Mechanismen des Kugelstoßens auch in der Stoßweite widerspiegeln sollte, wäre eine klassische Überprüfung der Stoßweite eine mögliche Notengrundlage. Daneben sollte aber auch die Bereitschaft, sich auf die Theorieinhalte und vor allem die sehr diffizilen Erprobungsphasen einzulassen, zur Notengebung gehören.

9.4 Aufgabensammlung

Thema	Anmerkung
Die Abflugrichtung	Ein Partner hält in variierenden Höhen einen Gymnastikstab hoch. ■ Stoße über den Stab. In welcher Höhe ist der Stab zu halten, um eine optimale Weite zu erreichen?
Das Angleiten	Variiere die Größe der Abstoßzone. Mache sie größer und kleiner. Stoße, indem du immer die gesamte Größe der Abstoßzone ausnutzt. ■ Wie groß muss der Abstoßbereich sein, um eine optimale Weite zu erreichen?
Flüssige Bewegung	Variiere die Flüssigkeit deines Bewegungsablaufs. Stoße abwechselnd so abgehackt wie möglich und so gleichmäßig wie möglich. ■ Wie muss dein Bewegungsablauf sein, damit du eine optimale Weite erreichst?
Die Armbewegung	Stoße, so weit du kannst! ■ Der Stoßarm wird mit einem Parteiband zwischen Handgelenk und Ellbogen fixiert, sodass eine Streckbewegung des Arms nicht möglich ist. ■ Versuche, die Stöße ohne Parteiband und mit Einsatz des Arms zu wiederholen.
Die Oberkörperrotation	Stoße, so weit du kannst! ■ Stelle dich frontal zur Stoßrichtung und nimm den Ellbogen des Stoßarms auf Schulterhöhe. Ein Partner verhindert eine „Ausholbewegung" durch Oberköperrotation. ■ Versuche, Stöße durchzuführen, bei denen du die Rotation des Oberkörpers besonders betonst.
Die Beinbewegung	Stoße, so weit du kannst! ■ Stoße kniend auf einem Kasten. ■ Stoße mit stark akzentuierter Beinbewegung.

Die Welt ist eine Kugel

9.5 Arbeitsblatt und Ergebnisdokumentation

	Aufgabe	Leitfragen	Ergebnis
1	Abflugrichtung	■ In welche Richtung musst du abstoßen, um eine möglichst große Weite zu erreichen?	
2	Angleiten	■ Welche Länge des Angleitens hilft dir, um eine möglichst große Weite zu erreichen?	
3	Roboter	■ Wie sollte eine erfolgreiche Bewegungsausführung gestaltet sein?	
4	Mit gefesseltem Stoßarm	■ Wie beurteilst du den Beitrag zur Stoßweite, den die Armbewegung leisten kann?	0 (sehr kleiner Beitrag) — 10 (sehr großer Beitrag)
5	Fixierter Oberkörper	■ Wie beurteilst du den Beitrag zur Stoßweite, den die Oberkörperrotation leisten kann?	0 (sehr kleiner Beitrag) — 10 (sehr großer Beitrag)
6	Ohne Beine	■ Wie beurteilst du den Beitrag zur Stoßweite, den der Beineinsatz leisten kann?	0 (sehr kleiner Beitrag) — 10 (sehr großer Beitrag)

Literatur

Giese, M. & Hasper, J. (2005). Wie stoße ich eine Kugel wirklich weit? Individuell-optimale Kugelstoßtechniken entwickeln. *Sportpädagogik, 29* (1), 44-48.

Kassat, G. (1993). *Biomechanik für Nicht-Biomechaniker.* Bünde: Fitness-Contur-Verlag.

Erfahrungsorientierter und bildender Sportunterricht

4 Auf den Händen stehen

Tobias Pilz

In dieser Unterrichtseinheit für die Mittel- und Oberstufe geht es um die erfahrungsorientierte Vermittlung des Auf-den-Händen-Stehens. Angepasst an die Heterogenität, die Vorerfahrungen sowie die Motivation der Lerngruppe, können hierfür 1-2 Doppelstunden verwendet werden. Als hilfreiche Materialien sollten Weichböden, Bodenmatten, große und kleine Kästen, gegebenenfalls ein Handstandbarren und große Gymnastikbälle vorhanden sein.

1 Legitimation von Unterrichtsgegenstand und Vermittlungskonzept

Kaum eine andere Bewegung steht derart symbolisch für das Turnen wie der Handstand. In diesem Element offenbart sich stellvertretend, was mit dem Turnen konnotiert wird: die Beherrschung des eigenen Körpers, Kraft und Beweglichkeit, das Spielerische, die Vielfältigkeit, aber auch das Risiko durch den Verlust von Orientierung, Körperspannung oder Balance.

So faszinierend das Über-Kopf-Sein im Handstand auch sein mag, intrinsische Motivationen fungieren häufig nur als initialer Anstoß des Lernprozesses. Meist muss der weitere Lernprozess sowohl didaktisch als auch methodisch kanalisiert werden. Dies geschieht in der einschlägigen Turnliteratur üblicherweise, indem eine *Zielbewegung* physikalisch und biomechanisch beschrieben und als *Sollwert* von außen vorgegeben wird, wie es beispielsweise bei Härtig und Buchmann für den Handstand zu lesen ist:

„Aus dem Stand Arme in Hochhalte, Aufbau der Körperspannung, vorspreizen. Großer Schritt vw. mit Rumpfvorbeugen, Arme werden in Hochhalte fixiert. Rückschwung des Schwungbeins, Aufsetzen der Hände bei gestreckten Schultergelenken, Abdruck des Standbeins aus wenig gebeugtem Kniegelenk. Aufschwung in den Handstand mit Schließen der Beine (gestrecktes Heranführen des Abdruck-

Auf den Händen stehen

beins). ‚Langmachen' in der Handstandposition, Anspannen der Gesäßmuskulatur, Bauch einziehen, Blick auf die Hände richten. Fixieren des Handstands" (Härtig & Buchmann, 2004, S. 342).[1]

Ein *Baukastenkonzept methodischer Übungsreihen* führt die Lernenden von der *Grobkoordination* zur *Feinstkoordination* (vgl. Timmermann, 2001; Meinel & Schnabel, 1998). Auf dem Weg vom *Istwert zum Sollwert* durchlaufen alle Schüler den gleichen Regelkreis, mit den gleichen Übungen, in der gleichen Reihenfolge und identischen Fehlerkorrekturen. Die Sinnhaftigkeit der vorgegebenen Übungen, die eingangs als Dreh- und Angelpunkt des Lernens identifiziert wurde (vgl. Giese, i. d. B.), erschließt sich dem Lernenden dabei selten, wie folgendes Zitat illustriert:

„*Ü[bung, TB] 1: Aus dem Stand mit Stütz der Hände Schwingen in den Handstand (mit Hilfe oder an die Wand). Ü2: Aus dem Stand Schritt vw., Schwingen in den Handstand (mit Hilfe oder an die Wand)*"[2] *(Härtig & Buchmann, 2004, S. 343)*.

Diese Vorgehensweise steckt im *Korsett der Biomechanik*. Sie nimmt kaum Rücksicht auf den Lernenden als Individuum – seine unterschiedlichen anatomischen, konditionellen oder koordinativen Voraussetzungen.[3] Sie missachtet die variablen, mäandernden Lernwege, gibt vermeintlich *leichtere* und vermeintlich *schwierigere* Übungen vor, die für den Lernenden ohne Sinnhaftigkeit besetzt sind, weswegen er das Elementare des Auf-den-Händen-Stehens nicht selbstständig erlebt. Binnendifferenzierung findet erst bei der Bewertung statt. In der Organisation Schule mit Klassenstärken bis zu 33 Schülerinnen und Schülern scheint diese Methodik für die Vermittlung des Handstands von vornherein zum Scheitern verurteilt. Doch was steht als Alternative zur Verfügung?

Eine offene Stationsarbeit ist m. E. eine geeignete schülerorientierte Methode, um das Auf-den-Händen-Stehen zu thematisieren und Schülern die Möglichkeit zu geben, die optimale und notwendige Passung zwischen Können und Aufgabe herzustellen

---

[1] Diese Vorgehensweise basiert auf der Trainingsmethodik für den Elementkomplex II: Schwingen in den Handstand – abrollen (vgl. Härtig & Buchmann, 2004).
[2] Der nächste methodische Schritt besteht bereits im Abrollen aus dem Handstand.
[3] Zum Beispiel vermag nur ein geringer Teil der Schüler die Schultergelenke komplett zu strecken, geschweige denn in dieser Stellung mit dem Eigengewicht zu belasten. In der Unterstufe haben zudem viele Schüler Schwierigkeiten damit, ihr eigenes Körpergewicht zu halten.

Erfahrungsorientierter und bildender Sportunterricht

(vgl. Giese, i. d. B.). Den Schülern wird dabei ermöglicht, diejenigen Bewegungsaufgaben intensiver zu bearbeiten oder gegebenenfalls abzuwandeln, die sie nach eigener Einschätzung als hilfreich erachten. Eine offen gestaltete Stationsarbeit ermöglicht variable Lösungsmöglichkeiten und gibt den Schülern Raum und Zeit, um sich damit zu beschäftigen, was sie gerade tatsächlich motorisch beschäftigt. Binnendifferenzierende Varianzaufgaben forcieren die Auseinandersetzung mit den elementaren Problemen des Auf-den-Händen-Stehens. Diese oszillieren zwischen den folgenden drei Fragen: Welche Voraussetzungen benötige ich für den Handstand? Wie komme ich in den Handstand? Was kann ich im Handstand alles machen?

2 Einstieg in den Unterrichtsgegenstand

Aufwärmspiel Virus
In der Halle werden mehrere Weichböden verteilt. 2-3 Fänger werden ausgewählt und gegebenenfalls mit einem Parteiband markiert. Ziel der Fänger ist, die gesamte Gruppe mit einem Virus zu infizieren. Getickte (infizierte) Schüler legen sich mit über der Brust verschränkten Armen und angespannter Muskulatur auf den Rücken. Sie können geheilt werden, indem sie von vier Personen in ein Krankenlager (auf einen der Weichböden) gebracht werden. Während dieses Krankentransports dürfen die Helfer nicht getickt werden.

Das Aufwärmspiel, dem eine Phase des individuellen, nicht wettkampfbetonten, Warmlaufens vorangestellt werden kann, erfüllt drei wichtige Funktionen. Erstens wird die Scheu vor Körperkontakt abgebaut und somit die Hilfestellung angebahnt. Zweitens muss für den Transport auf den Weichbodenmatten eine hohe Mittelkörperspannung aufgebaut werden, die notwendig ist, wenn man auf den Händen stehen will. Drittens wird durch die Thematik des Auf-den-Händen-Stehens die Muskulatur des Rumpfs, des Schultergürtels und der Arme überwiegend statisch und für einen kurzen Zeitraum eingesetzt, was von den Schülern als wenig bewegungsintensiv erfahren wird. Das laufintensive Aufwärmspiel beugt dem vor und sorgt für eine ausreichende Bewegungszeit, die im schulischen Sportunterricht ohnehin nur knapp bemessen ist.

Im Anschluss an das Aufwärmspiel gibt es mehrere Gestaltungsmöglichkeiten für den thematischen Einstieg: Der Unterrichtsgegenstand kann entweder durch eine

Auf den Händen stehen

Bewegungsdemonstration oder durch ein Experiment in den Horizont der Schüler gerückt werden. Das Demonstrieren hat den Vorteil, dass eine konkrete Bewegungsvorstellung vermittelt wird, die von den Schülern jedoch fälschlicherweise als Technikleitbild interpretiert werden könnte. Ein Einstiegsexperiment stellt einen situativen Anlass dar, das Elementare bzw. den semantischen Kern des Auf-den-Händen-Stehens – auf einer abstrakten Ebene – im Vorfeld zu erarbeiten (vgl. Arnold & Jennemann, i. d. B.).

Experiment I: Stab und Seil
Bei diesem Experiment wird ein Gymnastikstab oder Stock auf einem Finger balanciert. Mit relativ kleinen Ausgleichsbewegungen gelingt dies problemlos über einen langen Zeitraum. Im Anschluss daran nimmt der Lehrende ein Seil und versucht, dieses ebenfalls auszubalancieren, jedoch ohne Erfolg. Die unterschiedliche Beschaffenheit der Materialien bedingt die stark divergierende Balancierbarkeit von Stab und Seil.

Dieses Experiment kann sowohl vom Lehrenden als Demonstration vorgeführt als auch von den Lernenden selbstständig erfahren werden. Es führt anschaulich vor Augen, dass der Körper für das Auf-den-Händen-Stehen eine ausreichende Mittelkörperspannung aufbauen muss, um *ausbalanciert* werden zu können. So ergeben sich diverse Anschlussmöglichkeiten für adäquate Sprachbilder, die auch von den Schülern entwickelt werden können (vgl. Herwig, i. d. B.):

- Versuche, deinen Körper so anzuspannen, dass du *fest wie ein Stab* bist.
- Strecke deine Füße zur Hallendecke und mache dich so *lang wie möglich*.
- Versuche, deinen Körper *gerade* zu machen.

Experiment II: Ballenstand
Alle Schüler stellen sich mit geschlossenen Beinen und gelockerter Körperhaltung hin. Das Körpergewicht soll auf die Fußballen vorverlagert werden, ohne umzufallen. Dies stellt meist noch kein Problem dar, führt aber bei einigen schon zu vermehrter Körperspannung. Im nächsten Schritt sollen beide Augen geschlossen und das Gewicht langsam so verlagert werden, dass sie lediglich auf *einem* Fußballen stehen.

Mit dem Wegfallen eines Orientierungspunkts und der Gewichtsverlagerung auf eine sehr kleine Fläche muss der Körper verstärkt ausbalanciert werden. Dieses

Erfahrungsorientierter und bildender Sportunterricht

Finden der Balance wird durch die Muskelaktivität der Fußgelenke und Zehen erreicht. Der Aufmerksamkeitsfokus der Schüler kann, wenn die Augen noch geschlossen sind, speziell auf die Arbeit der Füße gelenkt werden.

Auch bei diesem Experiment steht die Körperspannung im Mittelpunkt. Darüber hinaus wird der Fokus auf die Orientierung und die Thematik des Ausbalancierens gelegt. Der angestrebte Transfereffekt liegt darin, dass beim Handstand die Arbeit der Handgelenke und Finger eine wesentliche Rolle spielt. Als mögliche Bewegungsinstruktion für das Auf-den-Händen-Stehen könnte, auch gemeinsam mit den Schülern, erarbeitet werden:

- Suche dir unterschiedliche Orientierungspunkte. Mit welcher Kopfhaltung kannst du optimal auf den Händen stehen bleiben?
- Versuche, mit den Fingerspitzen und den Handgelenken deinen Körper auszubalancieren.

Beide Experimente können nicht nur während des Einstiegs, sondern auch zu einem späteren Zeitpunkt angewendet werden, um gemeinsam mit den Schülern Fragen über das Auf-den-Händen-Stehen zu entwickeln. Leitfrage für das anschließende Unterrichtsgespräch wäre, was diese Experimente aus der Sicht der Schüler mit dem Handstand zu tun haben. So werden die Lernenden am Lernprozess und an der Suche nach Lösungen für das Bewegungsproblem beteiligt. Zudem sind die Schüler gezwungen, mögliche motorische Lösungen zu antizipieren, die sich in der konkreten Auseinandersetzung mit der Sache u. U. als falsch erweisen. Gerade dieses Stolpern über selbstständig gebildete Antizipationen wurde im einleitenden Theorieteil als Voraussetzung für Bildungs- und Erfahrungsprozesse interpretiert.

Mögliche Aspekte, die die Schüler in solchen Gesprächsphasen üblicherweise ansprechen, kreisen zum einen um die Themen Körperspannung, Orientierung oder Balance (als das Verlieren und Wiederfinden des eigenen Gleichgewichts), zum anderen könnte die Sorge vor Verletzungen oder der Aspekt der Hilfestellung angesprochen werden.

Auf den Händen stehen

3 Aufgabensammlung

Die auf Grundlage der Experimente von den Schülern aufgeworfenen Fragen bzw. Problemkomplexe zum Thema Auf-den-Händen-Stehen sind im gelenkten Unterrichtsgespräch in die drei folgenden oder ähnlich formulierten Leitfragen zu überführen: *Welche Voraussetzungen benötige ich für den Handstand? Wie komme ich in den Handstand? Was kann ich im Handstand alles machen?*

Die motorischen Widerständigkeiten, die diese Fragen, Probleme bzw. Aufgaben implizieren, machen das Turnen im Sinne des hier vertretenen Vermittlungskonzepts aus bildungstheoretischer Perspektive interessant und wertvoll, weil die Antworten auf die formulierten Bewegungsprobleme mit hoher Wahrscheinlichkeit nicht auf Anhieb gelingen werden (vgl. Hasper, i. d. B.). Das Bildungspotenzial wird unterstützt, wenn der Unterricht die Schüler anregt, (Bewegungs-)Hypothesen zu bilden, es ermöglicht, die Hypothesen in authentischen Situationen und unter der Maßgabe transparenter und selbstständig kontrollierbarer Handlungsziele zu evaluieren und Raum gibt, die individuelle Passung zwischen Aufgabe und motorischer Kompetenz selbstständig auszuloten (vgl. Giese, i. d. B.).

Da der Bildungsprozess individuell erfahren und gelöst werden muss, ist eine zu eng gefasste Vorgabe der Reihenfolge, in der die Aufgaben ausgeführt werden sollen, kontraproduktiv. Auch ob man die Aufgaben im Vorfeld kurz bespricht (selbstverständlich ohne Lösungsmöglichkeiten anzubieten) oder sie den Schülern als Arbeitsblatt austeilt, ist für das weitere Unterrichtsgeschehen nicht relevant. Die Aufgaben sind binnendifferenzierend und erfordern unterschiedlich viel Übungszeit. Es werden außerdem teilweise sehr schwierige Bewegungsprobleme gestellt, die einen langfristigen Übungsprozess und entsprechende Kraftverhältnisse voraussetzen. Sie dienen als Anreiz, sich mit dem Auf-den-Händen-Stehen auch außerhalb der Schule intensiv auseinanderzusetzen.

Erfahrungsorientierter und bildender Sportunterricht

3.1 Welche Voraussetzungen benötige ich für das Auf-den-Händen-Stehen?

Elemetare Vorerfahrungen bezüglich der Körperspannung, die als zentrale Voraussetzung für das Auf-den-Händen-Stehen zu verstehen ist, konnten bereits beim Aufwärmspiel oder den Experimenten gesammelt werden. Weitere Bewegungserfahrungen mit dem Über-Kopf-Sein können im Vorfeld durch die Schüler thematisiert bzw. gesucht werden.

Aufgabe – Über den Köpfen der Turnhalle
Findet möglichst viele Möglichkeiten, überkopf zu sein und erstellt einen Parcours mit Stationen, die für jeden etwas Herausforderndes bieten.

Denkbar ist z. B., sich mit gebeugten Knien an eine Reckstange, einen Barren oder die Ringe zu hängen, sich auf den Kopf zu stellen oder sich bäuchlings auf einen Kasten zu legen, die Hände auf den Boden zu stellen und eine vom Kasten unterstützte, *handstandähnliche Position* einzunehmen (vgl. Giese, 2003).

Neben dem freien Erproben bieten die folgenden Stationen darüber hinaus weitere Möglichkeiten, beziehungsweise Bewegungsprobleme, den Aspekt der Körperspannung und/oder des Über-Kopf-Seins zu erleben.

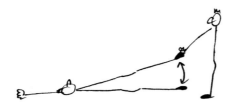

Wie kannst du deinen Partner am einfachsten anheben?

Abb. 1

Auf den Händen stehen

Bewegt euren Partner wie ein Pendel hin und her. Er soll dabei die Arme vor seiner Brust verschränken. Wie funktioniert das für alle am besten?

Abb. 2

Stelle dich einen Fuß breit von der Wand entfernt mit dem Rücken an die Wand. Versuche nun, den gesamten Rücken an die Wand zu pressen. Schaffst du es auch, die gestreckten Arme an die Wand zu bekommen, ohne dass der Rücken diese verlässt?

Abb. 3

Lehne dich mit gestrecktem Körper an die Wand. Versuche, den Abstand zwischen der Wand und deinen Füßen so zu vergrößern, dass du *gerade noch gerade* stehen kannst.

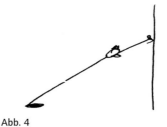

Abb. 4

Krabbele mit den Füßen den Weichboden empor. Wie schaffst du es, möglichst lange überkopf zu sein? Spare dir etwas Kraft fürs Runterkrabbeln auf!

Abb. 5

3.2 Wie komme ich in den Handstand?

Wenn man das eigene Körpergewicht auf den Händen halten kann, nachdem man mit den Füßen einen Weichboden emporgekrabbelt ist, ist es sicherlich auch möglich, gegen den Weichboden aufzuschwingen und sich mit dessen Hilfe auf die Hände zu stellen. Es gibt aber noch viele weitere Möglichkeiten, von den Füßen auf die Hände zu kommen. Das transparente und von den Schülern selbstständig zu kontrollierende Handlungsziel, das funktionale von weniger funktionalen Bewegungslösungen unterscheiden hilft, ist die Frage, wie effektiv es ihnen gelingt, in das Stehen auf den Händen zu kommen.

Schaffst du es, dich so über einen Gymnastikball zu rollen oder dich darauf fallen zu lassen, dass deine Beine emporgeschleudert werden?

Abb. 6

Eine Person legt sich bäuchlings oder rücklings auf ein Kastenoberteil. Dieses kann auch schon schräg gegen einen Kasten gelehnt sein. Stellt nun das Kastenoberteil so auf, dass euer Partner auf seinen Händen steht.

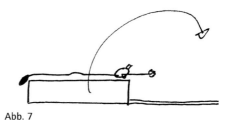

Abb. 7

Begib dich aus der Standwaage auf die Hände. Versuche, hierzu sowohl mit dem linken Bein als auch mit dem rechten Bein Schwung zu holen.

Abb. 8

Auf den Händen stehen

Schaffst du es, aus der Hocke auf die Hände zu kommen?

Abb. 9

Kommst du nach einer Rolle vorwärts oder rückwärts auf die Hände? Schaffst du es, nach dem Handstand abzurollen?

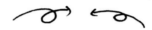

Abb. 10

Stelle dich mit gegrätschten Beinen hin. Versuche nun, dein Gewicht so auf die Hände zu verlagern, dass sich deine Beine vom Boden lösen. Wahrscheinlich musst du zu Hause etwas üben, um den *Schweizer* zu schaffen.

Abb. 11

Diese Übung ist sehr schwierig!

Versuche, dich aus dem Kopfstand in den Handstand hochzudrücken. Sicherlich findest du eine Person, die dich am Oberschenkel unterstützen kann.

Abb. 12

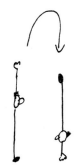

Diese Übung solltest du nur versuchen, wenn du dich ohne Probleme auf den eigenen Händen halten kannst.

Versuche, auf die Hände zu springen.

Abb. 13

3.3 Was kann ich im Handstand alles machen?

Die Suche danach, was man im Handstand alles machen kann, ist gleichzeitig die Suche nach der Lösung, möglichst lange auf den Händen stehen zu bleiben. Diese Suche ist ein individueller Prozess, der selbstständig und möglichst variabel erfolgen sollte. Teilweise wird diese Suche durch die Sorge vor dem Umfallen eingeschränkt. In diesem Fall kann das Rollen oder das Sich-seitlich-Überschlagen thematisiert werden, zumal beide Bewegungen eine Möglichkeit darstellen, von den Händen wieder auf die Füße zu gelangen. Eine weitere Möglichkeit bestünde darin, gemeinsam mit den Schülern wichtige Aspekte einer funktionalen Hilfestellung zu erarbeiten.

Die Hilfestellung beim Auf-den-Händen-Stehen sollte:[4]

- möglichst dicht am Körperschwerpunkt ansetzen,
- nicht direkt an einem Gelenk erfolgen,
- den Schambereich nicht berühren,
- den Sichernden nicht selbst in *Gefahr* bringen,
- der Bewegung entgegengehen und sie bis zum Ende begleiten.

Als Konsequenz der zu beachtenden Aspekte böte sich die seitliche Hilfestellung am Oberschenkel an.

---

[4] Auch diese Aspekte können erfahrungsorientiert erarbeitet werden. Dazu bietet sich beispielsweise die Frage an, welchen Kriterien die Hilfestellung entsprechen sollte und wie sie konkret zu realisieren wäre.

Auf den Händen stehen

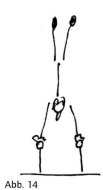

Stelle dich auf einem Handstandbarren auf die Hände. Kannst du mit deinen Handgelenken ein Umfallen besser verhindern als auf dem Boden?

Abb. 14

Stelle dich auf eine Hand. Wie schaffst du es, mit den Beinen oder dem Arm die Balance dennoch zu halten?

Eine Hilfestellung ist hier eher hinderlich.

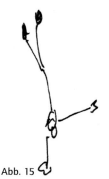

Abb. 15

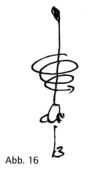

Kannst du dich im Handstand drehen? Welche Unterschiede ergeben sich im Gegensatz zu einer Drehung auf den Füßen?

Abb. 16

Versuche, auf die Hände aufzuschwingen und nach einem Hüpfer auf den Händen stehen zu bleiben. Wie weit, wie hoch und wie oft kannst du hüpfen?

Diese Aufgabe ist recht schwierig!

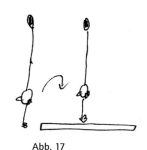

Abb. 17

Erfahrungsorientierter und bildender Sportunterricht

Stelle dich mal mit dem linken, mal mit dem rechten Arm auf eine schräge Ebene. Wie verändert sich dadurch dein Handstand?

Etwas schwieriger wird es übrigens, wenn du dich mit beiden Händen auf die Schräge stellst und entweder den höchsten oder den tiefsten Punkt der Ebene anvisierst.

Abb. 18

Grätsche und schließe die Beine. Was ermöglicht dir eine bessere Balance?

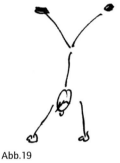

Abb. 19

Versuche, möglichst lange auf den Händen stehen zu bleiben. Variiere dazu die Position der Arme und versuche, auch eine weit gespreizte und eine nahe beieinanderstehende Position. Wie kannst du am bequemsten und am längsten auf den Händen stehen?

Abb. 20

Variiere deine Handhaltung!

Abb. 21

Auf den Händen stehen

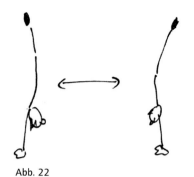

Versuche, sowohl mit einem Buckel als auch im Hohlkreuz auf den Händen stehen zu bleiben. Wie gelingt es dir am längsten? Achte bei dieser Aufgabe auf deine Kopfhaltung!

Abb. 22

4 Fazit

Mit der selbstständigen Suche nach einer Lösung für das Bewegungsproblem des Auf-den-Händen-Stehens können die Schüler individuelle Erfahrungen sammeln. Das Ergebnis wird für den Großteil der Lernenden nicht mit dem idealtypischen Handstand aus der Sichtweise des Kunstturnens übereinstimmen. Auf der einen Seite werden vielleicht einige im Hohlkreuz, vielleicht einige mit einem leichten Buckel auf ihren Händen stehen. Auf der anderen Seite hat jedoch jeder Lernende die Möglichkeit, das elementare Problem des Balancierens auf den Händen zu erfahren. So werden durch die Widerständigkeit des Handstands potenzielle Bildungsprozesse angestoßen und individuelle Erfahrungsräume eröffnet.

Literatur

Giese, M. (2003). Wir verlassen den Hallenboden. Eine abenteuerliche Unterrichtsreise in die Vertikale. *Sportpraxis, 44* (4), 14-19.
Härtig, R. & Buchmann, G. (2004). *Gerätturnen. Trainingsmethodik.* Aachen: Meyer & Meyer.
Meinel, K. & Schnabel, G. (1998). *Bewegungslehre – Sportmotorik: Abriss einer Theorie der sportlichen Motorik unter pädagogischem Aspekt.* Berlin: SVB Sportverlag.
Roscher, M. & Pott-Klindworth, M. (2006). *Turnen neu denken und unterrichten. Praktische Anregungen und theoretische Hintergründe.* Hohengehren: Schneider.
Timmermann, H. (2001). *Gerätturnen: Technik und Methodik.* Wiebelsheim: Limpert.

Arbeitsblätter 1-3: Auf-den-Händen-stehen

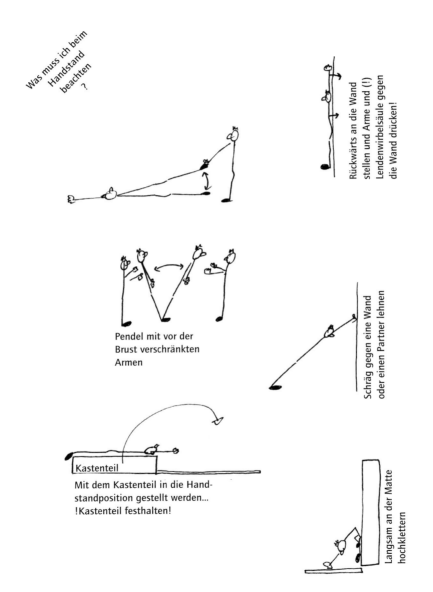

Auf den Händen stehen

Wie kann ich in den Handstand kommen?

mit dem Pezziball

aus dem Sprung
(Arme gestreckt lassen!)

aus dem Kopfstand
(kostet Kraft!)
(Bauch anspannen!)

aus der Hocke
(kostet Kraft)

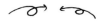
aus der Rolle

aus der Standwaage

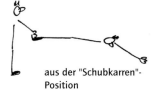
aus der "Schubkarren"-Position

"Schweizer"

Erfahrungsorientierter und bildender Sportunterricht

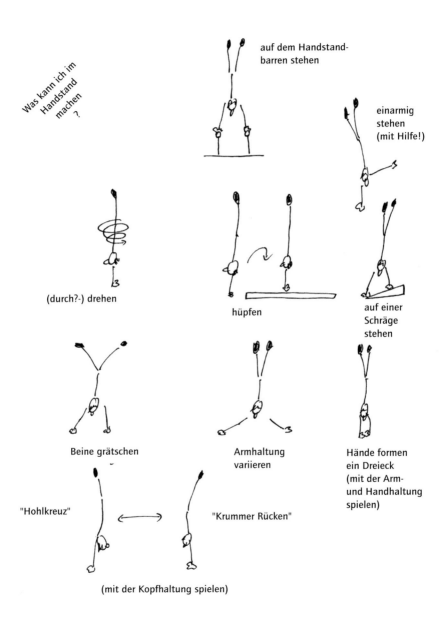

5 Freiheit der Bewegung – Tanz als Feld der Erfahrung

Tim Bindel

Dieser Beitrag behandelt Möglichkeiten des freien Bewegens in einem erfahrungsorientierten Tanzunterricht in der Sek. II. Improvisation und Tanz als Kunst (zeitgenössischer Tanz) stehen im Vordergrund. Damit wird ein Bereich betreten, der standardisierte Tanzformen hinter sich lässt und einerseits hohe Anforderungen stellt, den Schülern andererseits aber unvergleichbare Erfahrungsmöglichkeiten bietet. Anhand zweier Unterrichtsvorhaben (4-6 Doppelstunden) zur Anbahnung von Improvisation und deren Überführung in künstlerische Gestaltungspraxis wird gezeigt, dass die Unübersichtlichkeit eines offenen Feldes konkretisiert und damit greifbar werden kann, wenn entsprechende Bewegungsaufgaben gewählt werden. Hilfestellungen leisten die diesem Band zugrunde liegenden bildungstheoretischen Postulate der Dekonstruktion und Autonomie.

1 Tanz als Erfahrungsraum par excellence

Man muss keine konstruierten Herleitungen bemühen, um die Begriffe *Tanz* und *Erfahrung* zusammenzuführen. Sowohl als künstlerische Gestaltungsform sowie als *publikumsfreies* Sensibilisierungsmittel geht es beim Tanz um das Erfahren des Selbst in der Freiheit der Bewegung. Diese Freiheit ist unterschiedlich verstehbar, wenn man die verschiedenen Facetten des Tanzes betrachtet. Das freie Improvisieren oder meditativ interpretierbare fernöstliche Tanztechniken wie der Butoh-Tanz beinhalten sicher ein weitaus höheres Maß an potenzieller Freiheit als standardisierte Formen des Hip-Hops oder des Paartanzes. Freiheit der Bewegung bedeutet bei erstgenannten vor allem *nicht geplantes*, bei letztgenannten eher *zweckfreies* Bewegen. Beides findet in deutlichem Abstand zum kompetitiv orientierten Sport statt. Für den Sportunterricht ist diese Trennung daher zunächst hintergründig. Im Folgenden möchte ich zeigen, wie tänzerische Erfahrungsräume für Schüler gewinnbringend geöffnet und gleichzeitig strukturiert werden können. Zuerst vertiefe ich die Einschätzung, Tanz sei Erfahrungsraum *par excellence* anhand von Gebauer und Wulf (1998), die Bewegung als Prinzip der Erfahrung und der Ordnung der Welt verstehen. Im Anschluss daran werde ich auf betrübliche

Erfahrungsorientierter und bildender Sportunterricht

Tendenzen der aktuellen Schulsportsituation in Bezug auf das freie Tanzen aufmerksam machen. Kern dieses Beitrags bildet ein drittes Kapitel, in dem reflektiert wird, wie Tanzerfahrung im erfahrungsorientierten Sportunterricht angebahnt werden kann, um dadurch Bildungsprozesse anzustoßen.

Gebauer und Wulf fokussieren das Spiel, das Ritual und die Geste, um das Phänomen Tanz kümmern sie sich nicht explizit. Das ist auch nicht notwendig, denn Tanz ist Spiel, ist Ritual und ist Geste. Damit ist er auch Handeln in der sozialen Welt.

„In der Philosophischen Anthropologie werden Bewegungen als Vermittler zwischen dem Menschen und der Welt aufgefaßt. Auf Grund seiner leiblichen Weise des In-der-Welt-Seins, so wird behauptet, gewinne der Mensch seine Erfahrungen und Vorstellungen der Welt mit Hilfe seiner Bewegungen und der Leistungen seiner Sinne" (Gebauer & Wulf, 1998, S. 30).

Klinge ist es gelungen, in diesem theoretischen Kontext die Qualität des tänzerischen Nachahmens zu beschützen (vgl. Klinge, 2004, S. 7). Diese Praktik sei nicht nur Anpassung, sondern eben auch konstruktive Neudeutung. Versteht man Tanz als Bewegungsform, die nie losgelöst vom Sozialfeld betrachtet werden kann, ist diese Sichtweise nachvollziehbar. Verstehen wir Tanz als *Freiheit der Bewegung*, so kann damit nur die freie Handhabe des sozial geschulten Bewegungsraums gemeint sein, schöpferisches Bewegen auf einer Metaebene. Dieses Verständnis entspricht den zentralen Anliegen einer ästhetischen Bildung, die im (sportbezogenen) Handlungsbezug eben nicht das Handeln selbst, sondern den (reflexiven) Umgang mit diesem in den Mittelpunkt stellt (vgl. Franke, 2003). Reflexion darf hierbei aber nicht als aufgestülpte Nachbesprechung erzwungen werden, sondern sollte in „sinnlichen Wahrnehmungsprozessen angelegt sein" (Klinge, 2004, S. 6).

Reflexivität entsteht vor allem im Nicht-Alltäglichen. Jugendliche und Erwachsene sind aber nur schwer aus den Grenzen ihrer Alltagsbewegungen herauszuholen. Die Anweisung, kreuz und quer in der Halle zu laufen, wird zu einem gemeinsamen Traben im Gegenuhrzeigersinn. Der Wunsch nach selbstkreierten Sprüngen wird ebenso enttäuscht. Wer sich noch nie mit Tanz beschäftigt hat, dem sind die freien Bewegungswelten verschlossen. Auch der korrekt ausgeführte Hangsprung, die geglückte Rollwende, eine Ausdauerleistung und eine Hip-Hop-Choreografie vermitteln Bewegungserfahrungen, allerdings über eine Erweiterung des Bewegungsrepertoires, nicht über die individuell-kreative Handhabe des bereits vorhandenen Bewegungsraums. Tanz sollte immer auch ein Herauslocken von etwas sein, das schon latent vorhanden ist. Wenn das im Sportunterricht gelingt, öffnet sich ein bedeutsamer Erfahrungsraum. Man erhebt den Raum des Sports zu dem der Kunst, in dem sich das von Neuber (1998) formulierte Desiderat, Kreativität als Mittel einzusetzen, „durch das sich sowohl motorische als auch übergreifende Fähigkeiten entwickeln" (ebd., S. 6), aufzulösen vermag.

2 Betrübliche Tendenzen

Man kennt die Vorbehalte von Schüler- und Lehrerseite. Mangelnde Kompetenz und kollektives Unverständnis spielen dem Tanz in Schulen hart mit. Vielerorts hat sich die Logik etabliert, man müsse sich an der Lebenswelt der Kinder und Jugendlichen orientieren. In der Sekundarstufe ist Hip-Hop dadurch so etwas wie das Aspirin gegen den alltäglichen Tanzfrust geworden. Schüler als Experten einzubeziehen, erscheint als sportpädagogischer Volltreffer. Ohne Zweifel lassen sich damit Mitmacheffekte erzielen, Tanztechniken vermitteln und metasportliche Kompetenzen vermitteln. Das ist gut, und wenn am Ende eine Aufführung zu begeistern weiß, ist das für Lehrpersonen sehr zufriedenstellend und für viele Schüler ein Erfolg. Das Nachahmen, Weiterentwickeln, Umgestalten hat seinen berechtigten Platz in der schulischen Tanzausbildung (vgl. Klinge, 2004). Mir scheint es aber so, als würde die freie künstlerische und nicht primär produktorientierte (vgl. Neuber, 2007, S. 274f.) Seite des Tanzes darunter erdrückt. Im Zentrum des schulischen Tanzunterrichts steht heute das Erfüllen eines standardisierten Bewegungsverständnisses. Auch wenn Schrittfolgen im besten Falle frei interpretierbar sind, auch wenn es zu Umgestaltungen und Neudeutungen kommt, so bleibt die Basis stets das vorgelebte Bild. Ein solcher Ansatz führt letztendlich immer zu einer bewertenden Selbstwahrnehmung (*das kann ich gut* vs. *das kann ich schlecht*) und nicht zu einem kreativ-individuellen Bewegungsverständnis (*so mache ich das* vs. *so machst du das*).

Ich will mich deutlich für eine stärkere Berücksichtigung inhaltlich-kreativer (künstlerischer) Gestaltungsformen aussprechen, ohne dabei kompositorisches Tanzen und Nachahmen zu verneinen. Neuber kritisiert schon 1998: „In Bezug auf weiterführende Schulen fehlen Praxiskonzepte zum differenzierten Umgang mit Bewegung [...] fast ganz; hier bleibt vielfach nur der Rückgriff auf ein sportartengebundenes Unterrichten" (S. 1). Geändert hat sich in den letzten 10 Jahren nicht viel; dazu genügt ein Blick in die einschlägige Literatur.

Erfahrungsorientierter und bildender Sportunterricht

3 Ästhetische Bildungserziehung und die Erfahrung durch Tanz

Im Kontext ästhetischer Bewegungserziehung spielt der Erfahrungsbegriff eine zentrale Rolle. Neuber spricht beispielsweise vom „‚Übersetzen' eigener Wahrnehmungen und Erfahrungen" als zentralem Anliegen ästhetischer Bewegungserziehung. Giese (2008) bemüht Cassirer und bettet den Erfahrungsbegriff in die *Philosophie der symbolischen Formen* ein. Der Mensch als *animal symbolicum* handelt in Mensch-Welt-Bezügen, indem er für ein bestimmtes Bestreben (etwa den Ausdruck von Gefühlen) einen materiellen Träger (etwa bestimmte tänzerische Bewegungen) findet (symbolische Form), in dem sich „ein unanschaulicher Sinn [...] artikuliert und sich dadurch gleichsam anschaubar macht" (Giese, 2008, S. 148). Beim Tanz lässt sich ein solcher unanschaulicher Sinn als gestalterischer Ausdruck verstehen. Unanschaulich deshalb, weil wir nicht den Schmerz, die Isolation, die Nähe und die Freude sehen, sondern Körper in Bewegung.

Bei der ästhetischen Bewegungserziehung geht es sowohl darum, bereits vorhandene Erfahrungen in Bewegung umzuwandeln, als auch vice versa Bewegungen in Erfahrungen. Ich möchte letztere Wirkrichtung fokussieren, weil sich hier die pädagogische Dimension der Erfahrung deutlich entfaltet und sich zudem ein ästhetischer Bildungsbegriff entwickeln lässt. Meine Fragen lauten zunächst: (1.) Was sind die Voraussetzungen für einen erfahrungsorientierten Tanzunterricht? (2.) Was ist sein Bildungsziel? Giese (i. d. B., Kap. 3.2) unterscheidet dazu subjektseitige von objektseitigen Voraussetzungen der Erfahrung, was ich auf das Feld des Tanzes übertragen möchte.

3.1 Erfahrungen müssen selbst gemacht werden

Mit Blick auf Tanz geht es nicht nur darum, tänzerische Bewegungen selbst auszuführen; nein, der Terminus *aktiv* weist auf eine schöpferische, autopoietische Haltung hin. Es geht darum, dass sich Schüler selbstständig zu bestimmten Dingen in Beziehung setzen, also nicht etwas nachmachen, sondern etwas bewirken. Dies sagt noch nichts über den Gegenstand des Tanzunterrichts aus. Zum Thema Hip-Hop lässt sich eine ebenso schöpferische Haltung einnehmen wie beim Gestalten freier Tänze. Die Methodenkonstruktion wird zum Knackpunkt, und es kommt die Frage auf, wie man es Schülern ermöglicht, sich selbstständig tänzerisch in Beziehung zu dem zu setzen, was Hip-Hop bedeutet. Die massive Diversifizierung dieses Tanztrends und die damit verbundene bewegungstechnische Definierbarkeit einzelner Stilrichtungen lässt allerdings wenig Raum für schöpferisches Gestalten.

3.2 Zur Erfahrung gehört das Dabei-Sein

Damit Tanz (in der Schule) stattfinden kann, müssen die Tänzer tanzen wollen und einen Sinn in ihrem Tun sehen, sonst sind keine Erfahrungen möglich. In diesem Punkt materialisiert sich eines der Grundprobleme dieses Inhaltsbereichs in der Schule. Wie werden die Schüler „innerlich betroffen" (Giese, 2008, S. 174) von einem befremdlich wirkenden Inhalt? Lehrer, die im Tanz selbst wenig Sinn sehen, befinden sich in einer Sackgasse. Die eigene Unsicherheit führt maximal zum Rückgriff auf standardisierbare Formen von Gymnastik und Tanz. Unsichere Lehrer brauchen einen konzeptionellen Background und vor allem selbst das Erlebnis, dass Tanz Sinn macht. Freie und inhaltliche Tanzkonzepte leben von den Bewegungsaufgaben und damit von der Kreativität des Lehrenden.

3.3 Selbstreflexion vermag Erfahrungen zu generieren

Nachvollzug heißt nicht ausschließlich verbale Kommunikation. Erfahrungen schreiben sich nur dann ein, wenn das Individuum Zeit für Selbstbildungsprozesse bekommt. Eine wesentliche Voraussetzung für die Erfahrung ist demnach die vorsprachliche Reflexion. Diese ist nicht zu ersetzen durch langatmige Gruppengespräche, die nur zu oft den Zwang vermitteln, irgendetwas denken, fühlen und mitteilen zu müssen. Seine Gefühle nicht mitteilen zu können, ist ein anthropologisches Grundproblem und keine individuelle Schwäche. „Wie habt ihr euch dabei gefühlt?", ist in dieser Situation ein gesprächspsychologisches *No-Go*, weil diese Frage Druck erzeugt, etwas möglichst Sinnvolles sagen zu wollen. Die Reflexion degeneriert zur Suche nach gefälligen Formulierungen.

Kommen wir zu objektseitigen Voraussetzungen und damit zur Frage, wie ein Gegenstand *didaktisch präpariert* werden muss, damit es potenziell zu Erfahrung kommen kann. Giese (ebd., S. 175) beschreibt diese Voraussetzungen so: „Einerseits muss das Zu-Erfahrene i. R. der Vorerfahrungen liegen, andererseits muss es die Antizipation des Subjekts im Prozess der Auseinandersetzung mit dem Gegenstand stören, um Erfahrungen zu ermöglichen." Über die Vorerfahrungen, die vor-

Erfahrungsorientierter und bildender Sportunterricht

bewusste Erwartung, wird das Subjekt überhaupt erst aufmerksam auf eine Situation. Es kann sich einlassen und formt die Handlungsabsichten auf dieser Grundlage. Aber: „Besteht keine Diskrepanz zwischen den Handlungsabsichten (dem Formungswillen) und der Welt, [...] dann kommt die symbolische Formung als relationales Phänomen, das die Mensch-Umwelt-Beziehungen gestaltend überformt [...], nicht in Gang" (ebd.). Die Brechung des Bekannten wird zur Grundvoraussetzung der Erfahrung. Gerade freie Formen des Tanzes, als Solist, Paar oder Gruppe realisiert, bringen Brechungen hervor. Beim zeitgenössischen Tanz sind sie immanent. Vor allem dann, wenn man sich dem Thema der Improvisation widmet. Die im nächsten Kapitel folgenden Praxisbeispiele finden in diesem Rahmen statt.

3.4 Bildungsziele eines erfahrungsorientierten Tanzunterrichts

Ich möchte mich nun der zweiten Frage widmen, die ich zu Beginn dieses Abschnitts formuliert habe: Wo liegt das Bildungsziel eines erfahrungsorientierten Tanzunterrichts? Folgt man Franke (2003, S. 34), so ergibt sich der Bildungswert des Sportunterrichts „aus der Reflexivität im sportiven Handlungsvollzug" und deren Analyse. Reflexivität erscheint aber nur möglich, „wenn Differenzerfahrungen im Formungsprozess von Bewegungen stattfinden". Giese (ebd., S. 213) erklärt: „Grundsätzlich ist eine Bildungskonzeption anzustreben, die neben die Momente der (symbolischen) Formung, des Wirkens und des Ausdrucks Momente der Enttäuschung, der Antizipation und der Dekonstruktion stellt." Im Kontext des ästhetischen Bildungsdiskurses formuliert dazu Bietz (2005, S. 112):

„Insofern muss es unter der Bildungsperspektive in der ästhetischen Praxis des Bewegens gerade darum gehen, sich von vertrauten Ordnungen zu lösen und gegebene Habituskonzepte zu verunsichern, um neue Ordnungen hervorbringen zu können und neue prägnante Bewegungsgestalten zu gewinnen."

Das passt ohne Zweifel in besonderer Weise auf das tänzerische Arbeiten in einem kreativen Sportunterricht. Wenn wir Neues schaffen und Schülern neue Erfahrungen ermöglichen wollen, sollten wir uns auch damit beschäftigen, wie man sich von gängigen Mustern löst und neben die Schulung tänzerischer Fertigkeiten auch Abstecher in den Bereich des Ungeplanten machen. Improvisation und zeitgenössischer Tanz eignen sich besonders, um dieses unbekannte Land zu betreten.

4 Praxisbeispiele zum erfahrungsorientierten Tanzen

Choreografen und Tänzer, die man dem zeitgenössischen Tanz zuordnet, greifen oft auf Improvisation zurück. Dieses ungeplante, spontane Gestalten kann sowohl als Kunstform an sich sowie als tänzerisches Brainstorming verstanden werden. Das Projekt *Tanzplan Deutschland* arbeitet mit Münchner Schulen zu diesem Thema.[1] Improvisieren ist immer eine ergebnisoffene Auseinandersetzung und damit prädestiniert für erfahrungsorientiertes Tanzen. Die Schüler müssen diese Praktik aber – mag es auch paradox klingen – zunächst lernen.

4.1 Von der Beschränkung zur Improvisation und zur Kunst

Improvisation bedeutet spontanes Gestalten. Basale Voraussetzung ist Kreativität. Doch Schüler wollen oft nicht kreativ handeln. Das hat seinen Grund: Forme ich neuartige, ungewohnte Bewegungen, laufe ich Gefahr, dass diese entweder als lächerlich oder nicht kreativ abgetan werden. Eine Tanzimprovisation erscheint unmöglich. Daraus folgt ein erster bedeutender methodischer Hinweis: Kreativität braucht Grenzen. Der zweite Hinweis lautet: Bewegungsaufgaben müssen innerhalb dieser Grenzen so gestellt werden, dass sie Autonomie und Dekonstruktion (Ungeplantes, zumindest: Ungewohntes) enthalten.

---

1 Die Einschätzung mancher Experten, die Vermittlung von Tanz als Kunst gehöre auch in der Schule ausschließlich in die Hand professioneller Tänzer, Choreografen oder Tanzpädagogen (vgl. Fleischle-Braun, Patrizi et. al., 2006, S. 56), teile ich nicht. (Nebenbei bemerkt: Welch ein verheerendes Signal!) Ich bin der Meinung, dass nicht nur externe Experten in Projekten mit Jugendlichen zeitgenössischen Tanz erarbeiten können. Auch *normale* Sportlehrer können das Thema mit Schülern in *normalen* Sportstunden behandeln und dabei einen erfahrungsorientierten Unterricht entfalten.

Erfahrungsorientierter und bildender Sportunterricht

4.1.1 Beschränkungen für die Tanzimprovisation

Warum geben Grenzen Sicherheit für Kreativität und damit für das Erlernen der Improvisation? Es hilft, sich die maximal mögliche Freiheit eines Tänzers vorzustellen. Er ist alleine in einem unendlichen Raum ohne Objekte und Musik. Er hat kein Thema, sondern nur seinen Körper und seine Gefühle. In diesem Arrangement können sich nur Improvisationsprofis bewegen. Jeder andere ist nicht unter-, sondern überfordert. Die absolute Wahlfreiheit, die auf eine Fülle an Bewegungsmöglichkeiten verweist, wird zur Leere. Grenzen geben Anhaltspunkte. Musik ist eine solche Grenze. Sie bietet die Möglichkeit, sich *zu ihr* zu bewegen. Für Laien ist die Begrenzung durch Musik nicht ausreichend, weil immer noch zu viel Kreativität gefordert ist. Es bleiben die Fragen: *Wie soll ich mich bewegen? Warum soll ich mich bewegen? Was soll ich dabei ausdrücken?* Entsprechend dieser drei Fragen möchte ich für den schulischen Gebrauch adäquate Beschränkungsmöglichkeiten ordnen und beispielhaft erläutern.

Körperliche und räumliche Beschränkungen (Wie soll ich mich bewegen?)
Im Grunde geht es darum, die Tanzschüler dazu zu bringen, die Bewegungsfähigkeit ihres Körpers zu erforschen. Das vorhandene Bewegungsrepertoire ist aber so weit abgeschlossen, dass keine innovativen Bewegungsexperimente entstehen können. Springen bleibt Springen, Laufen bleibt Laufen. Erst wenn man die Bewegungsmöglichkeiten des Körpers verändert, kommt es zur Exploration. Das kann durch Erweiterung geschehen (man sehe sich nur die spielerischen Bewegungsformen von Menschen in der Schwerelosigkeit an), ist aber im Sportunterricht nur bedingt möglich. Einfacher ist eine Veränderung der Bewegungsfähigkeit durch Beschränkung. **Körperliche Beschränkungen** können sich vor allem auf das Hören, Sehen und Bewegen beziehen. Nicht umsonst gilt der *Tanzsack* als optimales Improvisationsgerät. Der Körper des Tänzers wird durch eine elastische Hülle beschränkt und unsichtbar. Zudem sind das Sehen und das Vermögen zur räumlichen Verortung stark eingeschränkt. Ähnliche Effekte lassen sich aber durch weniger kostspielige Mittel erreichen. Mit einem Seil kann man Bewegungsmöglichkeiten gut einschränken. Es lassen sich Füße und oder Hände fesseln, Arm mit Bein verbinden, ein Schüler mit dem anderen. Zudem ist das Seil in der Länge variabel, die Möglichkeiten der Bewegungsbeschränkung sind vielfältig. Auch in Kombination mit elastischen Deuserbändern lassen sich neue Bewegungsvoraussetzungen schaffen, die der Betroffene erkunden muss, um sich in diesem Rahmen zu bewegen.

Freiheit der Bewegung

Eine andere Herangehensweise zur Schaffung neuer Bewegungssituationen ist die **räumliche Beschränkung**. Oft genug haben wir es im Sportunterricht mit der funktionalen Ästhetik einer Halle zu tun. Die Sporthalle ist ein Optimalraum, Wände und Decke beschränken die Bewegungen kaum. Es gibt zwei Möglichkeiten, dem entgegenzuwirken. Entweder man verlässt die Sporthalle und sucht nicht-funktionale, begrenzende Räume auf (Tanzen im Wald, Tanzen am Berg) oder man nutzt Geräte, um neue Räume in der Halle zu schaffen: eine enge *Gummizelle* aus Weichböden, ein *Spinnenetz* aus Seilen etc.

Körperliche und räumliche Beschränkungen lassen sich schrittweise aufheben, Explorationsergebnisse festhalten und in die unbeschränkte Welt übertragen. Dabei sind die Schüler angehalten, Bewegungsergebnisse festzuhalten und zu sichern. Dem Lehrer obliegt es, erste Beschränkungen einzurichten und weitere Ideen zuzulassen.

Regularien (Warum soll ich mich bewegen?)

Schüler, mit denen wir es im Tanzunterricht zu tun haben, sind in eine regulierte und meist kompetitive Welt von Spiel und Sport sozialisiert. Um kreatives Bewegen vor allem zu Beginn eines Übungsprozesses zum Thema zu machen, bietet es sich an, diese vorhandenen Sinnstrukturen der Schüler zu übernehmen. Freies Bewegen nach Regeln ist ohne Zweifel paradox, aber als Einstieg hilfreich. Dabei gibt es gute und weniger gute Regeln.

Eine häufig angewandte, aber weniger gut geeignete Regulierungsmaßnahme ist das Laufen auf Linien. Hier wird zwar das gewünschte, freie Bewegen im Raum durch eine äußerst praktikable Regulierung vereinfacht. Es handelt sich aber um eine Nonsensregel, denn die Sinnbezüge des ästhetischen Bewegungshandelns, deren Erhalt nach Giese (i. d. B., Kap. 5.1) Grundlage eines erfahrungs- und bildungsorientierten Sportunterrichts ist, fehlen: Warum sollte man auf Linien bleiben? Wer Regulierungen und freies Bewegen kombinieren möchte, benötigt schlüssige und individuell sinnvolle Spielideen. Es muss hinter dem Bewegen ein spielerischer Sinn stehen. Die Regel nicht einzuhalten, muss in der Aufgabenlogik eine Konsequenz haben. Ich möchte zwei Beispiele für m. E. gelungene Regulierungen nennen.

Erfahrungsorientierter und bildender Sportunterricht

Aufgabe – Lichtschranke
Die Schüler sollen sich frei im Raum bewegen, dabei aber immer wieder Bodenpositionen einnehmen. Es wird das Spiel *Lichtschranke* durchgeführt. Die Klasse trennt sich in zwei Hälften. Während die eine sich am Rand der Halle verteilt und sich zunächst langsam, später dann schneller Bälle zurollt, versuchen die anderen, diesen *Lichtschranken* durch katzenartige Manöver auszuweichen. Durch die Unterstützung entsprechender Musik (z. B. Hardrock, Heavy Metal) entsteht die Fiktion, ein Superagent zu sein, der wie in einem *Flow* den einprasselnden Gefahren ausweicht. Wer allerdings getroffen wird, muss den Innenraum verlassen und darf die Werfer unterstützen. So bleibt am Ende ein Held übrig. Die Zeit bis zu dessen Ende wird gestoppt und kann mit der zweiten Gruppe verglichen werden. Oft werden gerade die Schüler, die mit dem freien Bewegen nichts am Hut haben, durch den Erfolg in diesem *Tanzspiel* motiviert. Die Regeln sind variierbar.

Als weitere Aufgabe bietet sich die Verstrickung an.

Aufgabe – Freakbattle
Eigentlich handelt es sich um ein uraltes Spiel: Wer zuerst lacht, verliert. In dieser Variante geht es darum, den anderen durch absurde Bewegungen, Mimiken und Gesten (auch Geräusche sind erlaubt) zum Lachen zu bringen. Berührungen sind verboten. Blickkontakt ist vorgeschrieben. Die Schüler werden paarweise eingeteilt, die Gewinner des Freakbattles kommen eine Runde weiter und begeben sich in einen anderen Teil der Halle. Dort treffen sie dann auf neue Gegner. Das lässt sich bis zu einem Finale spielen, bei dem auch die Zuschauer (die Ausgeschiedenen) viel über freies Bewegen lernen können. Die Contenance verliert man nicht bei vermeintlich witzigen Bewegungen, sondern bei ungeplantem, absurdem Bewegen, wie plötzlichem Zucken und Verrenken. Den Schülern lässt sich damit viel über die Wirkweise des Tanzes vermitteln. Das Spiel ist auch in Teams durchführbar.

Thematische Beschränkungen (Was soll ich dabei ausdrücken?)
Regulierungen und körperlich-räumliche Beschränkungen erlauben tänzerisches Arbeiten ohne inhaltlichen Umsetzungsdruck. Auf dem Weg einer Improvisationsschulung können fiktionale Anreize dabei helfen, Bewegungsexplorationen zu optimieren. Der Lehrer muss in der Lage sein, eine Fiktion zu erzeugen, die keine Standardbewegungen hervorbringt, aber auch nicht so abstrakt ist, dass keine

Freiheit der Bewegung

Bewegungsbilder entstehen. *"Tanzt euren Tag vom Aufstehen bis zum Schlafengehen"*, bringt gewohnte Bewegungsmuster zutage. Der Tanz wird zum wenig überraschenden Pantomimenspiel. Ähnlich verhält es sich mit dem gut gemeinten Eisbrecher, Sportbewegungen zu imitieren. Themen lassen sich als Geschichten besser vermitteln. Vor allem Vor- und Grundschulkinder lassen sich leicht für fremde Welten begeistern. Jugendliche und junge Erwachsene brauchen adäquate Geschichten. Morbides und Irreales funktioniert meist gut. Anreize geben Filme (wie die von David Lynch) oder Musikvideos (wie die von Chris Cunningham, vor allem für die Gruppe Aphex Twin). Schlagworte wie *Isolation* oder *Scheinwelt* taugen als Mittel zur kreativen Bewegungsaufforderung kaum, wenn sie nicht mit entsprechenden (Vor-)Geschichten verknüpft sind. Passende Musik hilft dabei, die Geschichte zu verstärken. In den folgenden Unterrichtsbeispielen werden solche fiktionalen Herangehensweisen präsentiert.

4.1.2 Unterrichtsvorhaben – der neue Körper (Entdeckungen)

Bei diesem Unterrichtsvorhaben (4-6 Doppelstunden) geht es darum, über körperliche Beschränkungen Bewegungsexplorationen zu erzeugen und daraus schließlich in Freiarbeit künstlerisch-improvisatorische Aufführungen zu gestalten. Es handelt sich um eine Zuwendung zur Improvisation nach der Maßgabe der Elementarisierung. Hilfsmittel sind der Einsatz von Musik und Fiktion. Material: Seile, Turngeräte, ggf. Masken, mitgebrachtes Material, Kostüme etc.

1. Einheit: Experimentieren mit Beschränkungen (zwei Schulstunden)
Der Lehrer bildet Zweiergruppen. Die beiden Schüler gehen eine Symbiose ein, indem sie sich mit einem Springseil verbinden.

Aufgabe – Verstrickung
Verbindet euch so, dass das linke Handgelenk des einen an das rechte Fußgelenk des anderen gebunden wird (Knoten nicht zu eng). Die Länge des Seilstücks soll etwa 1 m betragen. Zudem verbindet sich der Schüler, der das Seil am Handgelenk befestigt hat, die Füße (eng an den Fußgelenken) und fesselt zuvor die Handgelenke des Partners hinter dessen Rücken. Dieses *Menschengebilde* soll nun die neue Lebensform sein, die es gilt, kennen zu lernen. Wie kann sie sich schnell bewegen? Wie kann sie die Laufrichtung schnell wechseln?

Erfahrungsorientierter und bildender Sportunterricht

Die Schüler sind gleich auf mehrere Arten eingeschränkt. Ihnen bleibt nur ein geringer Bewegungsraum. Diese Beschränkung macht Bewegung zu etwas Besonderem. Das Experimentieren fällt leichter. Unerwartetes kommt von den Bewegungen des anderen, weil zwei Gliedmaßen miteinander verbunden sind. Die Schüler verlieren schnell die Hemmungen. Der Zwang zur Kreativität weicht einem Überhaupt-irgendwie-Zurechtkommen. Jetzt liegt es an den Bewegungsaufgaben, welche Erfahrungen gesammelt werden und wie von der Exploration zur tänzerischen Improvisation übergeleitet werden kann. Folgende Aufgaben erleichtern diesen Übergang:

Aufgabe – Bewegungsexperimente
- Erprobt Grundformen wie Aufstehen, Setzen, Gehen, Laufen, Springen, Drehen usw.
- Versucht, ein anderes Paar aus dem Gleichgewicht zu bringen, ohne es zu berühren.
- Verheddert und entknotet euch mit einem anderen Paar.

Man sollte den Schülern in dieser Experimentierphase Raum geben, die Grundidee der Bewegungsbeschränkung selbst zu erweitern und eigene *Verstrickungen* zu kreieren. Auch Wettspiele oder das Austesten anderer Geräte zur Bewegungsbeschränkung sind möglich, um das eigene Bewegen unter beschränkten Bedingungen zu erproben.

Die Schüler sollten am Ende dieser Einheit Bewegungsmöglichkeiten, die die Beschränkung erzeugt hat, zusammentragen und präsentieren. Dabei bieten sich Lernplakate zur Ergebnissicherung an. Von großer Bedeutung ist eine Auflösung der Beschränkung zum jeweiligen Stundenende. Hier sind Spiele sinnvoll, die gerade auf ganzheitliche Körperbewegungen angewiesen sind.

2. Einheit: Hinwendung zur ästhetisch-improvisatorischen Gestaltung
(zwei Schulstunden)
Eine Hinwendung zur ästhetisch-improvisatorischen Gestaltung erfolgt unter Hinzunahme von Musik. Hier bieten sich elektronische Stücke an, die eine sphärische Stimmung verbreiten und nach Möglichkeit einen gewissen Spannungsbogen haben. Es muss nicht immer Jean-Michel Jarre sein (z. B. Nightmares on Wax, Kid Loco, Portishead). Zusätzlich zur Musik kann eine Fiktion angeboten werden. Bevor eine entsprechende Aufgabe präsentiert wird, sollen die Schüler die Idee der Verstrickung der letzten Einheit weiterentwickeln und eigene Kombinationen erfinden und erproben. Zu dritt (ggf. zu viert) werden dann *Lebensformen* kreiert und mögliches Bewegen exploriert. Im Anschluss daran wird ein Szenario entworfen, in dem die *Lebensformen* zu Protagonisten einer morbiden Geschichte werden.

Freiheit der Bewegung

Aufgabe – Der neue Körper (Begegnungen)
Jeweils zwei Verbünde liegen am Boden (Ausgangsposition). Zwischen den Lebensformen ist ein Sichtschutz aufgebaut (Weichboden im Barren). Der Lehrer bietet folgende Fiktion an:

„Ein Genversuch hat dieses merkwürdige Lebewesen erschaffen, es wurde betäubt und zur weiteren Untersuchung in ein Labor gesperrt. Die Betäubung war aber zu schwach. Es erwacht früher, als erwartet, sieht sich um und bewegt sich auf den Sichtschutz zu, mit dem Ziel, die andere Seite zu erreichen. Es ist vorsichtig. Sehr vorsichtig. Ob das Wesen Angst hat oder aggressiv ist, das weiß es nur selbst. An das Labor grenzt ein weiterer Raum an. Auch dort erwacht eine Lebensform."

Das Besondere ist, dass die Verbündeten nicht wissen, was sie hinter dem Sichtschutz erwartet. Ein Verbund wird früher als der andere auf der Höhe des Sichtschutzes sein und die andere Lebensform entdecken und evtl. zurückschrecken. Die Lebensformen können sich aus dem Weg gehen oder sich angreifen. Der improvisatorische Anteil bezieht sich jetzt nicht mehr nur auf die Ausführung von Bewegungsgrundformen (Aufstehen, Fortbewegen), sondern zudem auf das Transformieren von Gefühlen und Reaktionen (Angst, Aggression etc.) in Bewegung. Durch das (jetzt doppelte) Reagieren auf andere entfällt teilweise die Planbarkeit. Als Lehrer sollte man darauf achten, dass die Schüler nicht ins Pantomimische verfallen (z. B. Schläge imitieren). Aus der o. g. Fiktion lässt sich eine Choreografie entwickeln. Auch hier sollte man Raum zum Experimentieren geben. Auch unterschiedliche Musikstile sollte man anbieten (z. B. Hardrock, Klassik, Techno) und reflektieren, welche Formen von Bewegungsausdruck dadurch unterstützt werden. Möglich wäre auch, eine Verbindung zwischen den beiden Lebewesen zu schaffen (langes Seil, das am Sichtschutz vorbei verläuft). Als Nabelschnur zwischen Muttertier und Mutation? Auch das würde Ungeplantes evozieren.

Nachdem der Lehrer erste inhaltliche Umsetzungen zu *körperlichen Beschränkungen* angeboten hat, sollte eine Phase beginnen, in der die Schüler das Heft in die Hand nehmen.

Aufgabe – Improvisationsszenen
Entwerft zu dritt (ggf. zu viert) eigene Bewegungsbeschränkungen (Seile, Masken, Schals, Deuserbänder, Karabiner etc.). Erkundet eure Bewegungsmöglichkeiten. Wie lässt sich die Geschichte des Genversuchs abwandeln bzw. entwickeln? Versucht eine improvisatorische Umsetzung.

Erfahrungsorientierter und bildender Sportunterricht

Einige werden Probleme haben, sich ausreichend in das szenische Improvisieren hineinzufühlen. Der kreative Aufwand ist zu groß, weil ein Zwang zum Erfinden besteht. Das aber ist mit Improvisation nicht gemeint. Der Musiker und Performer *Jens Thomas*, der zurzeit als *Artist in Residence* am Schauspielhaus Bochum arbeitet, bringt es auf den Punkt: „Improvisation ist nicht Erfinden von etwas, sondern ein Sichtbarmachen von dem, was ist." Es muss bei den Schülern also etwas da sein, ein Gefühl, eine Stimmung, irgendetwas, was in Bewegung umgewandelt werden kann. Wenn nichts da ist, muss etwas erzeugt werden. Das kann Ausgangspunkt für eine Diskussion sein. Was macht die Szene der Begegnungen der Lebensformen realer? Was lässt Seile zu fleischlichen Verbindungen werden? Was macht eine Turnhalle zum Genlabor? Wie werden Schüler zu isolierten Lebensformen? Was behindert die Fiktion? Die Schüler werden die Lichtverhältnisse kritisieren, die Optik der Turngeräte, die eigene Sportbekleidung etc. Daraus entstehen Anregungen, deren Umsetzbarkeit diskutiert werden kann. In der nächsten Unterrichtseinheit kann an einer Verbesserung improvisatorischer Bedingungen gearbeitet werden.[2]

3. Einheit: Optimierung der Rahmenbedingungen, Improvisation als Kunstprodukt (2-4 Doppelstunden)

Von besonderer Bedeutung für den Erfahrungsprozess ist die Autonomie der Schüler. An dieser Stelle ist es daher wichtig, Freiarbeitsphasen einzurichten. Das Ziel dieser letzten Einheit sollte eine improvisatorische Darbietung sein. In Kleingruppen (etwa 5-7 Schüler) sollen Szenarien geschaffen werden, die zum Improvisieren herausfordern. Dabei können sich die Gruppen an der Idee der Begegnung der Lebensformen orientieren oder auch eigene Ideen entwickeln. Durch die produktorientierte Arbeit werden professionelle Prozesse nachempfunden. Die Schüler werden sensibilisiert für den Aufbau eines Tanzstücks. Thematik, Bühnenbild, Kostüme, Licht, Musik usw. – das sind Bereiche, mit denen sich die Schüler nach ihren Möglichkeiten auseinandersetzen müssen. Materialien sind von zu Hause mitzubringen. Vor allem das Hallenlicht ist ein Problem. Eine abgedunkelte Halle und der Einsatz vieler kleinerer Lichtquellen kann hier Abhilfe schaffen. Ein anderes Problem ist die Musik – nicht alle können ihre Musik zur gleichen Zeit ablaufen lassen. Die Einigung auf nur ein Stück kann eine Lösung sein. Ansonsten sind Absprachen notwendig.

---

2 Ein weiteres Vorgehen könnte aber auch ein Loslassen von der Szene und eine Hinwendung zu anderen Formen improvisatorischer Arbeit sein.

Freiheit der Bewegung

Trotz Produktorientierung darf nicht vergessen werden, dass das Produkt die Improvisation ist. Der Lehrer sollte dazu anregen, immer wieder mit den Änderungen zu experimentieren. Es geht ja darum, die Rahmenbedingungen für Improvisation zu verändern und für gelungene Rahmenbedingungen zu sensibilisieren. Die handlungsleitende Frage ist daher stets: Wie wirken sich die Veränderungen auf die Fähigkeit zum explorativen Bewegen aus? Was machen Masken, Kostüme, Blutkapseln, Dunkelheit mit den Tänzern? Es ist unvermeidbar, dass sich Bewegungsroutinen aufbauen, daher sollte der Lehrer Anregungen zu neuen Experimenten parat haben. Weitere Aufgaben der Lehrperson sind in dieser Phase:

- Die Rolle der Produktionsleitung (Was ist möglich?)
- Hilfe bei der Entwicklung der Ideen (Anregungen)
- Erstellung eines Zeitplans
- Diskussionen einstreuen
- Koordination der Gruppen

Durch das *Realmachen* einer Fiktion verändert sich bei den Schülern die Beziehung zur Bewegung. Ein *Sich-ausdrücken-Wollen* wird verstärkt. Mit den körperlich-räumlichen Beschränkungen haben die Schüler die Möglichkeit, auf dieses Freierwerden zu reagieren. Einige werden sich von den Fesseln lösen wollen, die ihnen vorher noch improvisatorische Sicherheit gegeben haben. So nähern sich die Schüler dem, was Improvisation und zeitgenössischer Tanz ausmachen und sammeln Erfahrungen, die nur beim freien Tanz zu machen sind.

4.2 Beispiel 2 – das Unerwartete

Prägnante Bewegungsgestaltungen mit hohem Erfahrungspotenzial lassen sich durch Brüche mit vertrauten Ordnungen herbeiführen. Das habe ich bereits in Anlehnung an Giese beschrieben. Das bedeutet für einen erfahrungsorientierten Tanzunterricht: Er sollte Unerwartetes für die Aktiven bereithalten. Thiele wendet zwar ein, dass das Unerwartete nicht planbar sei (vgl. 1996, S. 181), doch kann ich dem ebenso wenig voll zustimmen wie Giese (2008. S. 231). Es gibt Aufgabenstellungen, die Unerwartetes nach sich ziehen, sowohl für den Aufgabensteller als auch für den, der sie ausführt.

Erfahrungsorientierter und bildender Sportunterricht

Im Folgenden werde ich eine Unterrichtsstunde skizzieren, die auf einem Bewegungsexperiment beruht.[3] In der Stunde sollen die Schüler Unerwartetes mit dem tänzerischen Körper erleben und im Anschluss daran wiederholbare Bewegungssequenzen verfestigen.

Benötigte Materialien: Für jeden Schüler muss ein Plüschtier vorhanden sein (gibt es ab 50 ct./Stück). Die Aufforderung, eigene Plüschtiere mitzubringen, führt bei den Schülern eher zu einer Abwehrhaltung. Zudem müssen, ebenfalls für jeden Schüler, Anweisungskarten vorbereitet werden (dazu später mehr).

1. Einheit: Erwachen in der Parallelwelt – das Tanzexperiment (ca. 40 Minuten)

Die Schüler sollen in dieser Phase dem Unerwarteten begegnen. Es geht ausschließlich um die Erfahrung während der Aktion, nicht um Gestaltungsprozesse. Der Lehrer bespricht mit den Schülern, was Tanz als Kunstform bedeuten kann. Dabei ist es hilfreich, auf Parallelen zur bildenden Kunst zu verweisen. Viele berühmte Künstler drücken Inhalte aus, verlassen dabei aber gewohnte Formen. Picasso bspw. malt absurde Dinge. Auch beim Tanz spielt Absurdes eine Rolle. Wenn mehrere Tänzer zusammenkommen, kann auch die Interaktion absurde Züge bekommen.

Aufgabe – Awakening
Jeder Schüler bekommt ein Plüschtier und die Anweisung, sich irgendwo in der Halle auf den Boden zu legen und das Tier in etwa 1 m Abstand zu platzieren. Zuvor gibt der Lehrer folgende Fiktion:
„Ihr erwacht in einem leeren Raum. Ihr wisst nicht, wer ihr seid, was oder wo ihr seid. Es scheint der erste Moment eurer Existenz zu sein. Ihr wisst nichts. Ihr bemerkt, dass ihr einen Körper habt (dass ihr Körper seid?), den ihr bewegen könnt und testet dessen Funktionsweise. Ihr kauert dabei immer noch am Boden. Langsam richtet ihr euch in den Sitz auf. Immer noch ist euch alles fremd und unvertraut. Ihr seht eure Hände an, bewegt eure Finger, euren Kopf. Alles macht ihr recht langsam, weil es so ungewohnt ist. Es ist euer erster Moment. Ihr nehmt nur euch selbst wahr. Dass ihr alleine seid, macht euch traurig. Dann entdeckt ihr ein anderes Lebewesen (das Plüschtier). Zunächst freut ihr euch darüber sehr. Ihr schaut es an, nehmt es und zeigt ihm, wie ihr euch bewegen könnt. Ihr wollt auch das andere Lebewesen zum Bewegen bringen. Aber es will nicht. Dann merkt ihr es – es lebt nicht. Ihr werdet sehr wütend. Ihr hasst dieses leblose Wesen, denn ihr

---

3 Ich würde diese Stunde in der Sek. II ansiedeln. Eine Doppelstunde Sport reicht aus. Die Stunde sollte nicht die erste zum Thema *freies Tanzen* sein, kreative Vorerfahrungen (z. B. durch das zuvor skizzierte Vorhaben) und erste Einblicke in Tanz als Kunstform (zeitgenössischer Tanz) werden benötigt.

Freiheit der Bewegung

seid allein. In eure Wut hinein wird euch das Lebewesen dann aber eine bedeutende Anweisung geben. Nur mit dieser kann es euch gelingen, die bedrückend einsame Scheinwelt zu verlassen. Ab da lasst ihr euch einfach treiben. Bewegt euch, solange ihr wollt, durch die entstehende Zwischenwelt."

Es bleibt das Geheimnis des Lehrers, um was es sich bei der Anweisung handelt. Zur Unterstützung des Szenarios empfiehlt sich psychedelische Musik (z. B. Miles Davis, A Bitches Brew). Das Experiment selbst kann zwischen fünf und 20 Minuten dauern. Der Lehrer sollte das Experiment selbst mitmachen und einem nicht teilnehmenden Schüler die Aufgabe geben, ab dem Zeitpunkt, wo die Wut der Schüler auf das Tier bei allen sichtbar wird, Anweisungskarten neben das Plüschtier zu legen.

Der Lehrer hat diese vorbereitet. Auf den Karten steht je eine der folgenden Anweisungen:

- Mach, dass du wegkommst!!! Such die Stelle, die am weitesten von mir entfernt ist. Dort wirst du kauern und Angst haben. Jemand wird dich retten!
- Wenn du jemanden siehst, der kauert und Angst hat – rette ihn/sie, indem du ihn/sie immer wieder mit dem Kopf anstößt.
- Lauf, so langsam du kannst. Falle hin, wenn dich jemand dabei beobachtet. Entferne dich spiralförmig immer weiter von mir.
- Schau dir an, wie jemand sich bewegt. Mach es nach. Hör nie damit auf.
- Bring mich weg von hier. Aber berühr mich nicht. Bring jemand anderen dazu, ohne auf mich zu zeigen und ohne zu sprechen.
- Besorg mir Freunde. Immer mehr. Vereine uns mit einem Ritual.
- Halt dich an den Füßen von jemandem fest. Lass sie nur los, wenn er zu dir spricht. Danach packe wieder zu.
- Schlage auf den Boden, in maßvollen Abständen. Laut!
- Hörst du, wie jemand nach dir ruft? Es schlägt auf den Boden. Antworte darauf und nähere dich langsam auf allen vieren. Bring es zum Tanzen für mich. Sprich nicht.
- Nimm mich in die Hand. Trage mich so weit oben wie möglich. Sanft. Ich möchte die Bewegungen nicht spüren. Zeig mich jedem, dann wirf mich weg.
- Beweg dich von einem zum nächsten. Nimm dort Platz und zeige, wie du deine Beine bewegen kannst.

Erfahrungsorientierter und bildender Sportunterricht

- Jemand wird zu dir kommen und seine Beine bewegen. Geh mit ihm. Sprich nicht mit ihm. Solange du wartest: Schieb mich mit dem Kopf zu jemandem, der etwas Rotes trägt.
- Schau dich um. Dort, wo Paare entstehen – geh dazwischen. Störe sie.

Weitere Anweisungen sind denkbar. Wichtig ist, dass sie Interaktionen hervorbringen. Es sollten nicht weniger als halb so viele Karten wie Schüler sein, sodass jede Karte höchstens zweimal im Spiel ist.

Es handelt sich hier tatsächlich um ein Experiment, weil völlig unterschiedliche Verläufe entstehen. So kann es sein, dass große Gruppen zusammen agieren (A kauert in der Ecke, B stößt ihn mit dem Kopf an, C imitiert B, D versucht, B und C zu stören, E und F kommen hinzu und bewegen ihre Beine usw.), aber ebenso können kleine Gebilde entstehen. Ein Schüler kann schon früh die Lust verlieren, für andere wird das Experiment zum kreativen *Flow*-Erlebnis. Die Phase vor der Anweisung kann sich als wenig gewinnbringend herausstellen, weil die verlangte Improvisationsleistung trotz thematischer Begrenzung zu komplex für viele Schüler ist. Dass manche Schüler die anderen im Blick haben, ist eine weitere Schwierigkeit dieser Vorphase. Ich halte die Phase dennoch für unverzichtbar, weil sie in das folgende Spektakel kontrastierend überleitet. Ohnehin werden die Schüler nach Beendigung (Lehrer bricht irgendwann durch Fade-out der Musik ab) des Experiments nur noch die Erfahrungen der Interaktionsphase im Kopf haben. Jetzt ist es wichtig, die Schüler aufzuklären, denn die wollen jetzt wissen, was überhaupt los war. Dann wird der Wunsch aufkommen, die anderen Anweisungen kennen zu lernen, sich auszutauschen und das Ganze vielleicht sogar zu wiederholen. Dem sollte man Raum geben, bevor die Ergebnisse des Experiments festgehalten werden.

2. Einheit: Absurde Interaktionen festhalten (ca. 20 Minuten)

In dieser Einheit geht es darum, sich die absurden Begegnungen wieder vor Augen zu führen und in reproduzierbare Tanzhandlungen zu überführen. Dazu sollen die Schüler bei variabler Gruppengröße frei arbeiten.

> **Aufgabe – Recall**
> Welche Szene ist euch noch präsent? Versucht, sie mit den beteiligten Personen zu wiederholen. Beachtet den Unterschied zwischen spontanem und bewusstem Tun. Gestaltet eine einminütige Szene so, dass ihr sie den anderen vorführen könnt.

Freiheit der Bewegung

Beim spontanen Gestalten der vorangegangenen Phase existiert alleine die Innensicht auf das eigene Bewegen. Nun kommt eine Außensicht dazu. Bewegungen, die man wie selbstverständlich ausgeführt hat, werden zum Problem. Was mache ich eigentlich mit den Armen, wenn ich den anderen mit dem Kopf anstoße? Wie lässt sich das Verblüfftsein darüber darstellen, dass mir jemand sein Plüschtier zeigt? Etc. Der Lehrer weist darauf hin, bei der Gestaltungsarbeit jede kleinste Bewegung bewusst zu machen. Schließlich werden die Ergebnisse präsentiert (ruhig zwei Gruppen zugleich). Am Ende der Stunde sollte ein abschließendes Gespräch über die verschiedenen Bewegungskontexte (spontane vs. geplante Gestaltung) geführt werden.

5 Abschließende Hinweise

Ich habe versucht, Unterrichtsinhalte zu entwerfen, die der Bildungsperspektive in der tänzerisch-ästhetischen Praxis entsprechen; die mit gegebenen Habituskonzepten brechen, die die Autonomie der Schüler zum Ausgangspunkt der didaktischen Bemühungen machen, die unorthodoxes Bewegen erzeugen und die Bewegungs- und Interaktionsexplorationen zulassen. Zugegeben – ohne tänzerisch-motorische Grundbildung wird es schwierig, in diesen anspruchsvollen Bereich vorzudringen. Vielleicht sollte ich von *freiem Bewegen* sprechen. Dort, wo das Absurde und Explorative zum Tanz werden soll, befindet sich eine Bruchstelle in meinen Ausführungen. Irgendwann ist der Punkt erreicht, wo tänzerische Bewegungsästhetik hinzukommen muss, um ein Produkt zu erhalten, das man Tanz nennen kann.

Meine Ausführungen haben sich aber allerdings nicht so sehr auf das Produkt konzentriert (auch wenn ich das für wichtig halte), im Vordergrund steht die Erfahrung im Moment der Ausführung. Tanz ist ja ebenso wenig nur Bewegungsexperiment, wie Tanz nicht nur Nachgestalten ist. Meine Ausführungen ordne ich dem Bereich *Tanz als Kunst* zu. Es ist vor allem in der Sek. II Aufgabe der Lehrer, den Schülern Tanz als Teil unserer Kultur facettenreich zu vermitteln. Dazu gehört es im Sinne des Bildungsauftrags auch, dass Tanz als kreative Kunstform begriffen wird (vgl. Giese, 2008, S. 159). Es geht darum, mit freiem Bewegen etwas darzustellen. Nicht mit Pantomime, nicht mit Theater. Die Unterrichtsbeispiele sind also stets im Kontext einer kulturellen Erziehung zu verstehen. Dazu gehört eine theoretische Annäherung an das Thema *zeitgenössischer Tanz*. Der Besuch einer entsprechenden Aufführung gehört da mit Sicherheit dazu.

Das alles klingt zum einen nach viel Aufwand und zum anderen nach wenig Planbarkeit. Letzteres stimmt, und das ist gut so. Um sich mit Schülern auf das Feld der freien und kunstvollen Bewegung zu begeben, sind vor allem kreative Methoden gefragt. Dazu muss man kein professioneller Choreograf sein. Ich ermutige an dieser Stelle jeden Sportlehrer, eigene Bewegungsexperimente zu gestalten, verrückte Explorationsaufgaben zu kreieren und diesen Prozess mitzuerleben. Tanz ist kein Buch mit sieben Siegeln, sondern etwas, was jedem Menschen zur Verfügung steht.

Vielleicht besteht aufseiten des Lehrers oder der Schüler die Angst vor der Ablehnung kreativer Bewegungen. Das mag sein. Tanzunterricht in der Schule ist ein sensibles Feld. Dort, wo sowieso schon ein kreatives Klima vorherrscht, ist es einfacher, Tanz zu unterrichten. Ein solches Klima entsteht, wenn der Sportlehrer auch ein Erfinder ist, wenn er Spiele selbst kreiert, mit den Schülern erweitert, wenn er offen ist für Misslungenes, wenn er mitmacht, wenn er sich zurückstellt, wenn er Tanz zwar ernst nimmt, aber vorherrschende Ästhetiken auch mal mit einem Augenzwinkern bewertet, wenn er Geschichten und Themen kreiert, die sich abheben vom Alltäglichen. Ist das nicht der Fall, dann sollte er in der Tat vom Tanz Abstand nehmen.

5.1 Anregungen für Theorieinhalte

Für eine Beschäftigung mit freiem Tanzen empfiehlt es sich, in die kulturelle Praxis hineinzusehen. Ich halte den Besuch eines zeitgenössischen Tanzstücks für äußerst bedeutsam. Zur Not hilft auch ein Video. Auch die Zuwendung zur Video- und Filmkunst ist zu empfehlen. Es gibt wirklich gute (Musik-)Videoarbeiten, bei denen Tanz nicht als standardisiertes Videoclip-Dancing auftaucht. *Chris Cunningham* setzt in seinen Arbeiten Bewegung auf sehr eigenwillige und inspirierende Weise ein. *Youtube* ist eine gute Plattform, um sich im Feld der Videokunst einmal umzusehen. Schüler können so sehr gut sensibilisiert werden für die andere Seite des Tanzes. Eine theoretische Auseinandersetzung mit dem zeitgenössischen Tanz empfiehlt sich nur am konkreten und erfahrenen Beispiel.

5.2 Aufgaben für sportbefreite Schüler

Sportbefreite Schüler können kreative Prozesse unterstützen, sollten mitargumentieren und verschiedene Rollen übernehmen: Choreograf, Rezipient, Berater, Kameramann, Bühnenbildner etc. Zudem können sie Zwischen- und Reflexionsergebnisse sortieren und auf Lernplakaten oder anderen Medien sichern.

Literatur

Bietz, J. (2005). Bewegung und Bildung – Eine anthropologische Betrachtung in pädagogischer Absicht. In J. Bietz, R. Laging & M. Roscher (Hrsg.), *Bildungstheoretische Grundlagen der Bewegungs- und Sportpädagogik* (S. 83-122). Baltmannsweiler: Schneider Verlag.

Fleischle-Braun, C., Patrizi, L., Tiedt, A., Deppert, I., Eder, J., Lehmann, C. & Schneider, K. (2006). Tanzkunst im schulischen Kontext. In L. Müller & K. Schneeweis (Hrsg.), *Tanz in Schulen* (S. 53-57). München: Kieser.

Franke, E. (2003). Ästhetische Erfahrung im Sport – ein Bildungsprozess. In E. Franke & E. Bannmüller (Hrsg.), *Ästhetische Bildung. Jahrbuch Bewegungs- und Sportpädagogik in Theorie und Forschung. Band 2* (S. 17-37). Butzbach-Griedel: Afra.

Gebauer, G. & Wulf, C. (1998). *Spiel, Ritual, Geste. Mimetisches Handeln in der sozialen Welt.* Reinbek: Rowohlt.

Giese, M. (2008). *Erfahrung als Bildungskategorie. Eine sportsemiotische Untersuchung in unterrichtspraktischer Absicht.* Aachen: Meyer & Meyer.

Klinge, A. (2004). Nachmachen und Tanzen – Tanzen und Nachmachen. *Sportpädagogik, 28* (5), 4-9.

Neuber, N. (1998). *Kreativität und Bewegung.* Sankt Augustin: Academia.

Neuber, N. (2007). Zwischen Beliebigkeit und Dirigismus. Didaktische Anmerkungen zur ästhetischen Bewegungserziehung. *Sportunterricht, 56* (9), 273-278.

Thiele, J. (1996). *Körpererfahrung – Bewegungserfahrung – leibliche Erfahrung: sportpädagogische Leitideen der Zukunft?* Sankt Augustin: Academia Verlag.

Gut durchs Wasser kommen

Andrea Schmidt & Linda Weigelt

In diesem Unterrichtsvorschlag geht es um eine verstehende Auseinandersetzung mit dem Sichbewegen im Medium Wasser. Sinnlich-subjektive Wahrnehmungen sollen dabei zu Erfahrungen werden und Bewusstsein erlangen. Ziel ist es, Sicherheit zu gewinnen, sich gut und effizient durchs Wasser zu bewegen und sich die Erfahrungswelt über und unter Wasser bis Schwimmbadtiefe anzueignen. Dabei liegt der inhaltliche Fokus auf der Vielfältigkeit der Bewegungserfahrungen und nicht auf dem Erlernen von Schwimmtechniken nach Maßgabe der Wettkampfbestimmungen. Unser Konzept eignet sich besonders für den Schulschwimmunterricht in der Sek. I. Die Einheit ist zeitlich nicht begrenzt, sondern kann auf die individuellen Bedürfnisse der Lerngruppe und die organisatorischen Möglichkeiten abgestimmt werden. Zur Durchführung sind Flach- und Tiefwasserbecken sowie der Einsatz möglichst vielfältiger Materialien wünschenswert, aber nicht zwingend notwendig.

1 Bewegen im Wasser als Erwerb von Handlungsfähigkeit

Lernen Schüler Schwimmen, ist das ein Beitrag zu ihrer individuellen und vor allem (sport-)kulturellen Bildung. Schwimmenkönnen ist eine Fähigkeit fürs Leben. Wer schwimmen kann, darf und kann sich im Tiefwasserbecken des örtlichen Schwimmbades, im Badesee oder im Meer vergnügen. Eine besondere Freude macht es jedoch, gut zu schwimmen, mühelos durch das Wasser zu gleiten und sich damit einen neuen Bereich der Welt anzueignen. Denn beim Schwimmen geht es nicht nur um den formalen Erwerb einer Erlaubnis, sondern vielmehr um den Erwerb von Handlungsfähigkeit, um die Aneignung von (Unter-)Wasserwelt und um eine realistische Gefahreneinschätzung beim Schwimmen, Tauchen und Ins-Wasser-Springen.

Die aktuelle SPRINT-Studie weist in den letzten Jahren wieder eine starke Zunahme an Nichtschwimmern unter den Schülern aus (vgl. Deutscher Sportbund, 2006, S. 57; DLRG-Statistik, 2005). Auch die Statistiken der DLRG verzeichnen zudem bedenkliche Zahlen an Todesfällen durch Ertrinken. So sind in den Jahren 2000-2006 in Deutschland 3.774 Personen ertrunken, wobei 2006 29 Menschen in Frei- und Hallenbädern zu Tode kamen (vgl. Wilkens, 2007). Als Erklärungsansatz für die steigenden Zahlen wird von der DLRG der rückläufige Schwimmunterricht in den Schulen angeführt. Schaut man zum Beispiel in die Grundschulen Nordrhein-Westfalens, ist zu konstatieren, dass fast 30 % aller Grundschüler nicht schwimmen können (vgl. Kurz & Fritz, 2006, S. 12). Es wird folglich auch in den höheren Klassen wieder mehr Schüler geben, die zunehmend weniger Erfahrungen mit dem Bewegen im Wasser sammeln konnten.

Wenn im Abstract dieses Beitrags von einer Lerngruppe der Sek. I die Rede ist, dann ist damit eine Gruppe gemeint, die, wie im schwimmunterrichtlichen Alltag häufig vorfindbar, stark leistungsheterogen ist. In dieser Lerngruppe finden sich einige wenige leistungsorientierte Vereinsschwimmer, aber die Mehrheit verfügt über geringe Erfahrungen mit dem Element Wasser und ist lediglich in der Lage, kurze Strecken brustschwimmend zu bewältigen. Der Umgang mit dieser Heterogenität stellt einen Schwimmunterricht, der alle Schüler mit einbeziehen will, sie gleichermaßen motivieren möchte und ihnen ähnliche Erfolgschancen bieten möchte, vor eine große Herausforderung. Ein am „sauberen" Erlernen der Wettkampfschwimmtechniken orientierter Schwimmunterricht reicht hier nicht aus. Aus diesem Grund steht im vorliegenden Ansatz der erfahrungsorientierte Erwerb einer grundlegenden, übergreifenden Schwimmfähigkeit im Vordergrund. Diese kann als Erwerb von Handlungsfähigkeit für das Individuum bezeichnet und somit, im Sinne des selbstständigen Erschließens neuer Teilbereiche von Welt, aufgrund der dabei zu erwartenden Störungen von Antizipationen als Bildungschance und Emanzipation betrachtet werden.

2 Methodisch-didaktische Prinzipien

Im Sinne des Begreifens und Verstehens funktionaler Zusammenhänge des Sichbewegens werden im Unterricht Forschungsaufträge formuliert, mittels derer die Schüler herausfinden sollen, wie sie wirkungsvoll im Wasser agieren können. Die Schwimmbewegungen entstehen durch physikalische, aber eben auch durch individuelle (anatomische, metabolische und mentale) Bedingungen. Dabei gibt die

Erfahrungsorientierter und bildender Sportunterricht

wahrgenommene Bewegung im Wasser Rückmeldung über die Qualität einzelner Lösungsvarianten. Idealerweise gehen die Forschungsaufträge von den Schülern aus. Die zu erforschende Problematik muss in einem erfahrungsorientierten Sportunterricht unter der Perspektive des Erhalts der Sinnbezüge als solche auch empfunden und erkannt werden (vgl. Giese, i. d. B., Kap. 5.1). Durch den Einbezug kognitiver Aufgaben können sich auch erkrankte Schüler sinnvoll betätigen. Die Formulierung von Forschungsaufträgen öffnet u. U. sehr weite Unterrichtsbereiche. Bei solchen Öffnungspunkten gibt es einiges zu bedenken: Mögliche Lösungsansätze der Schüler müssen antizipiert und weitergedacht werden, um den Unterrichtsverlauf in verschiedenen Varianten planbar zu machen. Zudem müssen für Bereiche starker Öffnung sukzessive Schließungsmöglichkeiten vorausbedacht werden.

Aus Bewegungsproblemen werden Forschungsprobleme, die gemeinschaftlich gelöst werden. Damit wird u. a. beabsichtigt, das komparative Selbstverständnis des Sportschwimmens zunächst zu vermeiden. Wird bereits zu Beginn der Unterrichtseinheit der Fokus auf das Leistungsvermögen gelenkt (wer am schnellsten schwimmen oder andere Fertigkeiten besonders gut verrichten kann), entsteht eine Leistungs- anstatt einer Lernsituation. Außerdem wird die Gruppendynamik i. d. R. positiv beeinflusst, wenn die gemeinschaftliche Lösung der Forschungsprobleme und nicht die individuelle schwimmerische Leistung im Vordergrund steht. Dabei bildet die Reflexion des Erlebten das Kernstück des vorliegenden Ansatzes und es können folgende Leitlinien formuliert werden:

- Umgang mit individuellen Erfahrungen: Wenn jemand bei der praktischen Tätigkeit ein Problem verspürt, hat er die Möglichkeit, dies in Reflexionsphasen zu thematisieren, um die gemeinsamen Erfahrungsressourcen zu nutzen. Jede Wahrnehmung wird ernst genommen. Jeder Schüler muss mit seinem wahrgenommenen Körper in der wahrgenommenen (Unter-)Wasserwelt zunächst seine ganz persönliche Bewegungsaufgabe lösen (vgl. Kohl, 1956).

- Aufgaben, welche den zuvor formulierten Forschungsauftrag sachlogisch thematisieren, werden als funktionale Lösungen festgehalten, auch wenn sie im Endeffekt nicht die normierte Schwimmtechnik repräsentieren. Werden die Schüler in ihrer herkömmlichen Anschauung über Schwimmen und Schwimmtechniken irritiert beziehungsweise zu neuen kreativen Lösungen herausgefordert, wird damit eine unabdingbare Grundlage zur Schaffung von Erfahrungs- und

Gut durchs Wasser kommen

Bildungsprozessen gelegt. Lautet der Forschungsauftrag also beispielsweise: *Wie kann man beim Kraulschwimmen atmen, ohne den Körper zu verwringen?*, wäre eine Kraulschwimmbewegung, wie das Wasserballkraulen mit nach vorn erhobenem Kopf und hoher Zugfrequenz, als adäquate Lösung zu werten.

- Die Ausführung der Gesamtkörperbewegung steht im Mittelpunkt. Zur Klärung bestimmter Fragestellungen kann es natürlich notwendig sein, Details der Bewegung zu fokussieren, sodass beispielsweise die Brustbeinbewegung isoliert betrachtet, wahrgenommen und ausgeführt wird. Lange Übungsphasen isolierter Bewegungselemente entbehren ggf. jedoch den Sinnzusammenhang der Gesamtbewegung. Dies ist sowohl bezüglich des erfahrenen Handlungsziels zu bedenken als auch aus bewegungswissenschaftlicher Hinsicht zu vermeiden (vgl. Handford, 2002; 2006).
- Sensibilisierung für Gefahren: Die Schüler sollen Gefahren im Wasser besser einschätzen lernen. Diese Sensibilität stellt sich zum einen durch die Reflexion, aber zum anderen auch durch die prägnanten Wahrnehmungen mit dem Element Wasser ein, die von den Schülern verbalisiert werden können.

3 Erfahrungsbereiche

Im Folgenden werden sechs Erfahrungsbereiche entfaltet,[1] die einem Brainstorming mit den Schülern entstammen. Die Fragestellung dieser Stunde lautete, gemeinsam auf einem Lernplakat Bereiche des Schwimmens aufzuschreiben, die nach Meinung der Schüler im Erschließungsprozess des Elements Wasser bedeutend sind. So werden die Schüler angeregt, selbst Problembereiche zu erkennen, zu formulieren und ihnen im Aneignungsprozess Bedeutung zu verleihen. Eine Bedeutungsgewichtung der Schüler wird in der vorgenommenen Reihenfolge der Bereiche ebenfalls sichtbar.

---

[1] In dem Bewusstsein, dass viele der aufgeführten Erfahrungsaufgaben nicht nur einen Erfahrungsbereich, sondern mehrere betreffen, wird hier zur übersichtlichen Strukturierung dennoch eine Einordnung zu einem Bereich vorgenommen.

Erfahrungsorientierter und bildender Sportunterricht

4 Atmung

Um sich im Wasser fortzubewegen, müssen die Schüler ihre Atmung gezielt steuern. Wenn es gelingt, die Atmung und damit verbundene Möglichkeiten bewusst zu machen und erste Umsetzungsversuche erfolgreich sind, ist eines der größten Hindernisse beim Schwimmen und Tauchen überwunden.

> **Aufgabe – Sinken**
> Haltet euch am Beckenrand fest und lasst euch langsam zum Grund sinken. Wie könnt ihr dabei mit eurer Luft unter Wasser länger auskommen?

Einige Schüler werden den Atem gänzlich anhalten, während andere ihre Luft sukzessive abatmen. Diese Erfahrungen werden ausgetauscht, beide Varianten werden ausprobiert. An dieser Stelle muss auch über die Gefahren des Hyperventilierens informiert werden. Die gewonnenen Erfahrungen können nun beim Streckentauchen erprobt werden.

> **Aufgabe – Streckentauchen**
> Stoßt euch vom Beckenrand ab und probiert, eine möglichst weite Strecke unter Wasser zu tauchen. Wie kommt ihr dabei mit eurer Luft am besten hin?

Die Schüler müssen nun anstrengende Schwimmbewegungen ausführen und mit der eingeatmeten Luft möglichst gut haushalten. Dazu ist es an dieser Stelle angebracht, mit den Schülern zu erarbeiten, was beim Schwimmen unter Wasser anders gemacht werden muss als über Wasser. Sie sollten ein Bewusstsein dafür erlangen, dass sie unter Wasser mehr Armzüge benötigen als über Wasser und das Gleiten noch wichtiger ist.

5 Untertauchen

Zunächst geht es darum, die Ängste der Schüler vor dem Untertauchen zu überwinden. Ist dies geschafft, sind sie auch in der Lage, sich den vielfältigen Erfahrungsraum in der Tiefe des Wassers zu erschließen. Dieser Erfahrungsbereich bringt drei Teilbereiche mit sich, die im Erfahrungsprozess von Bedeutung sind: *Bewegung unter Wasser, Umgang mit Gewicht unter Wasser sowie Wasserdruck.*

Gut durchs Wasser kommen

Forschungsauftrag – Unter-Wasser-Forscher
Findet zu zweit heraus, was unter Wasser alles anders ist als über Wasser.

Diese Aufgabe kann von der Lehrkraft noch mit folgenden Anregungen variiert werden:

- Mit offenen Augen unter Wasser schwimmen, mit geschlossenen Augen, mit Schwimmbrille.
- Sich mit und ohne Schwimmbrille unter Wasser bewegen und sich zu zweit verständigen.
- Sich zu zweit unter Wasser etwas zurufen. Wie gut können wir den Partner verstehen?

Forschungsauftrag – Gewicht unter Wasser
Findet zu zweit heraus, wie schwer wir im Wasser sind und welche Möglichkeiten bestehen, uns leichter oder schwerer zu machen.

Die Exploration kann hierbei insbesondere durch das Einnehmen unterschiedlicher Körperhaltungen, das Aus-dem-Wasser-Halten verschiedener Körperteile und das vollständige Eintauchen erfolgen. Die Unterschiede des Schwerezustands lassen sich durch Versuche, Personen oder Gegenstände in unterschiedlichen Eintauchsituationen zu heben, deutlich wahrnehmen.[2] Die Beobachtung der jeweils eingenommenen Wasserlage bringt die funktionalen Zusammenhänge erkennbar zutage. Diese Erkenntnisse führen in Kombination mit der Forschungsfrage: *Wie kommen wir am besten nach unten?*, mit i. d. R. von selbst oder durch hinleitende Fragestellungen, zu der Erkenntnis, dass ein kurzfristiger Verlust von Schwerelosigkeit durch aus dem Wasser gehobene Körperpartien einen guten Schwung nach unten zulässt. Durch eine erfahrungsgeleitete Exploration erarbeiten sich die Schüler so das kopfwärtige Abtauchen mit Einknicken in der Hüfte oder das fußwärtige Abtauchen mit vorhergehendem Herauskatapultieren des Oberkörpers.

---

[2] Die Schwere bzw. der Gewichtsverlust muss hier, analog zur Formulierung des archimedischen Prinzips, als *scheinbar* präzisiert werden, da ein Körper durch das Eintauchen ins Wasser rein physikalisch sein spezifisches Gewicht nicht verändert. Wir benennen das Phänomen des als geringer empfundenen Gewichts hier als *Schwerezustand*, weil damit aus der Perspektive der gemachten Erfahrung schließlich ein dynamischer Zustand, also ein sich ändernder Zustand eines hochkomplexen biologischen Systems, nämlich des sich bewegenden Menschen, eingenommen wird.

Erfahrungsorientierter und bildender Sportunterricht

Ein wichtiger Aspekt des (Unter-)Tauchens ist die Wahrnehmung des Wasserdrucks. Schließlich geht es darum, Gefahren realistisch einzuschätzen und verantwortungsvoll mit den Bedingungen des gegebenen Bewegungsraums umzugehen. Eine übergreifende Fragestellung soll die Schüler für die Wahrnehmung des Wasserdrucks sensibilisieren.

Forschungsauftrag – Wasserdruck
Findet heraus, wie wir den Wasserdruck spüren und mit welchen Körperteilen wir ihn wahrnehmen können.

Begonnen wird im Flachwasser (ca. 1,25 m tief). Schon bei dieser geringen und in der Regel ungefährlichen Tauchtiefe kann es vereinzelt zur Klage über Ohrendruck kommen. An und für sich lässt sich erst ein Druck ab 1,2 bar in einer Wassertiefe von 2 m als leichter Druck wahrnehmen. Mit darüber hinausgehender Tiefe nimmt jedoch auch der empfundene Ohrendruck schnell zu, sodass für die meisten Menschen ab einer Tauchtiefe von 2 m aufwärts, für einzelne ggf. aber auch schon früher, ein Druckausgleich durchgeführt werden muss (am besten, bevor Druck verspürt wird). Über diesen Sachverhalt inklusive der möglichen Folgen des Nichtbeachtens dieser Sicherheitsregel (Trommelfellriss, Orientierungslosigkeit unter Wasser) müssen die Schüler aufgeklärt werden. Nur wenn keine Atemwegserkrankung vorliegt und der Druckausgleich erfolgreich durchgeführt werden kann, darf in die Tiefe getaucht werden.

Der Druckausgleich wird zunächst außerhalb des Wassers, dann im flachen und schließlich im tiefen Wasser durchgeführt. Bei zunehmender Tiefe muss er hin und wieder nochmals ausgeführt werden. Spüren lässt sich der Wasserdruck prinzipiell in allen luftgefüllten Hohlräumen des Körpers (Ohren, Nasennebenhöhlen). Auch die Lunge wird durch den Wasserdruck komprimiert, und zwar in einer Tiefe von 5 m um genau ein Viertel ihres Gesamtvolumens. Beim Auf- und Abtauchen in gängiger Schwimmbadtiefe von 3,80 m kann man das spüren. Sichtbar machen lässt es sich z. B. mithilfe eines Luftballons. Wenn die Schüler über die Begebenheiten informiert sind, wenn sie in dem gefahrlosen Flachwasserbereich sensible Wasserdruckwahrnehmungen gemacht und erfolgreich einen Druckausgleich durchgeführt haben, kann auf einer freiwilligen Basis in einer Lernsituation (im Gegensatz zur Leistungssituation) in die Tiefe getaucht werden.

6 „Schwerelosigkeit" (Auftrieb)

Die Schüler erfahren hier die Phänomene des statischen und dynamischen Auftriebs, indem diese in arrangierten Situationen wahrgenommen und in der Reflexion auf Wirkungszusammenhänge verdichtet werden.[3] Die differenzierte Wahrnehmung von statischem und dynamischem Auftrieb bildet hierbei eine Schlüsselfunktion.[4] Darin liegen die Anknüpfungspunkte an die Bereiche des Gleitens und Antrieberfahrens.

Verschiedene Auftriebsgeräte, wie Pullbuoys, Schwimmbretter, Schwimmmatten, Schwimmgürtel, Schwimmflügel, Poolnudeln, sowie flächenvergrößernde Gegenstände, wie Flossen, Paddles in verschiedenen Größen, Schwimmhandschuhe, Planen ermöglichen es, Auftrieb in einem möglichst breiten Wahrnehmungsspektrum zu erleben.[5] Die Gesetzmäßigkeiten des statischen Auftriebs sollen hierbei mit und ohne Auftriebsgegenstände wahrgenommen werden und im verbalen Austausch ins Bewusstsein gelangen.

Der leitende, übergreifende Forschungsauftrag lautet: *Was hält uns über Wasser, wenn wir auf dem Wasser liegen und wenn wir im Wasser schwimmen?* Gegebenenfalls muss der gestellte Forschungsauftrag, je nachdem, mit welchen Gedankenverknüpfungen die Lerngruppe darauf reagiert, präzisiert werden. D. h., die Diskussion muss im Zuge dessen auf den interessierenden Aspekt des Auftriebs gelenkt und/oder im Erfahrungsweg weitergeführt werden. Idealerweise können die von den Schülern angestellten Vermutungen in der Praxis überprüft werden. Im Kern geht es darum, den Auftrieb unter geschickter Nutzung des archimedischen Prinzips gezielt zu nutzen. Das archimedische Prinzip besagt, dass ein Körper in einer Flüssigkeit scheinbar so viel an Gewicht verliert, wie die Menge der Flüssigkeit wiegt, die er verdrängt.[6] Ein im Wasser zu überwindender Instinkt ist, das Untertauchen möglichst weitgehend zu vermeiden (permanent aus dem Wasser gehobener Kopf). Um den statischen Auftrieb maximal zu nutzen, ist es jedoch erforderlich, mit dem ganzen Körper unterzutauchen.

---

3   Die Wirkungszusammenhänge sind die physikalischen Gesetzmäßigkeiten des Aufenthalts im Wasser.
4   Der statische Auftrieb kommt isoliert zur Wirkung, wenn wir uns im Wasser nicht bewegen.
5   Denkbar wäre hier selbstverständlich ebenso der Einsatz schwerer bzw. sinkender Gegenstände, um die Gegensätzlichkeiten von Auftrieb und Abtrieb zu erfahren.
6   *Scheinbar*, weil man natürlich nicht wirklich Gewicht verliert. Da das spezifische Gewicht des Menschen jedoch geringer ist als das des Wassers, wirkt der statische Auftrieb der Schwerkraft mit genau dem Betrag entgegen, der sich aus dem archimedischen Prinzip ergibt.

Erfahrungsorientierter und bildender Sportunterricht

Aufgabe – Absinken vermeiden
Versucht, Körperhaltungen im Wasser einzunehmen, mit denen ihr, ohne euch zu bewegen, möglichst wenig absinkt.

Denkbar sind Lösungsvorschläge wie die *Toter-Mann-Haltung* bäuchlings oder rücklings, die Hockschwebe oder Ähnliches. Diese werden in der Regel schnell als funktional erkannt. Ausgehend von einem solchen Lösungsvorschlag, lässt sich Näheres hinterfragen.

Forschungsauftrag – Aufs Wasser legen
Findet heraus, was passiert, wenn wir uns auf das Wasser legen. Gehen wir mit dem ganzen Körper unter?

Die Schüler werden feststellen, dass ihre Beine zuerst absinken, der Oberkörper hingegen nicht, nicht vollständig oder nicht so schnell. Gegebenenfalls werden einige Schüler stärker untertauchen als andere und in der Regel sinken Jungen stärker als Mädchen. Entscheidend ist die Dichte bzw. das spezifische Gewicht des eingetauchten Körpers, d. h. schwere Knochen, wenig Fettgewebe, viel Muskulatur führen zu stärkerem Absinken. Die Schüler sollen jedoch in erster Linie erfahren, dass sie dieses Phänomen durch die Veränderung der Körperlage, der Körperhaltung und der Menge der eingeatmeten Luft beeinflussen können.

Forschungsauftrag – Beinbeobachtung
Findet heraus, was beim Auf-dem-Wasser-Liegen, beim Schwimmen, beim Durchs-Wasser-gezogen-Werden (z. B. mit einem Seil) mit den Beinen passiert.

Durch die eigene Bewegungsausführung und die gezielte Beobachtung der Mitschüler lässt sich das Phänomen des dynamischen Auftriebs gut veranschaulichen. Damit einhergehend, sollte die Steuerfunktion des Kopfs fokussiert werden, die letztlich entscheidenden Einfluss auf die Wasserlage nimmt. Die Exploration des diesbezüglichen Bewegungsumfangs erweist sich als besonders lohnend, um intensive Wahrnehmungen der Auswirkungen bestimmter Extremhaltungen auf die Wasserlage erfahren zu können.

Gut durchs Wasser kommen

> **Forschungsauftrag – Kopf und Gleiten**
> Findet heraus, wie sich das Gleiten durch unterschiedliche Kopfhaltungen beeinflussen lässt.

Nimmt der Schüler das Kinn auf die Brust, steuert er nach unten, wird der Kopf in den Nacken gelegt, kann von unten nach oben getaucht werden, beim Schwimmen an der Wasseroberfläche erweist sich diese Kopfstellung als äußerst hinderlich: die Beine sinken ab, die Wasserlage gestaltet sich ungünstig, um gut durch das Wasser zu kommen. Müheloses Gleiten kann auf diese Weise abrupt gestoppt werden.

7 Widerstand und Gleiten

Dieser Aufgabenbereich ermöglicht die Wahrnehmung einer guten Wasserlage und, damit einhergehend, das Erleben eines intensiven dynamischen Auftriebs. Das Gleiten kann gut als Differenzwahrnehmung zum Im-Wasser-Laufen empfunden werden. Auf diesem Prinzip basiert der gewählte Aufbau. Ein Aquafitnessprogramm bietet Möglichkeiten zum Widerstand erleben, die diesen grundlegenden Erfahrungsbereich mit starker Reduktion der Unterrichtsöffnung ermöglichen, bevor mit den Forschungsaufgaben begonnen wird.[7]

Die Schüler bilden einen Kreis und laufen (nach Möglichkeit zu Musik) durch das Wasser. Dabei werden sie aufgefordert, verschiedene Bewegungsaufgaben umzusetzen, wie zum Beispiel:

- Schultern (bei herunterhängenden Armen) gegengleich kreisen.
- Arme zur Seite gestreckt, mit den Händen schnell greifen.
- Jogginghaltung, Knie anziehen, schnell laufen (beschleunigen).

Das Wasser wird durch möglichst schnelles Laufen in Kreisströmung versetzt. Die Arme werden beim Laufen mit eingesetzt. Auf ein zuvor vereinbartes Kommando der Lehrperson (zum Beispiel Aussetzen der Musik) drehen sich alle um und laufen

---

[7] Das Aquafitnessprogramm eignet sich auch gut als Stundeneinstieg, insbesondere, wenn Schüler offene Unterrichtsformen nicht gewohnt sind. Auch Aquajoggingelemente sind denkbar, bei denen die Mühigkeit des Sichbewegens in vertikaler Lage durch das Wasser durch den großen Frontalwiderstand wahrgenommen wird.

Erfahrungsorientierter und bildender Sportunterricht

gegen den Strom. Dabei erleben die Schüler, wie viel Kraft sie plötzlich gegen den Wasserstrom aufbringen müssen und dass sie durch ein stetes Weiterlaufen nun wiederum eine Strömung erzeugen. Durch eine erneute Kehrtwende kann dieses Erlebnis wiederholt bzw. bei kurzer Abfolge intensiviert werden. Eine weitere Variante wäre, die Blickrichtung beizubehalten und nur die Bewegungsrichtung zu ändern, also rückwärts zu laufen. Bevor die Akteure an ihre konditionellen Grenzen gelangen, werden sie noch einmal aufgefordert, das Lauftempo zu maximieren, um sich anschließend auf Kommando gleiten zu lassen. Dies kann, je nach Ausgangssituation bzw. Wassergewöhnungsgrad der Schüler, mit angehockten Beinen bzw. in Bauch- oder Rückenlage geschehen. Je nachdem, wie selbstständig die Schüler sind, können bzw. müssen mehr oder weniger direkte und detaillierte Anweisungen gegeben werden, wie beispielsweise: *tief Luft holen, hinhocken, mit beiden Armen die Knie umfassen, Stirn auf die Knie legen* oder *von der Strömung treiben lassen*. Die Schüler erleben, wie sie mit dem in Bewegung gebrachten Wasser mitschwimmen (treiben) können.

Alternativ oder ergänzend wiederholend zum Aquafitnessprogramm kann folgende Aufgabe gestellt werden.

Aufgabe – Wasserlaufen
Versucht, so durch das Wasser zu laufen, dass es maximal schwer ist.

Durch diese Fortbewegungsweisen, die sich von der eigentlich beim Schwimmen anzustrebenden Gleitbootlage auffallend unterscheiden, soll den Schülern offensichtlich werden, was eine widerstandsarme Körperhaltung ausmacht. Mit folgendem Forschungsauftrag wird dieser Erfahrungsbereich eingeleitet: *Wie können wir möglichst leicht durchs Wasser kommen?* Auf dem Weg der Erarbeitung individueller Lösungen kann folgende Erfahrungsaufgabe hilfreich sein:

Aufgabe – Durchs Wasser ziehen
Zieht euch gegenseitig an den Händen, mit einem Seil, mit einem Brett durchs Wasser. Versucht, es denen, die ziehen müssen, besonders schwer bzw. leicht zu machen. Formuliert Erwartungen.

Die Schüler werden schnell herausfinden, dass es den Ziehenden schwerer fällt, wenn die Gezogenen möglichst viel Fläche gegen die Zugrichtung (Strömung) stel-

Gut durchs Wasser kommen

len. Leicht hingegen wird es bei stromlinienförmiger Körperhaltung und guter Körperspannung. Sie können es in beiden Rollen als prägnante Wahrnehmung erleben, bei den Mitschülern beobachten und Gesetzmäßigkeiten schlussfolgern. Ein gemeinsames Fazit ist anzustreben. Zudem lässt sich eine interessante Beobachtung anregen: *Wie sieht der Schwimmer beim Durchs-Wasser-Gleiten aus?* Ist die Silhouette des Schwimmers aus der Frontalperspektive klein, kann man daraus schließen, dass auch der Widerstand sehr gering ist, der Schwimmer also eine strömungsgünstige Wasserlage eingenommen hat.

In einem Wettspiel können die gewonnenen Erfahrungen einem weiteren Anwendungstest unterzogen werden: Zwei möglichst gleich große Partner (einer mit Flossen) bilden ein Team. Der Flossenschwimmer hat die verantwortungsvolle Aufgabe, den Partner durchs Wasser zu schieben. Jedes Zweierteam soll auf diese Weise z. B. eine Strecke von 600 m möglichst schnell überwinden. Nach Teilstreckenabschnitten werden die Rollen getauscht (Flossen an- bzw. ablegen). In einer anschließenden Reflexionsphase kann erörtert werden, wodurch einzelne Teams schnell bzw. langsam durchs Wasser gekommen sind.

8 Eintauchen

Das Eintauchen ins Wasser birgt für die Schüler die Gefahr, unangenehme Aufprallsituationen zu erleben. Deswegen ist zunächst herauszufinden, wie man ins Wasser springen kann, ohne dass es wie beim Bauchklatscher wehtut.

Aufgabe – Wassersprung
Findet zu zweit heraus, wie es sich möglichst angenehm ins Wasser springen lässt.

Mögliche Lösungen wären hier Kopf- und Fußsprünge, die kleine Eintauchstellen vorsehen. Die gewonnene Erkenntnis könnte beispielsweise in Handlungsanweisungen wie: *durch ein möglichst kleines Loch eintauchen* oder *so wenig Spritzer wie möglich machen* festgehalten werden.

Aufgabe – Startsprung
Findet zu zweit heraus, wie ihr am besten ins Wasser springen und dann schnell ins Schwimmen kommen könnt.

Erfahrungsorientierter und bildender Sportunterricht

Die Schüler werden zu tief oder zu flach eintauchen, nicht genügend Körperspannung mitbringen oder einen mehr oder weniger guten Abdruck vom Startblock realisieren. Wenn Schüler die Erfahrung machen, dass der kräftige Abdruck vom Startblock oder vom Beckenrand einen guten Absprung begünstigt, können folgende Fragestellungen den Erfahrungsprozess leiten:

- An welcher Stelle drücken wir uns genau vom Startblock ab?
- Wie überträgt sich der Kraftimpuls beim Absprung?
- Wie geht er durch den Körper?

Wenn einige Schüler gute Sprünge ausführen, können Fragen zur individuellen Aufmerksamkeitsfokussierung das Sachverständnis der Lerngruppe bereichern:

- Worauf achtest du beim Absprung?
- Woran denkst du beim Absprung?

Ergebnisse der anschließenden Reflexionsphasen könnten beispielsweise sein:

- Ein gedachtes kleines Loch im Wasser anvisieren, durch das ich springen werde.
- Ich denke daran, möglichst schnell zu *explodieren*.
- Meine Aufmerksamkeit sitzt ganz in den Füßen.
- Ich schleudere die Arme nach vorne.
- Die Streckung geht durch den ganzen Körper.

Der Lernprozess kann zusätzlich gefördert und die Erfahrungsbasis verbreitet werden, indem die Schüler auch die Strategien der Mitschüler erproben. Handlungsleitend sind dabei folgende Fragen: *Was macht das mit mir und meiner Sprungbewegung, wenn ich mit den Strategien der anderen arbeite? Welche haben sich als besonders hilfreich erwiesen? Sind daraus resultierende Änderungen der Bewegung vielleicht sogar sichtbar?*

9 Antrieb[8]

Beim Streckenschwimmen lässt sich in der Schule oder im Schwimmverein häufig beobachten, dass sich die Schwimmer zwischendurch an der Leine oder am Beckenrand weiterziehen. Sie tun dies nicht ohne Grund, denn sich an einem festen Gegenstand zu verankern, sich an ihn heranzuziehen oder davon abzudrücken, ist im Grunde wesentlich effektiver als die Verankerung im Wasser, denn das Wasser weicht dem ausgeübten Druck großenteils aus. Das *Wasser-fassen-Können* ist beim Schwimmen deshalb der zentrale Problembereich. Ohne ein gewisses Maß an Wassererfahrung gelingt es in der Regel nicht, einen Antrieb zu erzeugen, der überzeugend wahrgenommen werden kann. Der übergreifende Forschungsauftrag besteht darin, zu klären, was den Antrieb beim Schwimmen ausmacht und wie man diesen gezielt nutzen, also auch maximieren kann.

> **Aufgabe – Antrieb erleben**
> Überlegt und findet heraus, was uns im Wasser voranbringt, was uns schnell und was uns langsam macht.

Übliche Antworten kristallisieren sich in folgenden Aspekten:

- Durch schnelle Schwimmbewegungen komme ich relativ schnell durch das Wasser.
- Wenn ich mich von der Wand abstoße oder ins Wasser springe, bekomme ich einen guten Schwung mit.
- Wenn ich mich an der Leine oder an einem Seil entlangziehe, merke ich einen direkteren Abdruck als im bzw. vom Wasser. Sich auf diese Weise kontinuierlich fortzubewegen, ist jedoch kaum möglich.
- Ich komme zu dem Zeitpunkt gut voran, an dem ich den/die Arm/e durchziehe, wenn ich sie zurückhole, erreiche ich keinen gesonderten Vortrieb.

Diese Funktionszusammenhänge lassen sich auch mit wenig Wassererfahrung, respektive wenig Wassergefühl explorieren. In einer anschließenden Reflexionsphase könnte das Fazit lauten:

---

8 Dieser Erfahrungsbereich wurde am ausführlichsten entfaltet, da er maßgeblich für das Verstehen der funktionalen Zusammenhänge schwimmerischer Bewegungen ist.

Erfahrungsorientierter und bildender Sportunterricht

- Schnelle Schwimmbewegungen machen zwar schnell, sind aber sehr anstrengend, die aufgewandte Energie kann nicht so effektiv umgesetzt werden wie bei der Bewegung an Land.
- Absprung und Wenden helfen mir, schnell zu schwimmen.
- Wenn ich mich an einem festen Gegenstand ziehen oder abdrücken kann, gewinne ich einen Schnelligkeitsvorteil und erzeuge Antrieb.
- Die Zug- und Druckphasen der Arme sind antriebswirksam, die Rückholphase hingegen nicht.[9] Entsprechend müsste man versuchen, erstere zu verlängern und letztere zu verkürzen.

Um eine Sensibilisierung für nur latent wahrnehmbare Sachverhalte zu erreichen, kann der ihnen immanente Wirkungszusammenhang durch die Anwendung diverser Hilfsmittel verstärkt (und somit leichter wahrgenommen) werden. Die hinleitende Fragestellung: *Welche Hilfsmittel könnten uns dabei helfen?*, führt zu Lösungen wie der Anwendung von feststehenden Verankerungsgegenständen im Wasser oder die Abdruckflächen vergrößernde Hilfsmittel (Flossen und Paddles). Die Exploration mit feststehenden Gegenständen (z. B. Leinen) oder Personen, an denen man sich entlanghangeln kann, lässt feststellen, dass eine feste Verankerung und ein guter Abdruck effektiv sind.

Bei zumindest mäßig intensiver Ausführung werden die Schüler jedoch auch feststellen, dass der Anstell- und Abdruckwinkel sowie die dabei eingenommene Körperhaltung nicht optimal, letztlich unangenehmer sind, als bei den gewohnten Schwimmbewegungen. Um die originäre Schwimmbewegung zu erhalten, sich aber dennoch gut abdrücken zu können, liegt die Verwendung von Paddles oder Handflossen nahe. Aufgrund der damit verbundenen hohen Krafterfordernis gelingt der einst favorisierte schnelle Durchzug nicht mehr. Stattdessen erfahren die Schüler durch die vergrößerten Handflächen tatsächlich eine Verankerung im und einen Abdruck vom Wasser. Damit einher geht die Erfahrung eines effektiven Armantriebs, der jedoch (sehr) schnell zu Ermüdungserscheinungen führt. Die Erkenntnis des Wasserfassens sollte diese Explorationsaufgabe jedoch wert sein. Sie stellt sich unserer Ansicht nach jedoch erst ein, wenn die Paddles-Situation in direktem Vergleich mit der Bloßen-Hand-Situation steht, die auch nach dem Paddles-Schwimmen nochmals in den ihr immanenten Möglichkeiten exploriert und reflektiert wird.

---

9 Beim Brustschwimmen betrifft das auch die Rückholphase der Beine.

Gut durchs Wasser kommen

Denn die Feinheiten lassen sich mit der bloßen Hand sensibler erspüren, was letztlich das Wasserfassen und den Aufbau eines Widerlagers im Wasser ausmacht. Schnelligkeit lässt sich natürlich noch wesentlich beeindruckender mit Flossen realisieren, da der selbst erzeugte Antrieb mit einem einfach zu handhabenden Hilfsmittel „schmeichelhaft" verstärkt wird. Der Einsatz von Flossen und Paddles eignet sich an dieser Stelle insbesondere dazu, antriebswirksame Bewegungen besser von un- oder weniger wirksamen zu differenzieren. Diese sollten allerdings nur sparsam eingesetzt werden, da sie die eigentliche Bewegung immer auch ein wenig verfälschen. Wenn der effektive Antrieb lediglich als Voraussetzung zum Erfahren anders gelagerter Ziele dienen soll, sind die Flossen ein probates Hilfsmittel.

Vielleicht kommt an dieser Stelle auch die Frage nach der schnellsten Schwimmlage auf. Gegebenenfalls sind einzelne Schüler davon überzeugt, dass sie schneller in der Brustlage schwimmen können, weil sie eventuell umfangreichere oder intensivere Erfahrungen mit dieser Lage gesammelt haben. Verschiedene Möglichkeiten (bestimmte Merkmale, denen eine Schnelligkeitswirksamkeit seitens der Schüler zugesprochen wird) können mit der Stoppuhr überprüft werden. Zu bedenken bleibt, ob der festgestellte Unterschied tatsächlich an dem einen untersuchten Merkmal festgemacht werden kann. In der Gruppenreflexion kann dann den Fragen nachgegangen werden, ob die gefundene Erkenntnis auch dem intraindividuellen Vergleich standhalten kann, ob wirklich jeder Tipp jedem Schüler gleichermaßen hilft oder ob wir mit unseren individuellen Lösungen zeitweise besser zurechtkommen. Vermutlich werden die Schwimmtechniken Brust- und Kraulschwimmen in der Grundform eingebracht. Folgende Aspekte bieten sich zur exemplarischen Fokussierung während des Erarbeitungsprozesses an.

Beim Kraulschwimmen:
- Hohe Zugfrequenz der Arme?
- Wähle ich besser eine kurze oder eine lange Zugstrecke beim Armzug?
- Wie kann die Armzugstrecke verlängert werden?
- Was passiert, wenn ich den Zugweg über die Körperlängsachse oder weit nach außen ausweite? (Das Augenmerk sollte auf die Körperhaltung bzw. die Wasserlage gerichtet werden. I. d. R. bedingt das Überziehen der Körperlängsachse ein Schlängeln des Schwimmers.) Hierbei lohnt es sich, als Beobachter insbesondere die Unterwasserfroschperspektive einzunehmen.

Erfahrungsorientierter und bildender Sportunterricht

Beim Brustschwimmen:
- Macht eine schnelle Zugfrequenz von Armen und Beinen schnell?
- Wie können wir schnell und ausdauernd schwimmen?
- Können wir eine Art und Weise zu schwimmen nutzen, um schnell und ausdauernd zu schwimmen (zum Beispiel Grundform Brustschwimmen)?
- Unterschiede des schnellen und des ausdauernden Schwimmens herausarbeiten lassen.
- Schwimmt ihr lieber schnell oder lieber ausdauernd? Warum?
- Die herausgefundenen Unterschiede übertrieben in verschiedenen Variationen ausführen lassen (ähnlich wie beim differenziellen Lernen nach Schöllhorn, 1999) und die jeweiligen Wahrnehmungen zusammentragen.

Ein weiterer wichtiger Forschungsauftrag zum Antrieberfahren besteht darin, zu klären, wie die Zug- und Druckphasen der Arme beim Kraulschwimmen verlängert werden können. Rein sachlogisch gibt es vier Möglichkeiten, nämlich weit nach vorne greifen, Verlängerung der Zug- und Druckphase durch ungerades (nicht geradliniges) Durchziehen, Nutzung der ganzen Reichweite bis zum Oberschenkel sowie die zeitliche Verkürzung der Rückholphase durch schnelles Nach-vorne-Bringen der Arme.[10] Zudem ist bei der Bearbeitung des vorhergehenden Forschungsauftrags klar geworden, dass Wasserfassen eher ruhig einhergeht, sodass nach weitem Armausstrecken tatsächlich versucht wird, das Wasser zu fassen, anstatt sofort nach unten durchzuziehen. Die Vorteilhaftigkeit des zunächst lang ausgestreckten Arms erschließt sich in Kombination mit den Erkenntnissen beim *Widerstand versus Gleiten erfahren*.

Aufgabe – Kraularme beobachten
Geht zu zweit oder in Kleingruppen (max. zu viert) zusammen und probiert eure Lösungsvorschläge aus. Beobachtet euch dabei gegenseitig. Kann man bei bestimmten Bewegungsweisen Vorteile erkennen?

Die Qualität der realisierten Bewegungen wird somit aus der Innen- und Außenperspektive wahrgenommen und evaluiert. Als Reflexion dient die Frage: *Was macht denn nun das effektive Schwimmen aus?* Die gesammelten Merkmale werden von jedem Schüler für sich selbst erprobt. Dazu dient eine (dem konditionellen Niveau angepasste) mittlere Strecke (zum Beispiel 200 m).

---

10 Eine logische Schlussfolgerung der Schüler könnte natürlich eine im Vergleich zur Unterwasserphase einholende Rückholphase beim Kraul- und Rückenkraulschwimmen ergeben, was im Leistungssport als *front-quadrant swimming* bekannt ist (s. z. B. Maglischo, 2003). Dies wird in der vorgestellten Einheit jedoch nicht als Bewegungsziel angestrebt, da eine effiziente Ausführung eine hohe Koordinationsleistung darstellt und in der Regel tatsächlich dem Leistungsschwimmen vorbehalten ist.

10 Unterrichtspraktische Tipps

10.1 Zeiteinteilung

Auch wenn die vorgestellte Aufgabensammlung wie eine relativ schnelle Abfolge einzelner Forschungsaufträge, Übungsformen und Reflexionsphasen anmutet, darf dies nicht darüber hinwegtäuschen, dass den Schülern ausreichend Zeit eingeräumt werden sollte, um unterschiedliche Aktionen in ihren Effekten adäquat zu evaluieren und damit prägnante Erfahrungen zu machen. Zudem ist immer auch darauf zu achten, dass die Bewegungsphasen umfangreich und intensiv genug gestaltet werden, sodass die Reflexionsphasen als willkommene oder zumindest annehmbare Erholungsphasen empfunden werden.

10.2 Bewegungsvariation

Die Schüler sollten ein möglichst breites Wahrnehmungsspektrum (das gesamte Spektrum, welches um eine bestimmte Ziel- oder Grundbewegungsform herum denkbar ist) erfahren. Dieses ist nicht als leichte Variation der Zielbewegung zu verstehen, sondern vielmehr als ein Ausreizen des gesamten Bewegungsspektrums, welches um die grobe Vorstellung der letztlich noch nicht bekannten Zielbewegung möglich ist. *Fehler* – definiert als Abweichung von der Lehrbuchtechnik – bzw. ein stolperndes Misslingen sind auf der Basis der entwickelten Theoriebildung nicht zu vermeiden, sondern vielmehr als notwendige Voraussetzung des motorischen Lernens zu verstehen. Als Abweichungen von der Lehrbuchtechnik bilden sie i. S. einer Notwendigkeit für natürliche Adaptationsprozesse, gewissermaßen eine Voraussetzung für motorisches Lernen (vgl. Schöllhorn, 1999, S. 7). Das eigenständige Wahrnehmen und reflektieren nichtfunktionaler Ausführungsvarianten vor dem Hintergrund unstimmiger Lösungsantizipationen wird hier als Grundbedingung von Bildungs- und Erfahrungsprozessen verstanden. Wenn der Bewegungs- und Wahrnehmungsraum großräumig erfahren worden ist, kann in neuen Bewegungssituationen leichter auf noch nicht erfahrene Körperkoordinationen geschlossen werden. Da individuelle Bewegungslösungen, angepasst an den jeweils Ausführenden, gefunden werden müssen, also nicht von einer interindividuell übergreifenden Zieltechnik ausgegangen werden kann, ist bei einer Vielzahl von Bewegungsversuchen mit einem größeren Streubereich tendenziell eher anzunehmen, dass die individuell passende Lösung gefunden wird (vgl. ebd., S. 9).

Erfahrungsorientierter und bildender Sportunterricht

10.3 Einbezug zuschauender (sportbefreiter) Schüler

Schüler, die nicht mit ins Wasser kommen, können die Ergebnisse der Gruppenarbeiten und der Ergebniszusammenschau in den Reflexionsphasen dokumentieren (zum Beispiel auf einem Flipchart). Alle Schüler haben prinzipiell immer die Aufgabe, wenn sie selbst nicht aktiv sind, die jeweiligen Akteure entweder offen (mit selbst ausgewähltem Fokus) oder unter einer konkreten, zuvor vereinbarten, Fragestellung zu beobachten. Aktive Schüler, die sich während der Bewegungsausführung der Mitschüler im Wasser befinden und über eine Schwimmbrille oder Tauchmaske verfügen, sind häufig gut beraten und dazu aufgefordert, für ihre Beobachtungen die Unterwasserperspektive zu wählen. Umso ganzheitlicher sind die verfügbaren Informationen, welche in die Reflexionsphase eingebracht werden.

10.4 Benotung

Die Benotung gestaltet sich in einem offenen Konzept wie dem hier vorgestellten schwierig. Folgende Anhaltspunkte markieren jedoch handhabbare Kriterien:

- Persönlicher Fortschritt in der Begegnung mit dem Element Wasser.
- Individuelles Einlassen auf die formulierten Aufgaben.
- Vielschichtigkeit der gemachten Erfahrungen.
- Sicheinbringen in den Reflexionsprozess.

Schüler, die diese differenzierten Kriterien erfüllen, werden sich wahrscheinlich auch durch einen Entwicklungsfortschritt, d. h. letztlich eine Leistungssteigerung, auszeichnen, deren Benotung praktikabel erscheint.

Gut durchs Wasser kommen

10.5 Tabellarische Aufgabensammlung

Erfahrungsbereich	Aufgaben
Atmung	1. Sinken Haltet euch am Beckenrand fest und lasst euch langsam zum Grund sinken. Wie könnt ihr dabei mit eurer Luft unter Wasser länger auskommen? 2. Streckentauchen Stoßt euch vom Beckenrand ab und probiert, eine möglichst weite Strecke unter Wasser zu tauchen. Wie kommt ihr dabei mit eurer Luft am besten hin?
Untertauchen	1. Unter-Wasser-Forscher Findet zu zweit heraus, was unter Wasser alles anders ist als über Wasser. 2. Gewicht unter Wasser Findet zu zweit heraus, wie schwer wir im Wasser sind und welche Möglichkeiten bestehen, uns leichter oder schwerer zu machen. 3. Wasserdruck Findet heraus, wie wir den Wasserdruck spüren und mit welchen Körperteilen wir ihn wahrnehmen können.
„Schwerelosigkeit" (Auftrieb)	1. Absinken vermeiden Versucht, Körperhaltungen im Wasser einzunehmen, mit denen ihr, ohne euch zu bewegen, möglichst wenig absinkt. 2. Aufs Wasser legen Findet heraus, was passiert, wenn wir uns auf das Wasser legen. Gehen wir mit dem ganzen Körper unter? 3. Beinbeobachtung Findet heraus, was beim Auf-dem-Wasser-Liegen, beim Schwimmen, beim Durchs-Wasser-gezogen-Werden (z. B. mit einem Seil) mit den Beinen passiert. 4. Kopf und Gleiten Findet heraus, wie sich das Gleiten durch unterschiedliche Kopfhaltungen beeinflussen lässt.

Erfahrungsorientierter und bildender Sportunterricht

Widerstand und Gleiten	1. Wasserlaufen Versucht, so durch das Wasser zu laufen, dass es maximal schwer ist. 2. Durchs Wasser ziehen Zieht euch gegenseitig an den Händen, mit einem Seil, mit einem Brett durchs Wasser. Versucht, es denen, die ziehen müssen, besonders schwer bzw. leicht zu machen.
Eintauchen	1. Wassersprung Findet zu zweit heraus, wie es sich möglichst angenehm ins Wasser springen lässt. 2. Startsprung Findet zu zweit heraus, wie wir am besten ins Wasser springen, um dann schnell ins Schwimmen zu kommen. 3. Springen und Abgucken Arbeitet beim Ins-Wasser-Springen mit den Strategien der anderen.
Antrieb	1. Antrieb erleben Findet heraus, was uns im Wasser voranbringt, was uns schnell macht. 2. Kraularme beobachten Tut euch zu zweit oder in Kleingruppen (max. zu viert) zusammen und probiert eure Lösungsvorschläge aus. Beobachtet euch dabei gegenseitig. Kann man bei bestimmten Bewegungsweisen Vorteile erkennen?

Literatur

Deutscher Sportbund (2006). DSB-SPRINT-Studie. *Eine Untersuchung zur Situation des Schulsports in Deutschland.* Aachen: Meyer und Meyer Sport.

DLRG-Statistik (2005). Digital im Internet unter *www.dlrg.de*.

Handford, C. (2002). Strategy and practice for acquiring timing in discrete, self-paced interceptive skilles. In K. Davids, G. Savelsbergh, S.-J. Bennett & J. Van Der Kamp (Hrsg.), *Interceptive actions in sport. Information and movement* (S. 288-300). London: Routledge.

Handford, C. (2006). Serving up variability and stability. In K. Davids, S.-J. Bennett & K. Newell (Hrsg.), *Movement system variability* (S. 73-83). Stanningley: Human Kinetics.

Kurz, D. & Fritz, T. (2006). *Die Schwimmfähigkeit der Elfjährigen.* Digital im Internet unter www.schulsport-nrw.de.

Kohl, K. (1956). *Zum Problem der Sensumotorik – Psychologische Analysen zielgerichteter Handlungen auf dem Gebiet des Sports.* Frankfurt am Main: Kramer.

Maglischo, E. W. (2003). *Swimming fastest.* Stanningley: Human Kinetics.

Schöllhorn, W. (1999). Individualität – ein vernachlässigter Parameter? *Leistungssport, 29* (2), 5-12.

Wilkens, K. (2007). *Statement des Präsidenten der DLRG auf der DLRG-Pressekonferenz „Ertrinken in Deutschland 2006".* Digital im Internet unter www.dlrg.de.

Erfahrungsorientierter und bildender Sportunterricht

7 Erfahrungsorientiertes Lernen im Kajaksport

Mike Lochny & Linda Weigelt

In diesem Unterrichtsvorschlag geht es um eine erfahrungsorientierte Einführung in den Kajaksport. Der vorgestellte Ansatz und die damit verbundenen Aufgaben eignen sich sowohl für den Sportunterricht in der Sek. I als auch in der gymnasialen Oberstufe, wenn die theoretischen Anteile entsprechend modifiziert werden. Die Einheit ist für vier Doppelstunden konzipiert, kann aber situations- und gruppenbedingt angepasst werden. Neben der kajakspezifischen Ausrüstung, wie Boote, Paddel, Spritzdecken und Paddeljacken, werden Bälle, Luftballons und Kleinmaterialien zum Basteln von Bojen benötigt. Die Einheit sollte in der ersten Stunde in einem Hallenbad und in den folgenden Stunden auf einem See oder einem anderen, möglichst wenig strömenden Gewässer durchgeführt werden.

1 Kajakfahren im Sportunterricht

Die Natursportart Kanu ist im Kanon sportunterrichtlicher Inhalte eine Randsportart. Die Gründe dafür liegen, wie beim Surfen auch (vgl. Arnold & Jennemann, i. d. B.), vor allem in der aufwendigen materialen Ausrüstung und dem notwendigen Zugang zu einem geeigneten Gewässer. Da diese Bedingungen nur von wenigen Schulen erfüllt werden können, sollte die Kooperation mit ortsansässigen Kanuvereinen gesucht werden. Wo eine solche Kooperation möglich ist, erschließt sich für die Schüler eine Vielzahl kanusportspezifischer Erfahrungsmomente mit der Natur und dem Element Wasser, die sie so in der Alltagswelt zumeist nicht machen können. Längerfristig können durch die Unterschiedlichkeit der einzelnen Teildisziplinen des Sports verschiedene sportpädagogische Perspektiven erfahren werden, die über das reine Naturerlebnis hinaus bedeutsam sind (vgl. MSWWF, 1999, S. 32-34). Je nachdem, wie die Beziehung zwischen Schüler und Gegenstand durch die Wahl der Methoden arrangiert wird, könnte beispielsweise die Perspektive des Wettkämpfens und Miteinander-Kooperierens beim großen Sportspiel Kanupolo besonders deutlich nachgezeichnet werden. Während sich bei der Thematisierung des Kanurennsports die Perspektive des Erfahrens der eigenen Leistung aufdrängen könnte und das Wildwasserfahren könnte besonders unter der Perspektive des Wagens und Verantwortens attraktiv werden.

Erfahrungsorientiertes Lernen im Kajaksport

2 Exploratives Lernen ohne Angst

In Bezug auf die Vermittlung dieser Sportart im Schulsport starten die Schüler häufig zu fast gleichen Ausgangsbedingungen, da Vorerfahrungen im Kajaksport meist nicht vorhanden sind. So können beispielsweise Schüler, die in der Regel gute Sportspieler sind, beim Kanupolo ihre Erfahrungen nicht eins zu eins übertragen, sondern müssen, so wie die anderen, die neue Art der Fortbewegung im Boot erst erlernen. Dabei lassen sich die Grundtechniken des Kajaksports relativ leicht aneignen. So können die Schüler das Kajak in der Regel recht frühzeitig eigenständig steuern. Indem sie kontrollieren, ob sie den von ihnen gewählten Kurs auf dem Wasser einhalten können, erfahren sie ein direktes und authentisches Feedback über Erfolg oder Misserfolg ihrer Bewegung, ohne dass hierzu die Rückmeldung einer zweiten (Lehr-)Person notwendig wäre. Der schulische Kajaksport bietet den Schülern somit gute Möglichkeiten, eigenständig Hypothesen zum Kajakfahren zu bilden, diese in erfahrungsorientierten Lernsituationen zu überprüfen und aus der anschließenden Reflexion idealerweise neue Erfahrungen zu gewinnen (vgl. Giese, i. d. B., Kap. 5.2).

Eine der größten Gefahren im Kajaksport liegt darin, dass Situationen entstehen, in denen die Schüler Angst bekommen (z. B. vor dem Umkippen der Kajaks) und Lernprozesse somit entscheidend behindert werden. Aus diesem Grund beginnt der erste Kontakt mit den Kajaks betont spielorientiert, sodass versucht wird, das Auftreten von Ängsten weitgehend zu vermeiden. Die Aufgabensammlung enthält insgesamt vier Themenbereiche, die von elementaren Erfahrungen bis zum gezielten Manövrieren der Kajaks in sämtliche Richtungen reichen. Diese Themen leiten sich nicht deduktiv von den etablierten Techniken ab, sondern folgen Fragen der Schüler, die sich infolge eines induktiven Zugangs zu dieser Sportart nahezu alle Lernenden stellen. Die Erarbeitung der Leitfragen sollte mit den Schülern gemeinsam erfolgen.

Direkt zu Beginn der ersten Stunde werden die Schüler zu diesem Zweck vor einem Kajak versammelt und auf einem Flipchart wird gemeinsam notiert, welche Schwierigkeiten beziehungsweise Grundfertigkeiten nach Ansicht der Schüler für das Kajakfahren wichtig sein würden. Dabei können üblicherweise u. a. folgende Fragen notiert werden, die die nachfolgende Aufgabensammlung inhaltlich strukturieren:

1. Wie gelange ich in das Kajak hinein bzw. wieder hinaus (Erstkontakt)?
2. Wie manövriere ich ein Kajak geradeaus?
3. Wie kann ich ein Kajak in sämtliche Richtungen bewegen?
4. In welchen Situationen droht ein Kajak umzukippen und wie kann ich das verhindern?

Erfahrungsorientierter und bildender Sportunterricht

3 Der erste Kontakt mit den Kajaks

Der Erstkontakt mit den Kajaks entscheidet darüber, ob die Schüler einen möglichst angstfreien Einstieg in diese für sie neue Sportart finden können. Erfahrungsgemäß verursacht schon das Einsteigen an einem Steg bei vielen Lernenden Unsicherheiten. Die ersten Paddelschläge im unbekannten Kajak führen nicht selten zu Unbehagen, da die Fortbewegung zumeist nur unter Kippeln geschieht. Häufig endet ein derartiger Erstkontakt mit einer frühzeitigen Kenterung und den Lernenden ist erst einmal die Lust auf weitere Fahrten vergangen. Genau dieser Start ins Unbekannte soll in einem erfahrungsorientierten Sportunterricht positiv zum Bilden eigener Hypothesen zum sicheren Kajakfahren seitens der Schüler und zum gezielten Anstoßen motorischer Bildungsprozesse genutzt werden.

3.1 In das Kajak einsteigen

Der erste Kontakt erfolgt, indem die Kajaks in einem Schwimmbad mit einer Wassertiefe von ca. 1,30 m ins Becken geschoben werden. Nun gibt es das Problem, wie eingestiegen werden soll, ohne direkt ins Wasser zu fallen. Dazu bekommen die Schüler die folgende Aufgabe, die sie anregen soll, Erfolg versprechende Varianten zu erproben:

Aufgabe – Einstieg
Versucht, in die auf dem Wasser liegenden Kajaks einzusteigen.

Schnell gelingt es den ersten Schülern, sich in die Kajaks zu setzen. Einige beginnen zu kippeln, um auszutesten, wie stabil das Boot auf dem Wasser liegt. Dabei erfahren sie, wo der Punkt liegt, an dem es umkippt. Im Anschluss an diese Aufgabe erfolgt die erste Gruppenreflexion, um die verschiedenen Einstiegsvarianten zu besprechen. Als Leitfragen eignet sich, welche Wege gut und welche nicht funktio-niert haben. Wie muss vorgegangen werden, um ein Kentern zu vermeiden? Lösungsvorschläge lassen dabei nicht lange auf sich warten. Schülergruppen schildern in der Regel, dass es wesentlich stabiler ist, in ein Kajak einzusteigen, das am Beckenrand liegt, als wenn es frei auf dem Wasser schwimmt. Durch das Einsteigen auf dem Wasser haben die Schüler allerdings bereits bemerkt, dass der Körperschwerpunkt während des Einsteigens möglichst über dem Boot gehalten wer-

Erfahrungsorientiertes Lernen im Kajaksport

den muss. Sind alle Lösungsvorschläge gesammelt und reflektiert, kann die Lehrkraft ggf. ergänzen, dass das Kajak mit einer Hand im vorderen Bereich der Sitzluke gegriffen werden kann und während des Einsteigens zum Beckenrand hingezogen werden sollte. Beim Einsteigen kann der Körperschwerpunkt möglichst schnell verlagert werden, wenn zunächst die Beine in das Kajak geschoben werden und erst dann der Oberkörper folgt.

3.2 Aus dem Kajak aussteigen

Die Bewältigung von Kentersituationen stellt beim Kajakfahren eine besondere Herausforderung dar, da die Schüler hier zunächst die Spritzdecken, die während der Fahrt vor einströmendem Wasser schützen sollen, öffnen müssen, um sicher aussteigen zu können. Der Moment, in dem das Kajak umkippt, wodurch sich die Schüler plötzlich kopfüber unter Wasser befinden, kann leicht Panik auslösen. Es drängt sich die Frage auf, wie diese Situation ruhig und angstfrei bewältigt werden kann.

Aufgabe – Ausstieg
Versucht, aus den Kajaks auszusteigen.

Noch bevor die Schüler diese Aufgabe ausprobieren, formulieren sie, dass die Spritzdecke abgezogen werden müsse, da sonst ein Aussteigen nicht möglich sei. Dazu kann die Lehrkraft vor dem Ausprobieren den Tipp geben, unter Wasser eine Rolle aus dem Kajak zu machen, da die Lernenden hierdurch sofort wieder auf ihren Füßen stehen und ihr Kopf vor dem Aufschlagen auf dem Grund geschützt wird. Diese Aufgabe darf nur mindestens zu zweit bearbeitet werden. Ein oder zwei Schüler müssen dabei neben den Kajaks stehen, um bei Bedarf denjenigen, der beim Versuch auszusteigen, Angst bekommt, schnell wiederaufrichten zu können.

3.3 Ein voll gelaufenes Kajak ausleeren

Beim Ausleeren der Kajaks sollte unbedingt thematisiert werden, dass die Schüler dies in jedem Fall mit einem geraden Rücken tun sollten, um Verletzungen vorzubeugen. Wird dies beherzigt, können sie individuell praktikable Lösungen finden.

Aufgabe – Ausleeren
Leert das voll gelaufene Kajak aus.

Erfahrungsorientierter und bildender Sportunterricht

Üblicherweise wird ein voll gelaufenes Kajak jeweils von einer Person am Bug und am Heck des Bootes gegriffen, umgedreht und dann abwechselnd vorne und hinten angehoben, sodass das Wasser im Bereich der Sitzluke herauslaufen kann. Dieser Weg wird von vielen Schülern meistens ohne irgendeine Anweisung entdeckt. Viele Kajaks haben aber auch einen Lenzstöpsel an ihrem Heck, in diesem Fall muss dieser lediglich geöffnet werden und das Boot ist auf das Heck zu stellen, sodass das Wasser auf diese Art ablaufen kann.

3.4 Spielformen zum Abschluss

Die erste Ausprobierstunde kann mit verschiedenen Kleinen Spielen fortgeführt werden, die sich auf den Kajaksport übertragen lassen (kanuspezifisch modifiziert z. B. bei Steinhardt & Singer, 2005; Bauer & Schulte, 2003). Als besonders geeignet hat sich hierbei das Spiel: *Fischer, Fischer, wie tief ist das Wasser?* herausgestellt, welches zunächst ohne Paddel gespielt wird.

> **Aufgabe – Fischer, Fischer, wie tief ist das Wasser?**
> Ein Schüler ist Fänger und positioniert sich auf einer Seite des Beckens. Die restliche Gruppe befindet sich auf der anderen Seite und fragt: *Fischer, Fischer, wie tief ist das Wasser?* Der Fischer gibt eine beliebige Tiefe an. Danach sagt er der Gruppe, wie das Wasser überquert werden kann (z. B. vorwärts paddeln, rückwärts paddeln, einarmig paddeln, im Knien paddeln etc.). Die Gruppe versucht daraufhin, auf die andere Seite des Beckens zu gelangen, wobei der Fischer versuchen muss, möglichst viele Schüler zu fangen, indem er ihnen mit der Hand auf den Bug oder das Heck ihrer Kajaks klopft.

Bei diesem Spiel können die Schüler frei ausprobieren, wie man ein Kajak nur mit den Händen fortbewegt und feststellen, welche der verschiedenen Möglichkeiten besser und welche weniger gut geeignet erscheinen, um effektiv Vortrieb zu erzeugen. Durch dieses Spiel erfolgt ein Vorgriff auf die Inhalte der folgenden Stunden, die sich mit dem ökonomischen Fortbewegen im Kajak unter Verwendung der Paddel beschäftigen werden.

Erfahrungsorientiertes Lernen im Kajaksport

4 Wie manövriere ich ein Kajak geradeaus?

Die zweite Stunde sollte auf einem möglichst wenig strömenden Gewässer, am besten auf einem warmen See mit klarem Wasser stattfinden. Die nächste Hürde beim Kajakfahren besteht nämlich darin, das Boot in Fahrt zu bringen und es in der gewünschten Richtung auf Kurs zu halten, ohne dass es nach rechts oder links ausbricht. Hier gilt es für die Schüler, einen Lösungsweg zu finden, mit dem ungewollte Kursabweichungen vermieden werden können. Der zum Geradeauspaddeln verwendete *Grundschlag* wird in der einschlägigen Literatur so beschrieben, dass das Paddel symmetrisch gegriffen und gleichmäßig auf beiden Seiten durch das Wasser gezogen werden muss, wobei der Schlag auf Höhe der Füße dicht am Bug ansetzen sollte und das Paddel knapp hinter Körperhöhe wieder aus dem Wasser gezogen wird (vgl. Mattos, 2004, S. 60).

Wenn eine unerwünschte Kursabweichung stattfindet, empfiehlt die Literatur das Zusammenspiel von Grund- und Bogenschlag. An derselben Stelle, wie der ausschließlich dem Erzeugen von Vortrieb dienende Grundschlag, beginnt auch der sogenannte *Bogenschlag*, der in einem Halbkreis vom Bug zum Heck geführt wird und der der Kurskorrektur dient. Wenn der Aktionsarm, der Arm, der das Paddelblatt führt, einen rechten Winkel zum Boot erreicht hat, muss er hierbei, anders als beim Grundschlag, annähernd gestreckt sein, da in der zweiten Hälfte dieses Schlags die Richtungskomponente wirksam wird. Eine wirkungsvolle Richtungskorrektur wird also erzielt, wenn das Paddel von der Position des rechten Winkels zum Boot, in der sich das Aktionsblatt möglichst weit vom Kajak entfernt im Wasser befindet, zum Heck des Bootes gezogen wird und der angefangene Halbkreis vollendet wird.

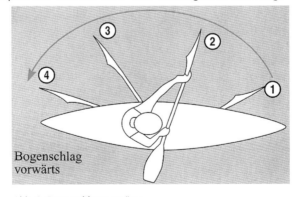

Abb. 1: Bogenschlag vorwärts

151

Erfahrungsorientierter und bildender Sportunterricht

Das Paddel ist für die Schüler zunächst ungewohnt und zum Erzeugen von Vortrieb auch nicht zwangsläufig notwendig. Deswegen beginnt der Kontakt mit dem Geradeausfahren ausschließlich durch den Gebrauch der eigenen Hände, wie es den Schülern schon aus dem Spiel der Vorwoche bekannt ist:

Aufgabe – Kajak geradeaus fahren
Versuche, dein Kajak nur mit den Händen vorwärts zu bewegen. Wie kannst du es hierbei auf Geradeausfahrt halten?

Hierbei erfahren die Schüler, dass die Vortriebserzeugung auf beiden Seiten des Bootes einigermaßen gleichmäßig erfolgen muss. Schüler wählen zum Vortrieb i. d. R. kraulartige Bewegungen, die sie abwechselnd mit der rechten und linken Hand durchführen. Dabei kann man deutlich schneller und vor allem kontrollierter geradeaus paddeln, wenn beide Arme gleichzeitig Vortrieb erzeugen. Da die Schüler die Kajaks aus der Vorwoche bereits kennen und hier zunächst nicht mit dem noch unbekannten Ausrüstungsgegenstand Paddel konfrontiert werden, werden Frustrationsmomente bei den meisten vermieden. Durch ein Vergleichen der unterschiedlichen Lösungswege, was sich beim Paddeln einfacher bewerkstelligen lässt als beispielsweise beim Schwimmen, da die Bewegungen hier über Wasser stattfinden, können die Schüler auch sehr gut von- und miteinander lernen. Nach der Reflexionsphase können ihnen nun auch die Paddel ausgehändigt und die folgende Aufgabenstellung gegeben werden:

Aufgabe – Kajak auf Kurs halten
Fahre bis zur nächsten Brücke (oder einem anderen selbst gewählten Ziel) und versuche, dein Kajak auf Kurs zu halten. Falls du von diesem Kurs abweichst, versuche, Möglichkeiten zu finden, wie du ihn korrigieren kannst.

Beim ersten Gebrauch der Paddel ist für die Lernenden häufig ungewohnt, dass diese eine Verschränkung (in der Regel zwischen 30° und 90°) aufweisen. Die Schüler müssen daher einen Weg finden, wie das Paddel mit einer Hand immer festgehalten und in der anderen Hand gedreht werden kann. Bei dieser Art der Vortriebserzeugung ist für sie weiterhin ungewohnt, dass sie den nur mit den Händen explorierten Lösungsweg nicht auf das Paddel übertragen können, da dieses ja abwechselnd auf beiden Seiten durch das Wasser gezogen werden muss.

Erfahrungsorientiertes Lernen im Kajaksport

Die Schüler sind somit mit dem Problem konfrontiert, dass sie beispielsweise auf der rechten Seite einen Paddelschlag durchführen, wodurch ihr Kajak nach links abweicht. Für diese Probleme finden sie allerdings recht schnell Lösungen, die allerdings nicht immer funktional sind. Der häufigste Lösungsweg besteht darin, dass sie bei einer unerwünschten Kursabweichung beispielsweise nach links, nur noch auf dieser Seite schlagen, um die Spitze ihrer Kajaks wieder nach rechts zu bringen. Diese Vorgehensweise führt jedoch nicht zu dem gewünschten Resultat, da ein Vorwärtsschlag, wie oben beschrieben, nur Vortrieb erzeugt und nicht der Richtungskorrektur dient. Die Schüler *stolpern* in diesem Fall über ihre Hypothese und müssen ihre Vorgehensweise reflektieren (vgl. Giese, i. d. B.). Schon bald erkennen sie, dass es zur Kurskorrektur wesentlich effizienter ist, das Paddel auf der Seite, zu der man den Kurs korrigieren möchte, mit der Blattoberseite bremsend ins Wasser zu halten.[1] Auch hier sollten die unterschiedlichen Lösungen der Schüler wieder diskutiert werden. Zum Stundenausklang kann noch eine erste kleine Fahrt unternommen werden, auf der die Lernenden die Aufgabe haben, die besten Lösungsvorschläge auszuprobieren. Hier kann nun erstmals zusätzlich die Aufgabe lauten, dass sie dabei entscheiden sollen, welche Wege als ökonomisch und welche eher als kraftaufwendig einzuschätzen sind.

---

1 Dieser Weg wird in der Fachliteratur kritisch betrachtet, da er zu deutlichem Geschwindigkeitsverlust führt. In einem erfahrungsorientierten Sportunterricht kann dieser Einwand nicht gelten, da die Aufgabe darin besteht, dass die Schüler eigenständig explorieren, wie sie ihr Kajak auf Geradeausfahrt halten können und nicht, wie sie es mit vermeintlichen Optimaltechniken möglichst schnell bewegen.

Erfahrungsorientierter und bildender Sportunterricht

5 Wie kann ich ein Kajak in sämtliche Richtungen bewegen?

Ist bei der Thematisierung des Geradeauspaddelns die in der Vorwoche gestellte Bewegungsaufgabe Lernanreiz genug, so sollte die Konfrontation mit den anderen Richtungsänderungen im Rahmen eines erfahrungsorientierten Sportunterrichts auf eine andere Weise erfolgen, die den Schülern die Notwendigkeit von Richtungswechseln verdeutlichen kann. Dies erfolgt in der dritten Stunde der Unterrichtseinheit zunächst über eine spielorientierte Aufgabe. Den Schülern werden Luftballons an die Griffschlaufen von Bug und Heck ihrer Kajaks gebunden.

> **Aufgabe – Luftballons zum Zerplatzen bringen**
> Versuche, die gegnerischen Luftballons mit deinem Paddel zum Zerplatzen zu bringen und verteidige dabei deine eigenen.

Jeder spielt in diesem Spiel gegen jeden. Dabei wird erneut das Geradeausfahren thematisiert, nur dass zusätzlich die Komponente *Geschwindigkeit* berücksichtigt wird, da die Lernenden sich gegenseitig verfolgen müssen. Da das Spiel auf einem begrenzten (beispielsweise mit improvisierten Bojen abgesteckten) Spielfeld gespielt wird, müssen die Schüler zusätzlich Wege finden, um in ihren Kajaks auch rückwärts zu paddeln und Richtungsänderungen vornehmen zu können. Beim Direktkontakt mit Gegnern speziell in den Ecken des Spielfeldes ist es hierbei besonders hilfreich, wenn man sein Kajak auf der Stelle möglichst effizient drehen kann, sodass die eigenen Luftballons vor dem gegnerischen Paddel geschützt sind. Auch wenn der oben beschriebene Bogenschlag, der in der Literatur verbreitete Lösungsweg für derartige Situationen, von den Schülern in der Regel nicht auf Anhieb gefunden wird, so gewinnen sie doch wichtige Erkenntnisse, wie dieses Problem gelöst werden kann. Aus der Vorwoche wissen sie, dass mehrfaches Schlagen auf einer Seite das Kajak lediglich beschleunigt, für die Kurskorrektur hingegen unwirksam ist. Durch Ausprobieren können sie erfahren, dass mit dem Paddel, wenn es weiter vom Boot weg geführt wird, ein größerer Hebel ausgeübt werden kann.

Als zweites neues Problem stellt sich den Lernenden die Frage, wie man mit Kajaks rückwärts fahren kann. Ein verbreitetes Phänomen ist hierbei, dass Schüler, wenn sie erstmals versuchen, dieses Problem zu lösen, die Hypothese bilden, dass sie das

Erfahrungsorientiertes Lernen im Kajaksport

Paddel einmal drehen müssen, um auch bei der Rückwärtsfahrt die Blattoberseite benutzen zu können. Obwohl die Blattober- und -unterseite sich in der Tat durch ihren konvexen bzw. konkaven Aufbau unterscheiden, ist ein Umdrehen des Paddels nicht erforderlich. Erfahrungsgemäß verzichten einige Schüler automatisch auf diese Drehung, wenn sie in Spielsituationen schnell aus der Vorwärts- in die Rückwärtsfahrt wechseln müssen. Wenn alle Ballons zerplatzt sind und ein Sieger feststeht, kann in der Gruppe thematisiert werden, wie diejenigen vorgegangen sind, die besonders lange im Spiel geblieben sind. Wahrscheinlich sind sie entweder besonders schnell vorwärts und rückwärts gepaddelt und/oder konnten besonders gut Richtungsänderungen im Stand vornehmen. Gemeinsam kann über diese beiden Themenbereiche reflektiert werden, da die Schüler diese Bewegungsaufgaben nun auch als für sie relevant erfahren haben. Bezüglich des Rückwärtspaddelns können die Lernenden daraufhin folgende Aufgabe erhalten:

Aufgabe – Wechsel Geradeaus- in Rückwärtsfahrt
Fahre mit deinem Kajak langsam vorwärts und versuche, schnellstmöglich in die Rückwärtsfahrt überzugehen.

Konnten die Schüler im Spiel keine funktionale Lösung entwickeln, haben sie hier erneut die Möglichkeit, ihre eingangs aufgestellte Hypothese zu überprüfen. Erkennen sie, dass die Drehung des Paddels weder einen schnellen Richtungswechsel ermöglicht noch dass sie zum Rückwärtsfahren grundsätzlich notwendig ist, bieten sich dadurch Chancen für bildungswirksame Erfahrungen. Bezüglich der Richtungsänderung im Stand kann die Lehrkraft an dieser Stelle auch einmal einen Bogenschlag vorführen und diese Technik den von den Lernenden ermittelten Ergebnissen gegenüberstellen. Wichtig ist hierbei, dass die Lösungen der Schüler dabei nicht herabgewürdigt werden. Ihnen bleibt freigestellt, ob die von der Lehrkraft vorgestellte Variante für sie persönlich eine sinnvolle Alternative darstellt, oder ob sie bei einem ihrer Lösungswege bleiben möchten.

Insgesamt bietet sich den Schülern nach diesem Spiel und den bisherigen Übungen die Erfahrung, wie man ein Kajak vorwärts, rückwärts und auf der Stelle drehend bewegt. Kein relevantes Problem stellte für sie bisher die Frage dar, wie man ein stehendes Kajak seitwärts versetzt. Zum seitlichen Versetzen wird in der einschlägigen Literatur der *Ziehschlag* empfohlen (z. B. Gerlach, 1996, S. 37). Hierbei ist entscheidend, dass das Paddel auf Körperhöhe mit fast gestrecktem Aktions-

Erfahrungsorientierter und bildender Sportunterricht

arm neben dem Boot eingesetzt wird. Der Gegenarm, welcher das Paddel nicht aktiv führt, ist im Ellbogengelenk 90° geknickt vor der Stirn. Das Paddel wird nun, mit der Blattoberseite zum Boot zeigend, in einer geraden Linie in Richtung Boot gezogen. Die Problematik, ein stehendes Kajak seitlich zu versetzen, stellt sich jedem beim An- oder Ablegen von einem Steg. Diese Problematik soll hier über eine Spielsituation verdeutlicht werden, in der das bisher Erlernte gleichzeitig thematisiert wird.

> **Aufgabe – Kajakbrennball I**
> Versuche, für deine Mannschaft einen Punkt zu holen, indem du das Spielfeld umfährst, ohne dabei abgeworfen zu werden. Es gibt zwei Mannschaften: die Mannschaft der Werfer und die der Fänger. Die Werfer müssen den Ball in das markierte Spielfeld werfen und versuchen, zu einem der vier Freimale (zunächst dürfen die Lernenden bei jedem Wurf nur ein Freimal weiterpaddeln) zu paddeln, bevor die Mannschaft der Fänger den Ball bis zum Brenner befördert hat. Für jede vollständige Runde ohne Abwurf erhält die Mannschaft einen Punkt. Nach 10 Minuten werden die Teams vertauscht.

Im diesem Spiel kommen alle bislang erlernten Grundtechniken zum Einsatz, wie zum Beispiel das schnelle Geradeausfahren und schnelle Richtungswechsel während der Fahrt. Der Mannschaft der Fänger stellen sich hierbei allerdings besondere Probleme, wenn der Ball genau seitlich neben einem Fänger landet. Die Schüler müssen Wege finden, um ihr Kajak zum Ball zu bewegen. Auch wird ihnen durch die Spielsituation eine Bewegungsaufgabe gestellt, deren Lösungsnutzen ihnen offensichtlich wird, wodurch eine transparente Unterrichtsgestaltung erzielt wird. Meist beginnen sie schnell damit, das Paddel ein Stück entfernt vom Boot ins Wasser einzutauchen, um sich in Richtung des Balls zu bewegen. Nach Spielende können die Lernenden von der Lehrkraft gefragt werden, in welchen Situationen es besonders schwer war, den Ball zum Brenner zu befördern. Häufig wird genau das seitliche Versetzen der Kajaks als Hauptproblem geschildert. Nun kann wieder gemeinsam über die von den Schülern gefundenen Lösungen beraten werden und die Lehrkraft kann diese dann der gängigen Lösung des Ziehschlags gegenüberstellen.

Erfahrungsorientiertes Lernen im Kajaksport

6 In welchen Situationen droht mein Kajak umzukippen und wie kann ich eine Kenterung verhindern?

In der vierten Woche sollen die Schüler die Möglichkeit haben, zu erfahren, in welchen Situationen ein stehendes und speziell ein fahrendes Kajak umzukippen droht und wie sie eine Kenterung verhindern können. Hierzu wird erneut Kajakbrennball gespielt, jedoch werden die Regeln leicht modifiziert:

Aufgabe – Kajakbrennball II
Heute dürft ihr versuchen, so viele Freimale abzufahren, wie ihr schafft. Wenn ihr es bei eurem eigenen Wurf schafft, eine ganze Runde zu paddeln, dann zählt dies als *Homerun* und ihr erhaltet fünf Punkte.

Durch diese Reglerung sind viele Schüler sofort motiviert, einen Homerun zu schaffen. Es stellt sich allerdings ein bisher unbekanntes Bewegungsproblem: Die Schüler müssen nämlich mit möglichst hoher Geschwindigkeit auch um die Ecken des Spielfeldes fahren, an denen sie in der Vorwoche noch nach jedem Wurf anhalten mussten. Versucht man, eine enge Kurve mit hoher Geschwindigkeit zu fahren, ohne dass man dabei eine Gewichtsverlagerung nach kurveninnen ausübt, was in der Literatur z. B. durch ein *Ankanten des Bootes* und die Verwendung der *flachen Paddelstütze* erreicht wird, so droht man, nach kurvenaußen zu kentern. Das Prinzip, das die Schüler erkennen müssen, ist ihnen aus anderen motorischen Settings bekannt, wenn sie beispielsweise mit dem Fahrrad eine Kurve fahren.

Ein effizienter Weg, ein angekantetes Kajak zu stabilisieren, liegt in der Verwendung der flachen Paddelstütze. Hierbei wird die rechte Blattunterseite mit fast gestrecktem Arm zur Stabilisation kurveninnen flach auf das Wasser gelegt und das Boot fährt quasi eine 90°-Kurve um das Paddel herum. Im Anschluss an das Spiel können die Schüler befragt werden, ob sie zu irgendwelchen Zeitpunkten in wackelige Situationen gekommen sind. Gewöhnlich werden sich schnell einige finden, die die oben beschriebene Situation schildern. Es melden sich jedoch zumeist auch Schüler aus der Partei der Fänger, die beim Versuch, den neben dem Boot liegenden Ball aufzunehmen, fast gekentert wären, da sie hierbei den Körperschwer-

Erfahrungsorientierter und bildender Sportunterricht

punkt neben das Boot verlagert haben. Diese nun bedeutungsvoll gewordene Thematik kann jetzt in folgender Aufgabe thematisiert werden:

Aufgabe – Stabilisation
Kippele zunächst in deinem Kajak am Rande des Sees (oder in sehr flachem Wasser, das ein Abstützen am Grund zulässt) leicht hin und her. Lote aus, wie weit du gehen kannst, bevor dein Boot zu kentern droht. Kannst du nur mit deinen Händen eine Stützwirkung erzielen, um eine Kenterung zu verhindern?

Sobald ein Kajak zu kippen droht, schlagen Anfänger in der Regel automatisch mit gestrecktem Arm und flacher Hand auf der Seite auf die Wasseroberfläche, zu der das Kajak zu kentern droht. Durch den ausgestreckten Arm erzielen sie einen großen Hebel und die flache Hand bietet ihnen die größtmögliche Stützfläche. Aus der ersten Stunde wissen die Schüler, dass der Körperschwerpunkt über dem Boot bleiben muss, wenn es gilt, eine Kenterung zu vermeiden. Nach weiteren Versuchen wird daher meist erkannt, dass bei einem beispielsweise nach rechts kippenden Kajak der Oberkörper in der Hüfte einen Knick nach links aufweisen muss, um den Körperschwerpunkt direkt über dem Boot zu halten. Nun können die Lernenden auch mit den Paddeln versuchen, eine Stützwirkung zu erzielen. Wenn sie das Hebelprinzip verstanden haben, versuchen sie, sich – ebenso wie mit den Händen – auch mit dem Paddelblatt mit möglichst gestrecktem Arm durch einen Schlag mit der Blattunterseite auf die Wasseroberfläche zu stabilisieren. Wurden die Lösungen gemeinsam reflektiert, kann auch die Problematik des Kippens nach kurvenaußen thematisiert werden, wozu folgende Aufgabe formuliert wird:

Aufgabe – Kurve fahren
Fahre erneut mit hoher Geschwindigkeit in eine Kurve und versuche, nicht zu kentern. Bedenke, wie du vorgehst, wenn du dies auf einem Fahrrad machst.

Durch die Fahrradanalogie erkennen die Schüler, dass Fliehkräfte bei dieser Aufgabe eine Rolle spielen. Schnell begreifen sie das zugrunde liegende Prinzip und müssen eine Möglichkeit finden, um ihre Kajaks anzukanten. Die flache Paddelstütze können sie genauso verwenden, wie bei der Übung ohne Geschwindigkeit. Sie erfahren, dass das Paddel sogar mehr Auftrieb erfährt, wenn ihr Boot eine eigene Fahrgeschwindigkeit aufweist, und somit nicht so schnell unter Wasser gedrückt werden kann.

Zwei Probleme gilt es dennoch zu lösen: *Wie kann verhindert werden, dass das Paddel verschneidet, wenn es aus der Fahrt auf die Wasseroberfläche gelegt wird und wie kann das Kajak auf die Kante gestellt werden?* Bezüglich des Paddels müssen die Schüler herausfinden, dass sie ihr Aktionshandgelenk leicht anwinkeln müssen, damit das Paddelblatt nicht komplett flach auf der Wasseroberfläche liegt, sondern leicht angewinkelt, wodurch ein Verschneiden des Blatts vermieden wird. Bezüglich des Ankantens kann der Tipp hilfreich sein, dass die Schüler beim Fahren beispielsweise einer Rechtskurve versuchen sollen, ihr linkes Knie in Richtung ihrer linken Schulter anzuziehen, da sie auf diese Weise zunächst das Ankanten des Kajaks zum auf der rechten Seite im Wasser befindlichen Paddel erreichen und dabei gleichzeitig auch ihren Körperschwerpunkt über dem Kajak belassen.

7 Unterrichtspraktische Hinweise

7.1 Anregungen für Theorieinhalte

Zunächst ist die Behandlung der Vorfahrts- und Verhaltensregeln beim Kajakfahren obligatorisch für den Theorieunterricht. In diesem Rahmen kann auch über Kajakpflege und den sicheren Autotransport gesprochen werden.

Darüber hinaus kann die mit den Schülern durchgeführte explorative Art des Erlernens neuer Bewegungen unter Rückgriff auf bewegungswissenschaftliche Studien reflektiert werden. So kann zum Beispiel besprochen werden, ob lehrerdominierte Vermittlungsweisen einem explorativen Lernen von den motorischen Lernergebnissen her grundsätzlich überlegen sind. Verschiedene Studien (vgl. z. B. Lippens, 1997) belegen, dass dies grundsätzlich nicht bestätigt werden kann. Es bietet sich auch an, Modelle des Bewegungslernens, wie zum Beispiel die Ansätze des *action und motor approachs* zu behandeln, um anhand von diesen die Ergebnisse bewegungswissenschaftlich erklären und einordnen zu können.

7.2 Aufgaben für sportbefreite Schüler

Schüler, die aus gesundheitlichen Gründen nicht aktiv am Sporttreiben teilnehmen, können trotzdem in das Lerngeschehen integriert werden. Insbesondere in die zahlreichen Reflexionsprozesse können sie sich einbringen und ihre Außenbeobachtungen mit einbringen.

Erfahrungsorientierter und bildender Sportunterricht

7.3 Anmerkungen zur Notengebung

Bezüglich der Notengebung bietet sich bei dieser Lernform an, nicht nur die erlernte Fertigkeit als Bewertungskriterium heranzuziehen, sondern insbesondere den Weg der Aneignung zu betrachten. Hierzu gehört auch die Fähigkeit der Schüler, Hypothesen zu bilden, diese in der Praxis zu überprüfen und somit zu verifizieren, respektive zu falsifizieren und hieraus gegebenenfalls modifizierte Vorgehensweisen abzuleiten.

Erfahrungsorientiertes Lernen im Kajaksport

7.4 Tabellarische Aufgabensammlung

Leitfragen	Aufgaben
Der erste Kontakt mit den Kajaks	*1. Einstieg:* Versucht, in die auf dem Wasser liegenden Kajaks einzusteigen. *2. Ausstieg:* Versucht, aus den Kajaks auszusteigen. *3. Ausleeren:* Wie leere ich ein voll gelaufenes Kajak aus? *4. Fischer, Fischer, wie tief ist das Wasser?* Ein Fänger positioniert sich auf einer Seite des Beckens. Die restliche Gruppe befindet sich auf der anderen Seite und fragt: *Fischer, Fischer, wie tief ist das Wasser?* Der Fischer gibt eine beliebige Tiefe an und bestimmt, wie das Wasser überquert werden kann (z. B. vorwärts/rückwärts/einarmig/im Knien paddeln etc.). Die Gruppe versucht, auf die andere Seite des Beckens zu gelangen, wobei der Fischer möglichst viele Schüler fängt, indem er auf Bug oder Heck des Kajaks klopft.
Wie manövriere ich ein Kajak geradeaus?	*1. Kajak geradeaus fahren:* Versuche, dein Kajak nur mit den Händen vorwärts zu bewegen. Wie kannst du es auf Geradeausfahrt halten? *2. Kajak auf Kurs halten:* Fahre bis zur nächsten Brücke (oder einem anderen selbst gewählten Ziel) und versuche, dein Kajak auf Kurs zu halten. Falls du von diesem Kurs abweichst, versuche, Möglichkeiten zu finden, wie du ihn korrigieren kannst.
Wie kann ich ein Kajak in sämtliche Richtungen bewegen?	*1. Luftballons zum Zerplatzen bringen:* Versuche, die gegnerischen Luftballons mit deinem Paddel zum Zerplatzen zu bringen und verteidige die eigenen.

Erfahrungsorientierter und bildender Sportunterricht

	2. Wechsel Geradeaus- in Rückwärtsfahrt: Fahre mit deinem Kajak langsam vorwärts und versuche, nun schnellstmöglich in die Rückwärtsfahrt überzugehen. *3. Kajakbrennball I:* Versuche, für deine Mannschaft einen Punkt zu holen, indem du das Spielfeld umfährst, ohne abgeworfen zu werden. Die Werfer müssen den Ball in das markierte Spielfeld werfen und versuchen, zu einem der vier Freimale (zunächst dürfen die Lernenden nur ein Freimal weiterpaddeln) zu paddeln, bevor die Mannschaft der Fänger den Ball zum Brenner befördert hat. Für jede Runde ohne Abwurf erhält die Mannschaft einen Punkt. Nach 10 min werden die Teams getauscht.
In welchen Situationen droht mein Kajak umzukippen und wie kann ich eine Kenterung verhindern?	*1. Kajakbrennball II:* Diesmal kann versucht werden, so viele Freimale abzufahren, wie möglich. Wenn ihr es bei eurem eigenen Wurf schafft, eine ganze Runde zu paddeln, dann zählt diese als *Homerun*. Ihr erhaltet fünf Punkte. *2. Stabilisation:* Kippele in deinem Kajak am Rande des Sees (oder in sehr flachem Wasser, das ein Abstützen am Grund zulässt) leicht hin und her. Lote aus, wie weit du gehen kannst, bevor dein Boot zu kentern droht. Kannst du nur mit deinen Händen eine Stützwirkung erzielen, um eine Kenterung zu verhindern? *3. Kurve fahren:* Fahre erneut mit hoher Geschwindigkeit in eine Kurve. Bedenke hierbei, wie du vorgehen würdest, wenn du dies auf einem Fahrrad machen würdest.

Literatur

Bauer, A. & Schulte, S. (2003). *Handbuch Kanusport*. Aachen: Meyer und Meyer Verlag.

Gerlach, J. (1996). *Der Kajak – das Lehrbuch des Kanusports*. Herford: Busse & Seewald.

Lippens, V. (1997). *Auf dem Weg zu einer pädagogischen Bewegungslehre*. Köln: Sport und Buch Strauß.

Mattos, B. (2004). *Kajak und Kanu. Das große Buch des Paddelsports*. Bielefeld: Delius Klasing.

Ministerium Für Schule Und Weiterbildung, Wissenschaft und Forschung des Landes Nordrhein-Westfalen (MSWWF) (Hrsg.). (1999). *Richtlinien und Lehrpläne für die Sekundarstufe II – Gymnasium/Gesamtschule in Nordrhein-Westfalen. Sport*. Frechen: Ritterbach.

Steinhardt, T. & Singer, D. (2005). *Kanuspiele. Für Kanulehrer, Pädagogen und alle, die Freude am Spielen haben*. Oberschließheim: Pollner Verlag.

Abbildungen

Abbildung 1: Gerlach, J. (1996). *Der Kajak. Das Lehrbuch des Kanusports*. Herford: Busse und Seewald, S. 30.

Erfahrungsorientierter und bildender Sportunterricht

Anfänger lernen das Surfen

Gerrit Arnold & Martin Jennemann

In diesem Beitrag geht es um die erfahrungsorientierte Vermittlung des Windsurfens. Im didaktischen Mittelpunkt steht dabei das Erlebnis des Fahrens – des Sich-Fortbewegens mit Windkraft. Dafür sollten mindestens drei Doppelstunden auf dem Wasser eingeplant werden. Windsurfen ist aufgrund der hohen inneren Differenzierung sowie den wechselnden situativen Bedingungen materialintensiv. So benötigt der vorgestellte Ansatz Tandemsurfbretter mit ausreichend Volumen, Anfängerbretter, die entsprechenden Riggs (gelattet und ungelattet), Neoprenanzüge und -schuhe sowie einen hohen Betreuungsschlüssel. Bei den ersten Terminen ist eine Windstärke von etwa 3Bft optimal; dies ist natürlich nicht planbar, sollte aber bei der Auswahl des Übungsgewässers berücksichtigt werden. Aufgrund der hohen Erwartungen an das Theorieverständnis der Schüler ist eine Umsetzung in der Oberstufe vorgesehen. Eine Durchführung in der Sek. I ist selbstverständlich denkbar, muss der Altersstufe aber entsprechend angepasst werden.

1 Vorüberlegungen

Die Planung eines Kurses *Windsurfen für Anfänger* bedarf in der Schule aufgrund der Komplexität und des Materialaufwandes grundlegender Vorüberlegungen hinsichtlich der Durchführbarkeit. Bezüglich der Darstellung möglicher Inhalte eines erfahrungsorientierten Windsurfkurses sei darauf hingewiesen, dass sich die beschriebene Vorgehensweise auch bzw. sogar in Kursen mit Blinden und Sehbehinderten bewährt hat. Die beschriebene Methodik ist in unseren Augen allerdings keineswegs blindenspezifisch, sondern übertragbar. Wir gehen davon aus, dass die Probleme des blinden Surfanfängers qualitativ mit denen des Sehenden vergleichbar sind. So wird die beschriebene Methodik beispielsweise auch in der Sportlehrerausbildung der Universität Marburg angewendet.[1]

---

1 Die Fachtermini des Surfens werden als bekannt vorausgesetzt und können lohnend bei Mönster, Eden und Bohr (2003) nachgelesen werden.

Anfänger lernen das Surfen

2 Windsurfen in der Schule

Windsurfen zählt sicher nicht zu den typischen Schulsportarten. Die Gründe dafür sind vielfältig: Zum einen ist der Materialaufwand zu nennen, was u. U. abschreckend wirkt. Zum anderen ist es, wie beim Kanusport auch (vgl. Lochny & Weigelt, i. d. B.), häufig schwierig, ein geeignetes Übungsgelände zu finden. Auch das Fehlen entsprechender Qualifikation, die ein Sportlehrer für das Windsurfen benötigt, kann ein Problem darstellen. Zu guter Letzt lässt sich der Windsurfunterricht nur schwer im Voraus planen, da das Wetter und andere äußere Rahmenbedingungen oft nur ungenau abschätzbar sind. Trotz all dieser Schwierigkeiten sprechen gute Gründe dafür, Windsurfen in der Schule zu thematisieren.

Im Sinne einer möglichst vielfältigen Erschließung der (Bewegungs-)Umwelt werden beim Surfen häufig völlig neuartige Erfahrungen gemacht, weil ein Raum erobert wird, der für viele Schüler in dieser Form und unter dieser spezifischen Perspektive völlig neu ist. Bewegen im Wasser haben viele lediglich im „sicheren" Schwimmbad oder in abgegrenzten Badebereichen kennen gelernt. Beim Windsurfen wird dagegen der See zum Bewegungsraum, der ist in Bewegung, ist groß und voller Leben. Die Auseinandersetzung damit erfordert Mut und stellt eine neue Herausforderung dar, erst recht, wenn der Wind u. U. zunimmt. Aber auch die Bewegungserfahrungen, die das Surfen bereitstellt, sind vielseitig und bis dahin zumeist unbekannt, sodass i. S. einer Verbesserung der Bewegungsvielfalt den Schülern neue Facetten eröffnet werden können.[2]

3 Der semantische Kern des Surfens: Das Fahren

Was macht das Windsurfen genau aus? Was ist der Kern dieser Sportart? Jeder, der sich mit der Vermittlung einer Sportart beschäftigt, sollte darauf eine Antwort haben, da sich hieraus i. S. einer sinnerhaltenden Elementarisierung grundlegende Gesichtspunkte für die praktische Vermittlung ergeben (vgl. Giese, i. d. B., Kap. 5.2).

---

[2] Für die meisten Schüler ist Windsurfen etwas Außergewöhnliches, was nach unserer Erfahrung zu einer hohen Lernmotivation führt und das Vertrauen in die eigenen Möglichkeiten enorm stärkt.

Erfahrungsorientierter und bildender Sportunterricht

So wie im Skifahren das Schwingen, beim Hürdenlauf das rhythmische Laufen oder beim Basketball der Angriff auf den gegnerischen und das Verteidigen des eigenen Korbs zentral sind, so stellt beim Windsurfen das Fahren und zwar sinnigerweise das Fahren auf Halbwind – um den Ausgangspunkt wieder zu erreichen – den semantischen Kern dar. Der Lehrweg soll deshalb Geschwindigkeit auf dem Wasser buchstäblich erfahrbar machen und Schüler mit der Suche nach einem funktionalen Systemgleichgewicht betrauen. So wie beim Skifahren die Falllinie strukturiert beim Windsurfen der Wind (Richtung und Stärke) den Aktionsraum: Der Wind im Segel sorgt für das Fahrerlebnis und gibt Halt.

Die Eigenheiten des Windsurfmaterials sind Voraussetzung dafür, mithilfe des Windes Vortrieb auf dem Wasser zu erzeugen. Um das Material dementsprechend einsetzen zu können, muss der Surfer Grundprinzipien verinnerlichen, ohne die Surfen nicht zustande kommen kann. So muss beispielsweise erkannt werden, welche Aktionen mit dem Brett und dem Segel zu einer Vorwärtsbewegung führen und welche Rolle dabei die Windrichtung spielt. Außerdem muss erkannt werden, welche Wirkung der Druck auf das Segel hat, und was für Auswirkungen verschiedene Modifikationen des Segel-Brett-Mensch-Systems auf das Fahrverhalten haben. Eine Auseinandersetzung mit solchen Phänomenen und ihren Wirkungen ist unabdingbar, um funktionale Aktions-Effekt-Bezüge zu etablieren und das Surfen darüber zu er-fahren und zu erlernen.

4 Surfen erfahrungsorientiert vermitteln

4.1 Fahren in authentischen Situationen

Neben der Zentrierung auf das Fahren als semantische Grundkategorie des Windsurfens ist stets darauf zu achten, dass funktionale Ursache-Wirkungs-Beziehungen von den Schülern in vereinfachten, aber gleichzeitig dennoch möglichst realen Situationen erprobt werden können. Ebenso wie beim Schwimmen (vgl. Schmidt & Weigelt, i. d. B.) oder beim Tanzen (vgl. Bindel, i. d. B.) sollte die Aktion nicht losgelöst von ihrem Sinn, vom Windsurfen, vom Fahren auf dem Wasser, vermittelt werden. Ohne die authentische Situation ihres Auftretens, ohne das reale Problem verliert die Bewegung ihre ursprüngliche Funktion und kann nicht erfahren werden. Das Fehlen von Wind oder Angst, die Schüler zu überfordern, führt oftmals zu gut gemeinten, aber kaum hilfreichen Versuchen, den Schülern an

Anfänger lernen das Surfen

Land zu erklären, was Fahren mit dem Surfbrett bedeutet und wie es vonstatten gehen soll. Der Sinn einer Bewegung kann aber nicht erfahren werden, wenn sie außerhalb ihres Kontextes erlernt werden soll.[3]

Um den Schülern beim Ordnen ihrer Eindrücke zu helfen und damit die Entstehung von Erfahrungen zu unterstützen, halten wir es für unabdingbar, das Erlebte am Ende einer Einheit zu reflektieren. Dabei können Hilfsmittel, wie der Simulator, das Surfbrettmodell oder eine Tafel zum Bestimmen der Kurse, durchaus wichtige Hilfen bieten. Bei einer solchen Vorgehensweise wird das „modellierte" Surfen, beispielsweise in Form eines Simulators oder eines Segels, welches mit dem Mastfuß im Boden verankert ist, als Teil der Reflexion nach- und nicht als Teil des Lehrwegs vorgeschaltet.[4]

4.2 Grenzen der Erfahrungsorientierung beim Surfen

Windsurfen stellt, wie bereits erwähnt, häufig ein relativ unerschlossenes Erfahrungsfeld für die Lernenden dar. Das führt in der Regel dazu, dass Antizipationen von Bewegungslösungen zunächst nur grob sind und zu keiner adäquaten Lösung führen. Wird das Scheitern bzw. die Störung der Antizipation im Bildungskontext zwar als Bedingung der Möglichkeit von Erfahrung verstanden (vgl. Giese, i. d. B.), bedeutet Scheitern beim Windsurfen ganz konkret ins Wasser zu fallen. Dies ist an für sich zunächst zwar nicht problematisch, doch ist es für viele Schüler auf Dauer sehr kräftezehrend und bisweilen entmutigend. Für die Vermittlung bedeutet dies, dass ein erfahrungs- und problemorientiertes Vorgehen an vielen Stellen zu einem Preis erkauft werden muss, der in der Unterrichtsrealität aus pragmatischen Gründen nicht immer bezahlt werden kann.

---

[3] Innensicht und Außensicht unterscheiden sich beim Windsurfen enorm. Einen Windsurfer vom Ufer zu betrachten oder die Bewegung an Land zu erproben, hilft wenig beim Bilden einer adäquaten Innensicht, bei der es wichtig ist, dass das kognitive Wissen mit dem abgeglichen wird, was wir durch unsere Sinne wahrnehmen und was wir als autonome Lösung antizipieren (vgl. Giese, i. d. B., Kap. 5.1).

[4] Diese bei uns mit dem Titel *Landeinheit* versehenen Unterrichtsbestandteile sind von eminenter Bedeutung, da den Schülern hierdurch eine Einordnung des auf dem Wasser Thematisierten in die Gesamtthematik erleichtert wird. Hinsichtlich einer für den Schüler transparenten und nachvollziehbaren Unterrichtsgestaltung sowie der persönlichen Einordnung der Inhalte in das bisher Erlernte kann auf solche Landeinheiten keinesfalls verzichtet werden.

Finden deshalb auch instruierende Vermittlungsverfahren Anwendung, widerspricht das nach unserer Auffassung nicht dem Grundanliegen des erfahrungsorientierten Unterrichtens, da solche Verfahren zum Tragen kommen, wenn die Schüler das zugrunde liegende Bewegungsproblem aufgrund des Erhalts der Sinnbezüge erkannt haben. Dadurch, dass die Bewegung nicht aus ihrem Sinnbezug genommen wird und die Schüler die Wirkung der unterschiedlichen Ausführungsvarianten direkt leiblich er-fahren, ist die damit verbundene Intention sofort spürbar. Wird der Suchraum durch die Lehrkraft in solchen Fällen zwar eingegrenzt, entbindet dies den Schüler nicht von der Notwendigkeit des eigenständigen Integrierens der Erfahrungen in den eigenen Erfahrungshorizont und des Erzeugens des individuellen Bedeutungszusammenhangs. Scheitern und Ins-Wasser-Fallen bleiben weiter Teil des Unterrichts. Dem Lernenden kann das Bilden eigener Antizipationen nicht abgenommen werden. Es besteht demnach nur auf den ersten Blick ein Gegensatz zum Erfahrungslernen.

5 Handreichungen für die Praxis

Anhand der Aktionen, die ein Surfanfänger erlernen muss, um selbstständig zu surfen, soll beschrieben werden, wie ein erfahrungsorientierter Surfkurs für Anfänger aussehen kann. Geht es zunächst um den Aufbau einer funktionalen Bewegungsvorstellung vom Fahren auf dem Surfbrett, werden, darauf folgend, die vier Grundaufgaben *Gleichgewichtsregulation* auf dem Monobrett, *Segel aufholen*, *Starten* und *Wenden* thematisiert.

5.1 Aufbau einer Bewegungsvorstellung vom Fahren auf dem Surfbrett

5.1.1 Das Fahren erfahren auf dem Tandemsurfbrett

Da sich unsere Unterrichtsmethodik auf Surfanfänger bezieht, geht es beim ersten Termin am See vornehmlich darum, den Schülern eine stimmige Vorstellung vom Surfen zu vermitteln. Im Vordergrund steht deshalb das Fahren auf Halbwindkurs. D. h.: Wir gehen bei der Vermittlung nicht, wie sonst üblich, chronologisch vor. Segelaufholen, Brett ausrichten und Starten werden erst später thematisiert. Bei chronologischen Vermittlungsansätzen ist zwar immer wieder zu beobachten, dass

Anfänger lernen das Surfen

das Segelaufholen relativ schnell funktioniert, auch die Startbewegung gelingt meistens in Ansätzen, die Fahrversuche misslingen allerdings in aller Regel und sind häufig mit einem starken Anluven verbunden, in dessen Folge, auch aufgrund des auf dem Brett nicht mehr vorhandenen Platzes, ein Sturz nach hinten unausweichlich ist. Dieses Phänomen ist nicht verwunderlich, da der Schüler noch keinerlei Bewegungsvorstellung davon hat, in welche Position er nach dem Start gelangen muss. Daran ändert auch der vorherige Einsatz eines Surfsimulators wenig, wie in Kap. 5.1.3 näher beschrieben wird. 10, 20 oder manchmal sogar mehr Startversuche sind bei Surfanfängern dann keine Seltenheit und führen zu einem großen Kräfteverschleiß und zu einem Schwinden der Motivation. Ebenso wie beim Tennis (vgl. Hasper, i. d. B.), beim Kanufahren (vgl. Weigelt & Lochny, i. d. B.) oder beim Inlineskaten (vgl. Herwig, i. d. B.) stellen wir den semantischen Kern der Bewegungstätigkeit, hier das Fahren bzw. das Surferlebnis, in den Mittelpunkt unserer Bemühungen. Die oben formulierten Techniken, die üblicherweise am Anfang des Lernprozesses stehen, werden erst thematisiert, wenn sie in der Auseinandersetzung mit dem Gegenstand auch tatsächlich zum Thema werden.

Unser Unterrichtsvorschlag beginnt damit, dass der Lehrer den Schüler auf einem großen Tandemsurfbrett, das ausreichend Platz für zwei Personen bietet, vom Ufer weg auf den See surft. Der Schüler sitzt auf dem Heck des Bretts. Mit genügend Abstand zum Ufer geht der Lehrer auf die Leeseite des Segels und übergibt dem Schüler, der vom Heck nach vorne gekrabbelt kommt und sich am Mast orientierend aufgerichtet hat, das optimal angeströmte Rigg in Halbwindposition. Außerdem hat der Lehrer die Aufgabe, von der Leeseite aus auf die Segelposition und auf eine bequeme Position des Schülers zu achten (vgl. Abb. 1). Wenn sich diese bequeme Position eingestellt hat und der Schüler erstes Vertrauen in das ungewohnte dynamische Gleichgewicht gewonnen hat, übergibt der Lehrer sukzessive immer mehr Rigggewicht an den Schüler. Nach kurzer Zeit hält der Lehrer nicht mehr das Rigg, sondern nimmt lediglich kleinere Korrekturen vor. Dadurch ist der Schüler nach wenigen Minuten in der Lage, Fahrgenuss zu empfinden und eine Bewegungsvorstellung vom Fahren auf Halbwind aufzubauen.

Abb. 1: Tandemsurfbrett

Erfahrungsorientierter und bildender Sportunterricht

Aufgabe – Fahren
Der Schüler versucht, ein Gleichgewicht zwischen sich, dem Brett und dem Rigg herzustellen, sodass er das Brett bequem fahren kann.

Die notwendigen Wenden werden durch den Surflehrer durchgeführt, sodass es dem Schüler möglich ist, sich ganz auf das Fahren auf Halbwind zu konzentrieren, ohne die Aktionen Segel aufholen, Starten, Wenden – übrigens auch Vorfahrts- und andere Regeln – vorher erlernt haben zu müssen.

In dieser für den Surfanfänger weitgehend sicheren Situation, die im Vergleich zum Üben auf dem Surfsimulator oder an Land, allerdings trotzdem eine realistische, sprich die Innensicht des Schülers ansprechende Situation, darstellt, werden i. S. der sinnerhaltenden Elementarisierung im Weiteren die Aspekte *Auffieren* und *Dichtnehmen* (optimale Segelanströmung) und das *Anluven* und *Abfallen* (Lenken) thematisiert. Kontrastaufgaben bieten gute Möglichkeiten, diese Aktionen direkt zu erfahren. Eine Reflexion, welche Operation welchen Effekt erzielt, kann sowohl direkt auf dem Wasser nach der Durchführung als auch in Form einer anschließend stattfindenden Landeinheit durchgeführt werden. Auch hier reichen wenige Versuche, in denen der Surflehrer das Rigg in der entsprechenden Ebene verändert, um die Begrifflichkeiten und die entsprechenden Aktions-Effekt-Beziehungen zu verdeutlichen. Wie bei den ersten Fahrversuchen, nimmt sich auch hier der Lehrer von Versuch zu Versuch weiter zurück, um von der ausführenden in eine korrigierende Position zu wechseln. Ziel ist nicht der perfekte Vollzug der beschriebenen Handlungen, sondern der Vorstellungsaufbau, der durch das mehrmalige Üben unter Kontrolle des Lehrers verstärkt wird.

Dieser Aufbau von der Bewegungsvorstellung des Fahrens auf Halbwind und den damit verbundenen Aktionen Anluven und Abfallen sowie Auffieren und Dichtholen ist Voraussetzung für den Übergang vom *Tandembrett mit Lehrer* auf das *Monobrett*. Bei einem Surfanfänger mit durchschnittlichen Bewegungserfahrungen dauert diese Unterrichtssequenz nicht länger als 40 Minuten und das, ohne einmal ins Wasser gefallen zu sein.

5.1.2 Die Bedeutung der Segelauswahl für das Fahren

Das Auffieren und Dichtholen hat im Anfängerunterricht eine besondere Bedeutung, da damit die Segelanströmung ständig kontrolliert und somit optimiert wird. Ein zu wenig dicht genommenes Segel vermindert die Geschwindigkeit und erschwert den Aufbau eines Systemgleichgewichts zwischen Rigg und Surfer, bei einem zu stark dicht genommenen Segel werden die Kräfte, die auf die haltenden Hände wirken, zwar größer, die Geschwindigkeit nimmt aber deswegen nicht zu. Stattdessen kommt es zu einem ungewollten Abfallen.

Es genügt, wenn der Schüler das Segel beim Start aus dem nicht angeströmten Zustand nur wenig dicht nimmt, sodass das Segel angeströmt wird. Diesen Punkt zu treffen, erweist sich für den Surfanfänger als durchaus schwierig, umso mehr, wenn man mit modernen, durchgelatteten Segeln arbeitet, die in diesem Bereich keinerlei Rückmeldung geben. Solche stabilen Segel, die dem Fortgeschrittenen, der die Anströmungskontrolle automatisiert hat, eine große Hilfe sind, erweisen sich nach unseren Erfahrungen im Anfängerbereich eher als Hindernis. Aus diesem Grund sollten mindestens beim ersten Termin, manchmal aber auch bei weiteren Terminen ungelattete Segel verwendet werden. Diese sind im Aufbau und Handling zwar unbequemer, geben beim Dichtnehmen aber eine deutlichere Rückmeldung, ab wann das Segel angeströmt ist und erleichtern den Aufbau funktionaler Aktions-Effekt-Beziehungen. Die Veränderung zwischen unangeströmtem und angeströmtem Segel ist zu sehen und, was ausgesprochen hilfreich ist, durch ein deutlich zu vernehmendes *Klackgeräusch* auch zu hören. Ist bei der Einführung der Aktionen Auffieren und Dichtholen noch der Lehrer dafür zuständig, das Segel in die entsprechende Position zu bewegen, so ist der Surfanfänger durch die beschriebene Materialauswahl schnell in der Lage, durch sich in unregelmäßigen Abständen wiederholende Auffier- und Dichtholbewegungen und die damit verbundene direkte Rückmeldung, die optimale Segelanströmung herzustellen.

5.1.3 Der Einsatz des Simulators

Abb. 2: Der Simulator

Auch in der hier beschriebenen Vorgehensweise findet der schon erwähnte Simulator Einsatz (vgl. Abb. 2), allerdings in einem anderen Kontext als bei Vermittlungsmodellen, bei denen das Lernen auf dem Simulator am Anfang des Lernprozesses steht. Ein grundsätzlicher Aspekt unseres Ansatzes ist, dass Theorie und Praxis zeitlich eng verknüpft sind und sich dadurch möglichst stark ergänzen. Da der Simulator nicht das Surfen an sich widerspiegelt, sondern es eben nur simuliert, ist er Teil der theoretischen Auseinandersetzung mit dem Windsurfen. Er ist Hilfe zur Reflexion des beim Windsurfen Erlebten. Nachdem auf dem Wasser bestimmte Aspekte geübt und erfahren wurden, kann der Simulator anschließend an Land genutzt werden, um sich nochmals zu vergegenwärtigen, was auf dem Wasser geschehen ist. Schüler wie Lehrer haben die Möglichkeit, expliziten Fragestellungen nochmals nachzuspüren.

5.2. Vier Grundaufgaben des Surfanfängers

Die Schüler haben in der ersten Unterrichtseinheit auf dem See eine Bewegungsvorstellung vom Fahren auf Halbwind aufgebaut. Ebenso haben sie ansatzweise eine Vorstellung davon, wie durch Dichtnehmen und Auffieren die Kontrolle der Segelanströmung durchgeführt wird und wie durch Anluven und Abfallen eine Richtungsänderung vorgenommen wird. Es bedarf allerdings weiterer Aktionen, um selbstständig surfen zu können, sprich, um das bisher Erlernte auf dem Monobrett anzuwenden: Die *Gleichgewichtsregulation* auf dem Monobrett, das *Segelaufholen*, das *Starten* und das *Wenden* sind diese Aktionen, die auf dem Tandembrett aufgrund der Unterstützung durch den Lehrer vernachlässigt werden konnten. Die Gleichgewichtsregulation, das Segelaufholen und das Starten sind notwendig, um überhaupt in die Fahrposition zu gelangen, die Wende wird erst benötigt, um nach der Geradeausfahrt zu drehen und wieder an den Startpunkt zurückzugelangen.

Anfänger lernen das Surfen

Herwig (1988; 1996) beschreibt in diesem Zusammenhang acht Grundaufgaben des Surfens, von denen wir uns zunächst auf vier Aufgaben beschränken, deren Lösung unserer Meinung nach – die Erfahrungen aus der Tandemeinheit berücksichtigend – am wichtigsten ist, um Anfängern ein selbstständiges Surfen zu ermöglichen. Drei weitere, von Herwig beschriebene Grundaufgaben *(Aufrechterhaltung des Systemgleichgewichts bei Geradeausfahrt; gezieltes Steuern: Abfallen und Anluven und Regulierung der optimalen Segelanströmung; Feststellung des gefahrenen Kurses)* wurden bereits bei der Tandemeinheit ansatzweise thematisiert. Diese drei Grundaufgaben, ebenso wie die achte Grundaufgabe *Wenden und Halsen*, wären Thema einer vertiefenden Beschäftigung mit dem Windsurfen.

5.2.1 Gleichgewichtsregulation auf dem Surfbrett ohne Riggbenutzung

Wollen Anfänger surfen, stellt sich ihnen selbstredend die Aufgabe, aus dem Wasser auf das Surfbrett zu kommen und im Gleichgewicht zu bleiben. Um Ängste und Vermeidungsstrategien zu überwinden, sind die Rahmenbedingungen zu beachten: Ein unbekanntes, tiefes Gewässer mit kalten Temperaturen ist nicht angebracht. Als optimal hat es sich erwiesen, diese Einheit in einem den Schülern bekannten Schwimmbad durchzuführen.

Aufgabe – Das Brett erobern
Versuche, aus dem Wasser auf das Surfbrett zu kommen und das Gleichgewicht zu halten.

Das Schülerhandeln ist in der Auseinandersetzung mit der gestellten Aufgabe meist von dem Bestreben geleitet, einen Sturz ins Wasser um jeden Preis zu verhindern.[5] Um das zu erreichen, bemühen sich die Schüler in aller Regel, das Brett zu beruhigen, Kippelbewegungen zu vermeiden und möglichst ruhig zu stehen. Ihr Handeln ist von einer als nicht funktional anzusehenden Bewegungsvorstellung geleitet, dass ein *statisches Gleichgewicht* herzustellen ist. Ebenso wie es Hasper (i. d. B.) für das Anfängertennis beschreibt, sind misslungene Bewegungsausführungen in diesem Fall eher als Folge fehlerhafter bzw. nicht funktionaler Bewegungsvorstellungen und weniger als Folge motorischer Defizite zu verstehen.

---

5 Diese Vermeidungsstrategie kann neben dem Wunsch, die gestellte Aufgabe zu erfüllen, unterschiedliche Ursachen haben (z. B. Angst vor Blamage, Angst vor Kälte, Angst vor Verletzungen etc).

Erfahrungsorientierter und bildender Sportunterricht

Herwig (1988) listet drei unfunktionale Konsequenzen dieses Verhaltens auf:

„Erstens entstehen hoher Muskeltonus und Verkrampfungen, infolgedessen sehr geringe Bewegungsbereitschaft in den wesentlichen ‚Balanciergelenken' Fuß, Knie- und Hüftgelenk. Zweitens re-agieren die Schüler lediglich auf die Kippbewegungen des Brettes, die gewünschte Solllage ist das waagerechte Brett, die durch Nachregelungen zu stabilisieren versucht wird, was zu Gleichgewichtsverlusten vor allem durch Reaktionszeitverzögerungen *führt und* aktives Verhalten *behindert. Das erkennt man daran, daß der Schüler nicht wagt, seine Füße zu versetzen – die Füße ‚kleben' am Brett.* Drittens steht das Anfängerverhalten oft unter der *Erwartung, daß ein wahrgenommenes Drehmoment (‚das Brett beginnt zu kippen') das Brett tatsächlich um die Längsachse herumdreht, also als Drehimpuls weiterwirkt, wie dies bei einem Baumstamm oder einem Faß der Fall wäre. Diese Erwartungshaltung bewirkt oft eher ein (unbewußtes)* Abspringen vom Brett denn ein echtes Herunterfallen*" (Herwig, 1988, S. 133.)*

Um Ängste abzubauen und die angestrebte Umkodierung anzubahnen, hat sich ein spielerischer Einstieg bewährt. Die folgenden Aufgaben stehen beispielhaft für eine Vielzahl an Möglichkeiten, spielerisch Ängste zu reduzieren.

Spielform – Abspringen
Versucht, alleine oder zu zweit auf dem Brett zu sitzen, zu knien oder zu stehen und springt anschließend möglichst kunstvoll ins Wasser.

Zur Schulung des Gleichgewichts ist eine Aufgabe zu wählen, die den beschriebenen typischen Konsequenzen des Anfängerverhaltens entgegenwirkt.

Aufgabe – Kentern
Versuche, durch aktives und rhythmisches Aufschaukeln das Surfbrett zum Kentern zu bringen!

Auch die Ergebnisse, die die Umsetzung dieser Aufgabe bewirken, sind bei Herwig (1988, S. 133) beschrieben:

„Die Schüler nehmen, um die rhythmische Kippbewegung aktiv herstellen zu können, eine günstige Beugestellung der ‚Balanciergelenke' ein. Der Rhythmus der

Anfänger lernen das Surfen

Aufschaukelbewegung verhindert einerseits Verspannungen und verlegt andererseits das Ausbalancieren der Gleichgewichtsstörungen in die Beine, wodurch eine relativ ruhige Körperschwerpunktslage über der Brettmittellinie erreicht wird und ein objektiv hoch dynamischer Gleichgewichts-Zustand subjektiv als ‚erstaunlich sicher' erlebt wird. Das Drehmoment des Bretts um seine Hauptkippachse wird als degressiv und damit als rhythmische Schwingung erlebbar, d. h. eine zunächst schnelle und daher bedrohlich erlebte Auslenkung aus der Waagerechte wird aufgrund physikalischer Gegebenheiten zunehmend gebremst, das Brett leistet immer mehr Widerstand *gegen die weitere Auslenkung (Da der Auftrieb des Bretts durch Eindrücken der Brettkante zunehmend größer wird!) und es drückt sogar wieder zurück in die Waagerechte. Das Brett läßt sich entgegen anfänglicher, meist unbewußter Erwartung der Schüler sehr schwer zum Kentern bringen – nicht mal dann, wenn man es will! Aus der rhythmisch schwingenden, nie ruhenden Standfläche erwachsen dem Wahrnehmungssystem des Lernenden neue Invarianten zur Ist-Soll-Wert-Abgleichung bzgl. des persönlichen Gleichgewichtszustandes, durch die die Zentrierung* nicht *mehr auf die Standfläche gerichtet ist, sondern im Sinne eines veränderten Person-Umwelt-Bezuges (...) auf den Körper im Raum. Erst dadurch ‚erlauben' Beine und Füße dem Brett, sich unter dem Körper zu bewegen (z. B. zu kippeln oder sich zu drehen, von einer Welle gehoben zu werden etc.) und ‚behindern' es dabei nicht mehr."*

Spätestens nach Durchführung der Aufgabe Kentern sollte eine Reflexion stattfinden, in der die Schüler das Erlebte beschreiben. Hilfreich kann an dieser Stelle ein Bewegungsexperiment in folgendem Sinne sein:

Bewegungsexperiment
Versuche, im Wechsel das Brett einerseits ganz ruhig zu halten, jedes Kippeln soll vermieden werden, und andererseits das Brett aktiv und gleichmäßig durch leichtes Aufschaukeln in Bewegung zu halten. Wie kannst du besser stehen?

Durch die Beschreibung der Unterschiede wird deutlich, dass und warum ein aktives Aufschaukeln dem Schüler (aus den beschriebenen Gründen) ein subjektiv sichereres Gefühl gibt.

Varianten der ersten Aufgabe, bei denen die Veränderung der Fußstellung auf dem Surfbrett zum Thema wird, sind für die Schüler jetzt einfacher zu lösen.

Erfahrungsorientierter und bildender Sportunterricht

Solche Varianten erhöhen die Flexibilität auf dem Brett und sind auch bei den folgenden Aktionen (Segel aufholen, Anfängerwende, Starten) von Bedeutung.

Aufgabe – Das Gleichgewicht auf dem Brett finden
Versuche, aus dem Wasser auf das Surfbrett zu kommen und das Gleichgewicht zu halten.

- Drehe dich auf dem Surfbrett um 180°.
- Versuche, auf dem Surfbrett so weit wie möglich nach vorne (Richtung Bug) und nach hinten (Richtung Heck) zu laufen.
- Versucht, zu zweit auf dem Brett zu stehen und die Positionen zu tauschen.
- Versuche kleine Sprünge auf dem Surfbrett.

5.2.2 Das Segel aufholen

Liegt das Rigg im oder teilweise sogar unter Wasser, stellt sich die durchaus komplexe Aufgabe, in die Grundstellung zu gelangen (vgl. Winbeck, 1985, S. 28; Mönster, Eden & Bohr, 2003, S. 22).[6] Die Komplexität dieser Aufgabe liegt u. a. darin begründet, dass sie hochsituativ ist: Die aufzubringende Kraft hängt beispielsweise von der Größe des Riggs und dessen Lage im Wasser ab. Die Kippstabilität unterscheidet sich je nach verwendetem Brett und der vom Wind abhängigen Bewegung des Wassers. Hinzu kommt die Lage des im Wasser liegenden Riggs im Verhältnis zur Windrichtung, die dafür sorgen kann, dass sich das Brett beim Segelaufholen bereits in Bewegung setzt.

Für ein erfolgreiches und rückenschonendes Segelaufholen ist unabdingbar, dass der Surfer mit den Füßen links und rechts des Mastfußes steht. Ihm muss klar sein, dass er sein Körpergewicht einsetzen muss, um mit dessen Hilfe in Verbindung mit dem Rigg ein Systemgleichgewicht herzustellen. Das Aufgeben eines persönlichen zugunsten eines Systemgleichgewichts sollte an Land ausreichend geübt worden sein.[7]

Aufgabe – Segel aufholen
Versuche, das Rigg mit möglichst wenig Kraftaufwand aus dem Wasser zu holen und in die Grundstellung zu gelangen!

---

6 Was Grundstellung bedeutet, ist vorher an Land thematisiert worden.
7 Das kann in der Grundstellung passieren, indem der Lehrer unterstützend am Schothorn nach unten zieht. Auch Partnerübungen sind denkbar: Man steht sich zu zweit gegenüber und fasst sich an den Händen. Die Füße sind nah beieinander, sodass man sich gegenseitig beim Zurücklehnen halten muss.

Die erste Phase des Segelaufholens ist in der Regel die kraftintensivste, da das Segel mit Wasser gefüllt sein kann. Hier sollte auf keinen Fall aus dem Rücken gearbeitet werden. Der Schüler sollte mit geradem Rücken aus einer gebeugten Beinhaltung in eine nahezu gestreckte Beinhaltung gelangen. Schon hier ist ein Zurücklegen des Körpers notwendig, um das Körpergewicht gewinnbringend einzusetzen. Als Kontrollwahrnehmung eignet sich der Druck auf den Fersen. Ist der Mast ein Stück weit aus dem Wasser gezogen, ist es sinnvoll, das restliche Wasser vom Segel ablaufen zu lassen, damit es leichter wird. Durch Übergreifen der Hände an der Aufholschot wird das Rigg weiter aus dem Wasser gezogen. Das Schothorn sollte in jedem Fall noch im Wasser verbleiben, da ein in Luv befindliches Rigg ansonsten sehr schnell durch die Windkraft über das Brett hinweg nach Lee geschlagen würde, was für einen Anfänger nicht zu korrigieren ist. Bleibt das Schothorn im Wasser, greift der Wind zwar auch am Segel an, dreht allerdings sehr träge das gesamte Brett-Rigg-System so lange, bis es sich in der gewünschten Position befindet (Brett und Rigg 90°, Schothorn zeigt in Richtung Lee). Erst jetzt wird das Rigg noch höher gezogen, damit das Schothorn das Wasser verlässt. Die Hände greifen nacheinander von der Aufholschot an den Mast, um die gewünschte Grundstellung einzunehmen.

Hierbei ist entscheidend, dass man den Wind als Hilfe begreift und das Segel so stehen lässt, wie es der Wind haben möchte. Ein Arbeiten gegen den Wind ist in jedem Fall kontraproduktiv. Dies gilt sowohl für die Arm- als auch für die Beinarbeit. Die Füße sollten flexibel umgesetzt werden, sodass der Schüler immer gerade in Richtung des Masts steht. Die Position des Bretts ist dabei gleichgültig, die Kontrollwahrnehmung für die Körpereinstellung ist stattdessen der Zug des Riggs, der von frontal kommen soll.

5.2.3 Die Anfängerwende

Die Anfängerwende kommt im zeitlichen Ablauf zwar erst nach dem Start und der Geradeausfahrt. Da sie aber Bedingung ist, um wieder zurückzufahren, ist es sinnvoll, sie in der Nähe des Startpunkts zu erlernen, um sie später auch sicher anwenden zu können. Sollte der Schüler Probleme mit der Durchführung der Wende haben, besteht somit auch die Möglichkeit, zum Ausgangspunkt zurückzupaddeln. Es stellt sich die Aufgabe, aus der Grundstellung heraus, das Heck durch Anlehnen des Segels gegen den Wind, unter dem Rigg hindurchfahren zu lassen, um in eine erneute Grundstellung zu gelangen, bei der sich das Heck im Vergleich zur Ausgangsposition auf der anderen Seite befindet (vgl. Abb. 3).

Erfahrungsorientierter und bildender Sportunterricht

Abb. 3: Die Wende

Wenn der Surfanfänger aus der Grundstellung heraus den Mast in Richtung des Hecks kippt und somit das Segel gegen den Wind anlehnt, strömt Wind in das Segel und das Brett setzt sich in Bewegung. Da sich der Segeldruckpunkt in diesem Fall deutlich hinter dem Lateraldruckpunkt befindet, luvt das Brett an. In dieser Phase ist die in Kap. 5.2.2 beschriebene Kontrollwahrnehmung, die sich am frontalen Zug des Riggs orientiert, entscheidend. Da sich das Brett dreht, müssen die Füße um den Mast herum in kleinen Tippelschritten *mitwandern* (vgl. Kap. 5.2.1), damit der Schüler weiterhin frontal zum Rigg steht. Je länger die Arme gehalten werden und umso tiefer sich das Schothorn befindet, umso weiter hinten befindet sich der Segeldruckpunkt und dementsprechend enger und damit auch schneller wird die Kurve gefahren, was die Schüler durch Kontrastaufgaben schnell erfahren.

Durch den Zug im Segel ergibt sich eine relativ stabile Position, bis zu dem Moment, wenn die Kurve so weit gefahren ist, dass das Segel über dem Brett steht, man also genau in Richtung des Windes fährt. Durch ein weiteres Anlehnen des Segels gegen den Wind in derselben Richtung dreht sich das Brett weiter, sodass wieder der für die Grundstellung notwendige 90°-Winkel zwischen Brett und Segel angestrebt werden kann. Wenn der Schüler glaubt, diese Position erreicht zu haben, sollte er noch einmal kurz in die Gegenrichtung schwenken, um die Drehbewegung zu beenden.

5.2.4 Das Starten

Beim Starten stellt sich den Schülern die Aufgabe, aus der ihnen inzwischen bekannten Grundstellung in die in der Tandemeinheit erlernte Fahrstellung zu gelangen. Auch hier spielen wieder unterschiedliche Faktoren, wie das Brettvolumen, die Segelgröße, vor allem aber die Windstärke und die Windkontinuität, eine große Rolle. Ab einer gewissen Windstärke besteht die Notwendigkeit, sein persönliches Gleichgewicht zugunsten eines Systemgleichgewichts aufzugeben. Das Ergebnis, die Fahrstellung, ist den Schülern zwar bekannt, allerdings nicht der Weg dorthin.

Nach Herwig (1988, S. 135) handelt es sich um eine kritische Funktionsphase, was bedeutet, dass die Lösungsmöglichkeiten eng gesteckt sind. Da ein Scheitern bei dieser Aufgabe mit einem Sturz ins Wasser, zumindest aber mit einem hohen Kräfteverschleiß und gleichsam mit einem Abtreiben nach Lee verbunden ist, sollte für die beschriebene Aufgabe des Aufgebens des persönlichen Gleichgewichts eine Situation geschaffen werden, die die Option des Scheiterns minimiert. An dieser Stelle bietet sich erneut der Einsatz des Tandemsurfbretts an. Die Kippstabilität ist deutlich höher, der Lehrer ist in unmittelbarer Nähe und kann ggf. direkt eingreifen, um einen Sturz ins Wasser zu verhindern.

Der Schüler greift in der Grundstellung mit der zukünftigen Masthand an den Gabelbaum. Während er sich auf dem Brett Richtung Heck bewegt, zieht er das Segel an seinem Gesicht vorbei, legt die Segelhand auf und stellt das Rigg ins Gleichgewicht *(Stelle das Rigg so, dass es möglichst leicht wird, es sollte möglichst von alleine stehen!)*, beide Hände befinden sich in bequemer Position am Gabelbaum. Der folgende Startvorgang wird oftmals als Dichtnehmen bezeichnet, eine Bezeichnung, die als ein Zum-Körper-Ziehen der Segelhand beschrieben wird, was bei sehr wenig Wind auch ausreichend ist. Bei stärkerem Wind verändert sich das Dichtnehmen allerdings, da der nun wirkende Segeldruck den Körper des Schülers aus seinem Gleichgewicht in Richtung Lee zu ziehen versucht. Ein enormer Zug auf Segel- und Masthand sowie ein Ausgleichen durch die sogenannte und für den Rücken ungünstige *Klohaltung* sind die Folge. Der Startvorgang ist deutlich komplexer, was bei den Bewegungsanweisungen berücksichtigt werden muss. Die folgenden Anweisungen stellen eine zeitliche Reihenfolge dar und werden einzeln benannt. Der gesamte Vorgang ist allerdings als Einheit zu sehen. Die Koordination der einzelnen Angaben muss erlebt werden (vgl. Abb. 4).

Abb. 4: Das Starten

Bewegungsanweisungen Starten[8]
- Lasse dich mit dem Rücken zum Wind drehend nach hinten fallen!
- Ziehe Segel- und Masthand zu dir hin!
- Schiebe das Brett mit dem vorderen Fuß nach vorne an!

Erst nach sicherer und situationsangemessener Anwendung des Startvorgangs auf dem Tandem empfiehlt sich der Übergang auf das Monobrett.

6 Resümee

Wir haben beschrieben, wie eine Bewegungsvorstellung für das Fahren auf Halbwind aufgebaut werden kann und welche Grundaufgaben der Anfänger zusätzlich lösen muss, um selbstständig surfen zu können. Wir haben dargestellt, dass der beschriebene Ansatz den Ansprüchen eines erfahrungsorientierten Unterrichts durchaus gerecht wird, auch wenn zeitweise instruierende Verfahren Anwendung finden (vgl. Giese, i. d. B., Kap. 5.5). Das Ausprobieren, das Finden von Handlungsmustern für verschiedene Situationen im Windsurfen, ist durch die gegebene Situation in einem Naturraum, in dem es stattfindet, limitiert in der Offenheit der Gestaltung (vgl. Kap. 4). Orientierungshilfen seitens des Lehrers in Form von Vorgaben von Bewegungsmöglichkeiten bis hin zu konkreten Anweisungen sind durchaus Teil dieses Vermittlungskonzepts.

---

8 Zu diesen Aufgaben vergleiche auch die Ausführungen bei Herwig (1988; 1996).

Trotzdem bleibt die Erfahrungsorientierung in dem beschriebenen Ansatz Grundlage der Vermittlung. Auch Anweisungen seitens des Lehrers nehmen es dem Schüler nicht ab, die Bewegung aus seiner Innensicht heraus selbst zu erfahren, mit seinen Sinnen die Situation zu interpretieren und Handlungsmuster in die eigene Bewegungswelt einzuordnen. Bemühungen um eine adäquate Innensicht, stetiges Erfahren und eingefordertes Reflektieren über Ursache-/Wirkungsbeziehung, die ferner im Realraum und nicht etwa in einer Simulation in vitro erfahren wird, bilden die Grundlage der Vermittlung.

Literatur

Mönster, H., Eden, K. & Bohr, B. (2003). *Surfen für Einsteiger.* Hamburg: DSV-Verlag.

Herwig, H. (1988). Windsurfen mit Blinden – eine Herausforderung für die Methodenkonstruktion. *Motorik, 11* (4), 129-142.

Herwig, H. (1996). Der Aufbau von Gleichgewichts-Regulationskompetenz in Abhängigkeit von Antizipation und Situationsauffassung am Beispiel blinder Menschen, die Windsurfen erlernen. In R. Daugs, K. Blischke, F. Marschall & H. Müller (Hrsg.), *Kognition und Motorik* (S. 223-227). Hamburg: Czwalina.

Winbeck, S. (1985). *Spielend Windsurfen lernen.* München: Mosaik-Verlag.

Erfahrungsorientierter und bildender Sportunterricht

Dynamisches Gleichgewicht auf Inlineskates

Hermann Herwig

In aller Regel entwickeln Lehrgänge zum Inlineskaten mehr oder weniger methodisch differenziert die einzelnen Technikelemente dieser Sportart und versuchen dadurch, die Gleichgewichtsfähigkeit der Lernenden als eine der wesentlichsten Handlungskompetenzen mit zu entwickeln. Dieser Beitrag stellt das Erlernen der Gleichgewichtsregulation nicht nur über, sondern teilweise vor das Erlernen von Techniken. Er nimmt diese grundlegende Fähigkeit von Anfang an genauso wichtig, wie es die Lernenden selbst tun – denn niemand will ständig stürzen! Aufbauend auf einem autopoietischen Menschenbild und einem strukturadäquaten Lernmodell, wird ein Lehr-Gang zum Inlineskaten vorgestellt, der Basiserfahrungen adäquater und erfolgreicher Gleichgewichtsregulation entwickelt, auf denen vielfältige und differenzierte Techniken aufbauen könn(t)en. Dabei werden Sprachbilder zur Formulierung von Bewegungsaufgaben vorgestellt, die einen Selbstkonstruktions- und Erfahrungsprozess im Lernenden motivieren, initiieren und ggf. auch korrigieren können. Zur Veranschaulichung wird ein möglicher Weg durch einen solchen Lehrgang abschließend als Schwamm aus (Sprech-)Blasen dargestellt.

1 Einleitung

Inlineskates sind nicht nur eine raffinierte Ergänzung der Möglichkeiten, sich als Mensch ohne Motor schnell fortzubewegen und damit – im Kontrast zum Laufen – sehr viel Energie zu sparen, sie erfreuen sich zudem als Freizeitsportgeräte in vielfältigen Ausprägungen großer Beliebtheit bei Kindern, Jugendlichen und Leistungssportlern. Menschen, die Inlineskates anziehen, machen dies dabei aus unterschiedlichsten Beweggründen. So unterscheiden sich Sonntagsausflügler auf einem Radweg ohne Gefälle in ihren Sinnmanifestationen sehr von *Speedskatern* oder Jugendlichen in einer Halfpipe oder von *Funpark-Skatern*.

Didaktik formuliert Absichten, Ziele und Vorgaben und begründet diese –, aber erst in der konkreten Umsetzung kann sie etwas im Menschen bewirken, denn *Didaktik findet im Tun statt*. In diesem Beitrag legen wir daher den Schwerpunkt auf

Dynamisches Gleichgewicht auf Inlineskates

die Darstellung eines Methodikkonzepts, das Anfängern einen möglichst effektiven, leichten und freudvollen Zugang zum Erlernen der dynamischen Gleichgewichtsregulation auf Inlineskates eröffnet. Dieses Konzept ist zum einen mit Lerngruppen unterschiedlicher Altersstufen im Sportunterricht über viele Jahre entwickelt und erprobt und zum anderen in Fort- und Weiterbildungsveranstaltungen Sportlehrern und auch Sportärzten vorgestellt worden. Auf besonders positive Resonanz stieß dabei die Tatsache, dass nicht allein das Bewegungslernen im Vordergrund steht, sondern stets das Wahrnehmungslernen und die Entwicklung der Kompetenz zur dynamischen Gleichgewichtsregulation. Denn so wie Inlineskates das persönliche Gleichgewicht ständig *in Gefahr bringen* und damit Angst vor Stürzen induzieren können, sind sie auch dazu da, das dynamische Gleichgewicht während einer zügigen Fortbewegung ständig regulieren zu können und daraus Genuss zu ziehen.

Im Mittelpunkt des Konzepts steht also die *er-fahrene Erfahrung* (in labiler Gleichgewichtslage auf Inlineskates), dass das menschliche Gleichgewichtsregulationssystem relativ rasch aus dem Zustand der Überforderung und der situativen Inkompetenz in den Zustand von Kompetenz versetzt werden kann und daraus die verschiedensten Formen entstehen können. Nicht diese Formen selbst – also z. B. die Bewegungskunststücke in einer Halfpipe oder die Techniken des Speedskatens – stehen im Mittelpunkt der Einführung, sondern die zugrunde liegende Grammatik des Erwerbs adäquater dynamischer Gleichgewichtsregulationsleistung – und der Genuss daran. Im Sinne des konstrukttheoretischen Transferbegriffs liegt nachgerade darin die überdauernde Potenz übertragbarer Erfahrungen – wer weiß, welche gleichgewichtsfordernden Sportgeräte noch alle erfunden werden![1]

---

[1] Strukturverwandte Ansätze liegen auch der Methodenkonstruktion beim Windsurfen (vgl. Herwig, 1996a), beim Fahrradfahren (vgl. Herwig, 1996b) oder beim Skilaufen zugrunde (vgl. Herwig, 2006).

2 Am Anfang muss die Fallschule stehen – oder nicht?

Neben dem Anlegen einer kompletten Schutzausrüstung und dem Tragen eines Skaterhelms wird in Lehrgängen für Anfänger häufig die Technik des Fallens zum Sicherheitsthema erklärt und den anderen Lernprozessen vorangestellt (vgl. z. B. Michels, 2002). Dahinter steht das Paradigma, dass Stürze am Anfang unausweichlich sind und folgerichtig zuerst das Fallen erlernt werden müsse. Mit folgenden Argumenten plädieren wir für einen Paradigmenwechsel hin zur Zentrierung auf die dynamische Gleichgewichtsregulationskompetenz als Garant für einen erfolgreichen, freudvollen und sturzarmen Lernprozess – was keineswegs ausschließt, das Fallenlassen auf die Protektoren zu einem späteren Zeitpunkt im Lernprozess als eine weitere Kompetenz zusätzlich zu thematisieren:

- Verlieren Anfänger das persönliche Gleichgewicht, so stürzen sie auf Grund *fremder Kräfte*, sie können auf die Fallrichtung in der Regel keinen Einfluss mehr nehmen und das *Fallenlassen* bewusst planen bzw. technikorientiert als eigenständige Handlung ausführen (in der Regel fallen sie aufs Gesäß, weil ihnen die Füße nach vorne wegrollen).[2]
- Verschätzt man sich bezüglich der (noch nicht antizipierbaren) *fremden Kräfte* und stürzt – beispielsweise beim Fahren einer Kurve –, *so geht alles furchtbar schnell und völlig unerwartet* und es bleibt wiederum keine Zeit, das Sichfallen-Lassen zu planen und korrekt auszuführen. Ferner landet man bei solchen Stürzen weit eher auf der Seite als auf den Protektoren.
- Fallübungen selbst bedrohen Anfänger mehr, als dass ihnen die (versprochene) *Sicherheit auf Vorrat* einleuchtet; die meisten Teilnehmer an Fort- und Weiterbildungsveranstaltungen waren auf Nachfrage recht froh darüber, dass die Fallschule nicht am Anfang des Lehrgangs stand. Schließlich beginnt man als Fahranfänger in einer Autofahrschule auch nicht mit dem Einüben von Notbremsungen und einem Schleuderkurs auf nasser Straße.
- In der persönlichen Handlungshierarchie eines Anfängers steht das Interesse, auf den Inlineskates stehen zu bleiben und nachgerade *nicht* hinzufallen am höchsten. Die Zentrierung auf die adäquate Anpassung der Gleichgewichtsregulationskompetenz bedient dieses Interesse sofort, das Betonen

---

2 Vergleiche beispielsweise die exakte Technikbeschreibung und Bildfolge in AOK (o. J., S. 22).

Dynamisches Gleichgewicht auf Inlineskates

und Begründen der Fallschule bringt das Stürzen ins Bewusstsein und wirkt deshalb evtl. angstinduzierend und zieht Verkrampfungen nach sich. Der beste Schutz vor Verletzungen durch Stürze ist noch immer, das Gleichgewicht nicht zu verlieren – diesen Verlust auch nicht zu fürchten, da man den Regulationsleistungen seines Gleichgewichtssystems vertrauen kann.

- Die Wahl der dem momentanen Könnensstand angemessenen Geschwindigkeit und die des Kurvenradius (respektive die adäquate Einschätzung von Trägheitskräften) sind mit der Kompetenz zur Gleichgewichtsregulation untrennbar verbunden. Als Lehrkraft gilt es also, genau diese situativen Bedingungen sehr genau zu bewachen und die Lernenden vor solchen Situationen zu schützen, denen sie (noch) nicht gewachsen sind.
- Protektoren und Fallkompetenz können zu einem *Airbageffekt* und – insbesondere bei heißspornigen Jugendlichen – zu einer Überschätzung ihrer Leistungsfähigkeit und dadurch zu einem höheren Sturz- und Verletzungsrisiko führen.

3 Praxis-Theorie-Bezüge

Grundsätzlich gehen wir davon aus, dass die dynamische Gleichgewichtsregulation des Menschen auf zwei Beinen – und dazu noch auf Rollen an den Füßen – eine der komplexesten psychoregulatorischen Leistungen des menschlichen Bewegungs- und Wahrnehmungsapparats darstellt. Für diese Performance dienen die Wahrnehmungsmodalitäten der Haptik (bzgl. der Fußsohlen), der Kinästhesie (bzgl. der Beine, des Rumpfs und des Halses), des Vestibulärsystems (bzgl. der Lageregulation des Kopfs im Raum und seiner Beschleunigungszustände) und die des Visus als ständige Informationsquellen für das Gehirn und den Bewegungsapparat. Das visuelle System liefert dabei über das *optic-flow-field* einerseits Informationen über die momentane Bewegungsrichtung der Lokomotion, andererseits über die momentane *Geschwindigkeit* (vgl. Gibson, 1973; Munz, 1989). Ferner dient der optische Horizont – sofern man den Kopf nach ihm ausrichtet und z. B. nicht nach unten oder über die Schulter schaut – als *optischer Halt* auch für die Gleichgewichtsregulation. Auf diese Hintergründe werden sich Aufgaben, Experimente und methodische Maßnahmen weit häufiger beziehen als auf einzelne Techniken des Inlineskatens.

Erfahrungsorientierter und bildender Sportunterricht

Lernen und Erfahren verstehen wir als Auf- bzw. Umbau von Situations-Aktions-Effekt-Beziehungen durch Subjekte im Sinne der Selbst-Gestaltung (Autopoiesis) in der Auseinandersetzung mit der Umwelt (vgl. Giese, i. d. B). Lehren verortet sich daher dort, wo man Situationen so präparieren kann, dass lernende Subjekte etwas entdecken können, was ihre Performance erhöht. Begriffe wie *Instruieren*, *Unterrichten* oder *Beibringen* haben nur zusammen mit obigem Paradigma einen Sinn. Dies gilt besonders für jeden Versuch, das komplexe Gleichgewichtsregulationssystem des Menschen direkt zu *unterrichten*, wie es sich in einer unbekannten Situation unter nicht antizipierbaren physikalischen Bedingungen verhalten soll. Man kann dieses System nur *lernen lassen*, adäquate Reaktionen *entdecken lassen* und ihm genau dabei durch die Strukturierung der Situationen und durch ergebnisoffene Aufgaben im Sinne einer *geführten Entdeckung* helfen (vgl. Herwig, 1994; 1996a; 1996b; 2004; 2006).

Der Beitrag schildert im Folgenden chronologisch, durch welche methodische Gliederung und welche methodischen Maßnahmen erfahrungsorientiert in das Inlineskaten und die dafür notwendige dynamische Gleichgewichtsregulation eingeführt werden kann. Die Hintergrundinformationen und theoretischen Grundlagen dazu werden – den Lehrkräften als Informationsquelle dienend – stets von der Beschreibung des Lehrgangs abgesetzt.

4 Lehrgang zum Inlineskaten: Vorbereitungen

4.1 Situative Rahmung

Eine Sporthalle bietet optimale Rahmenbedingungen für einen Einführungslehrgang in das Inlineskaten. Der Boden ist glatt, es gibt weder Hindernisse noch Stolperfallen, der Raum ist klar strukturiert, an den Wänden gibt es Geräteanbauten zum Festhalten und nirgends Gefälle. Das Benutzen der Heelstopper zum Bremsen muss in der weiter unten entwickelten Logik des Lehrgangs gar nicht thematisiert werden, somit müssen auch keine Bremsspuren befürchtet werden. Und wenn schon: Was sind ein paar Bremsspuren auf dem Boden im Verhältnis zu abgeschürfter Haut, die man als Anfänger auf Teer verteilt – oder auch nur die reine Vorstellung, es würde einem beim Hinfallen solches widerfahren!

4.2 Geräteerkundung

Neue, unbekannte Sportgeräte wie Inlineskates gibt man Lernenden zunächst in die Hand und lässt sie Bauteile explorieren und vermutliche Funktionen antizipieren. Neben dem ganz Besonderen – der Schiene mit den vier Rollen und evtl. der Heelbremse an einem der Skates – werden sie Bekanntes entdecken, z. B. den festen, hohen Schuh, Schnürsenkel, Klettverschlüsse oder auch Komisches, wie beispielsweise die Schließspangen. Im Knien werden die Skates anschließend auf dem Boden bewegt und dabei können die Lernenden bereits entdecken, dass die starre Schiene keine Lenkung enthält, so wie sie sie evtl. von Skateboards oder Rollschuhen bzw. Rollerblades her kennen. Durch Kippen über die Ferse und Schieben auf dem Boden kann eine erste, rudimentäre Vorstellung entstehen, welche Funktion die Heelbremse haben kann, aber alle bis hierhin aufgebauten Funktionsbeziehungen sind noch nicht *handlungsüberprüft*, sondern zunächst individuell und *privat*, evtl. auch gar nicht funktional. Lehren heißt demnach, die Startvorstellungen schnellstmöglich in *Handlungsvorstellungen* zu überführen und – im Wortsinn durch *Er-Fahren* – den Aufbau von Aktions-Effekt-Beziehungen zu ermöglichen. Beiläufig kann die Geräteerkundung aber auch unbeabsichtigt angstinduzierend wirken und ein Gefühl der Inkompetenz erzeugen *(Oh Gott, auf den wackligen Dingern kann ich mich sicher nicht halten!)*. Positive Erwartungen im Lernenden durch die Geräterkundung bzgl. dessen, was auf ihn zukommt, geweckt zu haben, ist keineswegs immer gewiss.

Erfahrungsorientierter und bildender Sportunterricht

4.3 Anziehen im Sitzen – erstes Aufstehen

Beim Anziehen der Protektoren und der Inlineskates werden viele Schüler Hilfe durch den Lehrer benötigen, sei es, um den linken vom rechten Handprotektor zu unterscheiden, sei es, um den Ellbogen- vom Knieprotektor zu unterscheiden oder den Schuh angemessen fest zu schließen. In dieser Phase sollten sie auf einer Turnbank sitzen und unabhängig von Gleichgewichtsanforderungen alle aufs Anziehen bezogenen Fragen in Ruhe stellen dürfen.

Das *Auf-die-Füße-Stellen* stellt danach eine echte Herausforderung dar, sind die Füße doch untrennbar mit den Rollen verbunden. Ein zögerliches, vorsichtiges Aufstehen führt zu dem (oft sogar erwarteten) Effekt, dass die Füße keinen Halt finden, sondern sich mit den Inlineskates *selbstständig* machen. An dieser Stelle brauchen viele Lernende handgreifliche Hilfe: Man reiche ihnen beide Hände, stelle seinen eigenen Fuß (ohne Skates daran!) quer vor beide Füße des Lernenden und fordere ihn auf, beherzt und rasch aufzustehen – in einem Zug, und ja nicht zögerlich! Wenn sich der Körperschwerpunkt erst einmal senkrecht über beiden Schienen befindet, erlebt man die Inlineskates als weniger *rollig* und kann versuchen, entspannt zu stehen. Den *Grad der Entspannung* erfährt die *helfende Hand* dabei über die Festigkeit des Griffs des Lernenden.

> **Hintergrund**
> Ängstliche Schüler suchen in dieser Phase oft unbewusst Körperkontakt und ziehen sich an den Helferhänden zu diesem hin – mit dem Effekt, dass die Inlineskates unter ihnen wegrollen und sie nach hinten kippen. Aus Angst vor einem Sturz stellen sie einen solchen quasi unbewusst selbst her. Daher gilt es zu vereinbaren, dass man sich nie zum Helfer hinziehen, sondern sich nur nach unten auf dessen Hände abstützen darf. Für einen Helfer heißt das im Umkehrschluss natürlich, dass er festen Stand braucht und nicht auf Inlineskates steht – sonst kann seine Hilfestellung zum Problem für den Lernenden werden.

Oft wird vorgeschlagen, zunächst nur *einen* Inlineskate anziehen zu lassen. Davon distanzieren wir uns ausdrücklich, denn die Zentrierung bzgl. der sicheren Gleichgewichtslage bleibt dabei in der Regel auf den Turnschuh gerichtet, das Umlasten auf den Inlineskate erfordert das Halten eines statischen Gleichgewichts auf einem höher gestellten Fuß, was weit schwerer ist, als die Regulation eines dynamischen Gleichgewichts auf beiden Füßen auf gleicher Höhe! Zudem zweifeln wir

Dynamisches Gleichgewicht auf Inlineskates

wegen der fehlenden Authentizität der Situation aus transfertheoretischen Gründen einen positiven Lerneffekt an und sehen eine Einschuhübung eher als *Fortbewegung unter Behinderung durch einen Inlineskate*.

Bei einer größeren Gruppe ist es in dieser Phase (welche die Aufgaben des Aufstehens, des Ziehenlassens und des Kurvenlenkens umfasst) hilfreich und notwendig, mit verteilten Rollen lernen zu lassen: Eine Hälfte zieht die Ausrüstung an, die andere bleibt in Sportschuhen und übernimmt die Helferfunktion. Als Helfer kann man dabei auch sehr wichtige Erfahrungen bzgl. der Gleichgewichtsregulation – des jeweiligen Partners nämlich – machen. Viele Erklärungen, welchen Sinn die beschriebenen Aufgabenstellungen haben und welche Erfahrungen sie ermöglichen, erklären sich dem Helfer nämlich wie von selbst, allein über die Inanspruchnahme von Halt und Stütze durch seinen Partner!

5 Lehrgang zum Inlineskaten: Ins Fahren kommen

Mit Sprachbildern (vgl. auch Grotehans, i. d. B.), nicht mit Bewegungsinstruktionen und der bewussten Bewachung bestimmter, funktionaler, vorgegebener und/oder demonstrierter Bewegungen[3] werden die Lernenden nun in die neue Erfahrungswelt des Inlineskatesfahrens hineingelockt.

5.1 Hinweise zu Sprachbildern

Sprachbilder formulieren ganze Bewegungsgeschichten, sind also nicht nur bloße Metaphern. Sie sollen dem Lernenden auf seinem jeweiligen Könnensstand Handlungsmöglichkeiten erschließen und ihn zum Ausprobieren motivieren, dazu müssen diese Sprachbilder an dessen Vorerfahrungen orientiert sein. Natürlich müssen die Sprachbilder den sachlich gebotenen, biomechanischen Kern einer zu erlernenden Aktions-Effekt-Beziehung im Angebot haben, sie orientieren auf ihn hin, schaffen Startvorstellungen und auch Motivation. Das eigentliche Lernen findet im eigenen Handeln statt, halt im Erfahren!

---

[3] Einen zweistündigen Einführungslehrgang in einer Sporthalle kann man auf diese Weise als Lehrkraft in Sportschuhen gestalten, eigene Inlineskates würden beim Helfen eher hindern.

Hintergrund: Sprechbilder

- ☺ müssen sich auf *etwas* beziehen, die relevanten Informationen liegen im *Etwas*, nicht in den Worten,
- ☺ müssen den individuellen Konstruktionsmöglichkeiten des Adressaten gerecht werden, also subjektorientiert sein,
- ☺ müssen Sinn und Bedeutung enthalten bzw. Sinn machen oder stiften,
- ☺ müssen das Ziel einer Bewegungshandlung klären
- ☹ und dürfen sich nicht in sinnlosen (semantisch leeren), beziehungslosen Details verlieren.

5.2 Rollen wie ein Anhänger mit Zugmaschine

Jeder Lernende hat einen Fußgänger als Helfer, wird also zunächst davon entlastet, selbst für Vortrieb zu sorgen und kann sich je nach Bedarf festhalten. Der Helfer geht rückwärts vor dem Lernenden und reicht ihm beide Unterarme wie Barrenholme zum Festhalten. Durch folgende Sprachbilder wird das Knüpfen von Aktions-Effekt-Beziehungen und Anpassungen der Antizipationen initiiert:

- Deine Arme sind die Deichsel, du bist ein LKW-Anhänger. Lasse dich von der Zugmaschine ziehen, drücke dabei alle acht Räder auf den Boden –, aber schaue nach vorn und nicht den Inlineskatern beim Fahren zu!

- Stelle dir vor, du müsstest in Frankreich auf einer Stehtoilette mit dem Po genau in das Loch im Boden zielen, dass sich zwischen deinen Fersen befindet.

- Schaue immer genau da hin, wo dich die Zugmaschine hinzieht und bewege dich leicht federnd auf und ab (so wie ein gut gefederter Anhänger auf holprigem Boden) –, die Kniescheibe zielt dabei von innen gegen das Hosenbein.

- Ziehe dich nicht zur Zugmaschine hin – das kann ein Anhänger auch nicht!

- Folge der Zugmaschine, wenn sie eine Kurve beschreibt, indem du mit den großen Zehen die vorderste Rolle beider Inlineskates in eine Kurve schiebst. Zwinge den Inlineskates deinen Willen auf!

- Stelle dir vor, du reitest ein Pony – drücke dem armen Tier mit deinen Schenkeln nicht die Luft ab!

Dynamisches Gleichgewicht auf Inlineskates

Hintergrund

Die Aufgabenstellungen zentrieren auf einen festen, aber beweglichen Stand, indem die wichtigsten Balanciergelenke Sprung-, Knie- und Hüftgelenk zur Erfüllung ihrer Aufgaben freigegeben und nicht durch übermäßigen, meist angstindizierten Tonus blockiert werden. Die Ausrichtung des Beckens als Zentrum des Menschen garantiert dabei ebenso eine sichere Gleichgewichtsregulation wie die Ausrichtung des Blicks und damit des Kopfs in Lokomotionsrichtung. Dies ist günstig für die Informationsquellen über das *optic-flow-field*, den optischen Horizont und insbesondere für die normale Eichlage des Vestibulärsystems, in der es am besten arbeiten kann.

Das Lenken von Kurven ist ein aktiver Prozess, bei dem die Fußachse und die Richtung des Schubs des Oberschenkels die Kurve quasi erzwingen müssen. Wer die Lenkmechanik von Skateboards kennt, versucht hier häufig, den Schuh zu kippen, um zu lenken –, ohne die gewünschte Wirkung zu erzielen.

Viele Anfänger verkrampfen in ihren Adduktoren und ziehen beide Knie dadurch zusammen, sie versuchen, ein Kippen nach außen zu verhindern, obwohl sie das gar nicht wirklich bedroht.

Zur Wahrnehmungsdifferenzierung und zur Auslotung von Differenzerfahrungen bieten sich kontrastierende Experimente an, die mit den folgenden Aufgaben initiiert werden können:

- Experimentiere mit der Federung des LKW-Anhängers, stelle sie zu weich und zu hart ein.
- Experimentiere mit der Blickrichtung und der Kopfhaltung, schaue z. B. mal über eine Schulter nach hinten oder genau vor die Zehen.
- Finde die bequemste und angenehmste Art, dich als LKW-Anhänger ziehen zu lassen.
- Verändere während der Fahrt auch mal die Spurbreite: Hinterlasse eine schmale Spur oder eine breite Spur und verändere die Spurbreite aktiv während der Fahrt wie beim Zöpfeflechten.

Erfahrungsorientierter und bildender Sportunterricht

Bis hierher sind die Lernenden ein paar Meter auf Inlineskates gezogen worden, konnten sich festhalten und haben erste Rollerfahrungen machen können. Das nächste Ziel ist das Loslassen der Helferarme – hierzu empfehlen wir einen sehr bewährten Trick: Man tausche die Unterarme der Helfer gegen zwei Päckchen Papiertaschentücher oder zwei ähnliche Gegenstände aus, an denen die Lernenden sich weiterhin *festhalten* können.[4] Viele werden einen solchen *Ersatzhalt* dankend annehmen, manche vielleicht auch nicht – und Letztere werden auch keinen Halt mehr brauchen. Weiterhin sollte der Helfer in dieser Lernphase für den Antrieb sorgen, indem er den LKW-Anhänger von hinten in Hüfthöhe schiebt (nicht an den Schultern, das erzeugt ein Kippmoment). Länger als 10 Minuten wird diese Lernsequenz nicht dauern müssen, je entspannter die Lernatmosphäre, umso rascher kann sich das Gleichgewichtsregulationssystem an die neuen Bedingungen anpassen.

5.3 Pendelgleichgewicht als Systemgleichgewicht ermöglicht das Vorwärtskommen

Inlineskater skaten – das weiß doch jeder! Aber wie funktioniert das eigentlich, was muss man tun, und – was muss man *zulassen, dass es geschieht?* Gerade den letzten Aspekt kann man sich nicht abschauen, man muss ihn selbst er-fahren und lernen, sich darauf zu verlassen. Zum Aufbau des Grundmusters und insbesondere zur Zentrierung auf ein dynamisches Pendelgleichgewicht beim Skaten dient die nächste Gruppe von Aufgaben.

Sehr bewährt hat sich, einen langen Stock zu benutzen, mit dem man das Pendel eines Metronoms anschaulich machen kann. Die Lernenden (mittlerweile hat die Gruppe ihre Ausrüstung angezogen) stehen mit dem Rücken an einer Wand und haben die ganze Länge der Sporthalle vor sich. Die Lehrkraft stellt vor einen Lernenden den langen Stock (wenn nötig, kurz mal vor jeden), lässt ihn wie ein Metronom hin- und herpendeln und taktet dabei laut mit *„Ticktack – ticktack …"*. Fangen die Lernenden an, wie ein Metronom hin- und herzupendeln (wobei die Inlineskates die passenden Geräusche machen werden, sofern die Lernenden sich trauen, zur Gänze hin- und herzupendeln), so stellen sie meist verblüfft fest, dass sie

---

[4] Auch wenn die automatische Gleichgewichtsregulation längst erfolgreich für einen Menschen arbeitet, muss er noch lange nicht an diese Leistung glauben. Haben die Hände *etwas zum Festhalten,* gibt dies den Lernenden das subjektive Gefühl von Halt und lässt sie entspannter lernen.

Dynamisches Gleichgewicht auf Inlineskates

von ganz alleine anfangen, sich von der Wand weg, in die Halle zu bewegen – obwohl sie da eigentlich gar nicht hinfahren wollten. Sie werden also davon überrascht, dass die Inlineskates *etwas für sie tun*, und sie lernen gleichzeitig, dass das Vorankommen mit dem Pendeln untrennbar verbunden ist.[5]

Hintergrund Biomechanik
Dieser Effekt hat mit dem Winkel zu tun, den die beiden Achsen der Füße bzw. Inlineskates zueinander bilden und der darin verborgenen Vektorzerlegung in Vortriebs- und Querkraftanteil der lateralen Beschleunigungskräfte, die beim Hin- und Herpendeln auftreten. Sind beide Achsen exakt parallel, ergibt sich kein Vortriebsanteil – die Lernenden kommen nicht von der Wand weg. In der Regel steht man aber mit leicht geöffneten Füßen bequem (ein Blick auf die Füße zeigt der Lehrkraft sofort, was passieren wird) und bekommt es beim Pendeln – ohne jede bewusste Bewachung von Abdruck und Rollen – mit diesem Effekt zu tun. Nur bei Lernenden, die ihre Füße genau parallel halten – oder gar mit eingedrehten Zehen stehen –, muss man sie bitten, die Füße etwas nach vorne zu öffnen.

Selbstverständlich bietet sich dieser Effekt, wenn man ihn ins Bewusstsein bringt, hervorragend zur Reflexion an. Ferner kann man ihn sofort für zwei weitere interessante Funktionen, das Langsamerwerden und das Rückwärtsfahren, nutzen:

Von 0° bis 90° der Fußachsen zueinander nimmt der Vortriebsanteil ständig zu, man kommt also (in Richtung der Winkelhalbierenden) am schnellsten voran, wenn man die Achsen 90° zueinander ausrichtet. Schließt man aber während der Fahrt im Pendelgleichgewicht den Winkel nach und nach bis 0°, so wird man in Fahrtrichtung wieder langsamer – ohne zu bremsen oder das Pendelgleichgewicht aufzugeben. Darin liegt eine erste, sehr vertrauensbildende Möglichkeit der Geschwindigkeitskontrolle unter ständigem Pendelgleichgewicht. Ferner wird klar, wie man rückwärts skaten kann – man muss die Fußachsen nur nach hinten zueinander öffnen: Losfahren, schneller werden, langsamer werden – und das alles sogar rückwärts – gehorcht also ein und derselben Schemaregel.

---

5 Dieses Unterrichtssetting illustriert eindrucksvoll, wie Erfahrung und Bildung – auch auf einer vorsprachlichen Ebene – durch den Körper möglich sind und dass die notwendige Störung der Antizipation, die einleitend als Bedingung der Möglichkeit von Bildung und Erfahrung beschrieben wurde (vgl. Giese, i. d. B.), nicht ausschließlich in einem stolpernden Misslingen liegen muss. Im Gegenteil: Hier liegt sie buchstäblich in einem unerwarteten, aber gelingenden (Er-)fahren.

Erfahrungsorientierter und bildender Sportunterricht

Hintergrund dynamisches Gleichgewicht
Ein statisches Gleichgewicht können Menschen – zumindest im Stehen – sehr viel schwerer über längere Zeit aufrechterhalten als ein dynamisches Gleichgewicht. Bewegung ist Wahrnehmung – und Wahrnehmung ist Bewegung! Durch ständige Wechsel von Spannungen und Entspannungen der Muskulatur und Beschleunigungskomponenten im kinästhetisch-vestibulären System werden dem Gehirn zur Regulation des Gleichgewichts als *Invariante im Zustand von Bewegung* weit mehr Informationsquellen angeboten, als dies beim statischen Gleichgewichthalten möglich ist (Herwig, 1994; 1996a-c). Sichbewegen als Eigenaktivität vermittelt zudem Handlungssicherheit, man fühlt sich nicht einem Bewegtwerden ausgeliefert und damit weitaus kompetenter.

Nicht vergessen werden darf in dieser Phase des Lernens, den Blick vom Boden zu heben und den Kopf nach wie vor in die Generalrichtung der Lokomotion auszurichten. Nur so sind Augen, Ohren und Vestibulärsystem als paarige Organe optimal justiert und können ein Optimum an Leistung für die Regulation des dynamischen Gleichgewichts erbringen. Kleine Experimente machen dies schnell klar. Aus dem Blick geradeaus mal eben kurz vor die Füße oder gar über die Schulter nach hinten schauen, und das Gleichgewichtsempfinden wird sofort gestört. Mit wachsender Erfahrung kann man sich diesbezüglich weit mehr *erlauben*, nicht aber gleich am Anfang. Viele Anfänger machen den Fehler, ihren Füßen bei der Arbeit zuzuschauen, statt sich auf deren Beitrag zum Vorwärtskommen zu verlassen. Außerdem mag es immer noch hilfreich sein, den Händen etwas zum Festhalten zu geben und dieses *etwas* ständig vor sich herzuschieben, etwa so wie einen Einkaufswagen. Dadurch bleiben die Hände vor dem Körper (wo sie hingehören) und können sich zur Not mal *an etwas* festhalten.

Dynamisches Gleichgewicht auf Inlineskates

6 Lehrgang zum Inlineskaten: Kompetenz im Fahren erweitern

Ist man, wie oben beschrieben, ins Fahren gekommen, so kann man bereits seine Runden in der Halle drehen. Die Bögen werden einfach durchlaufen, man schaut, wo man hinwill und wird dort auch hinfahren.

6.1 Übergang vom Pendeln zum Fahren

Hat man genügend Schwung durch das Pendeln aufgenommen und möchte diesen auf beiden Füßen *verfahren*, so kann es zu einer Gleichgewichtsbedrohung kommen, wenn man einfach nur aufhört mit dem Pendeln und sich auf beide Füße stellt. Der Übergang vom dynamischen Pendelgleichgewicht zu einem statischen, gepaart mit gleichmäßiger Geschwindigkeit, *klaut* dem Gehirn wichtige Informationsquellen für die Gleichgewichtsregulation und man erlebt ein kurzes *Huch!*[6] Dieses kurze, aber bedrohliche *Wahrnehmungsloch* kann mit einer zusätzlichen Bewegung gestopft werden:

> Stelle dir vor, du musst genau in dem Moment, in dem du nicht mehr pendelst, sondern dich auf beide Füße stellst, unter einem Baustellenabsperrband hindurchtauchen, das etwa stirnhoch quer vor dir gespannt ist.

Umfang und Timing der Lösung dieser Aufgabe eignen sich wiederum hervorragend als Experiment, in dem Erkenntnisse durch Eigen- und Fremdbeobachtungen gewonnen werden können. Die Lernenden werden beides rasch finden, für sich nutzbar machen und sich noch etwas sicherer auf den Inlineskates fühlen.

---

6 Durch einen kurzen Korrekturkreis beider Arme kann man diesen subjektiv als solchen erlebten Gleichgewichtsverlust von außen erkennen.

Erfahrungsorientierter und bildender Sportunterricht

6.2 Das Kurvenfahren

Bereits als LKW-Anhänger hat man gelernt, beide Inlineskates in eine Kurve aktiv hineinzulenken. Jetzt bietet es sich an, die Ecken der Sporthalle auf diese Weise zu durchfahren. Hat man genügend Schwung entlang einer Hallenwand durch Skateschritte aufgenommen, fahre man auf allen acht Rollen durch die Kurven. Dabei gibt es zwei prinzipielle Möglichkeiten, nämlich das Außenbein mehr zu belasten oder sich mehr übers Innenbein in die Kurve zu ziehen. Anfänger werden ganz sicher außenbeinzentriert fahren und können dabei erneut mit einer nicht antizipierbaren Wirkung konfrontiert werden, die ihr Gleichgewicht bedroht: Erhöhter Druck aufs Außenbein beschleunigt in die Kurve, man fühlt sich wie auf einem Teppich, den jemand unter den Füßen wegzieht.

Daher empfiehlt es sich, die unterschiedlichen Wirkungen experimentell bewusst werden zu lassen. Nachdem die Lehrkraft hat klären können, was der Unterschied zwischen *Außenbeinlenkung* und *Innenbeinlenkung* (durch Verschiebung des Körperschwerpunkts) sein dürfte, lässt sie die Lernenden mehrere Runden in der Halle drehen und dabei abwechselnd eine Ecke außen- und die nächste Ecke innenbeinzentriert durchfahren. Bisher hat noch jeder dabei den Unterschied deutlich bemerkt: Fährt man übers Außenbein, so wird man in der Kurve schneller, fährt man übers Innenbein, so wird man spürbar langsamer. Die einen werden diesen Effekt gerne in ihr Repertoire aufnehmen, um Geschwindigkeit loszuwerden, die anderen, um sie zu erhöhen bzw. den Schwung zu erhalten – jedenfalls sollte niemand wegen dieses Effekts stürzen. Daher wird mit der Außenbeinzentrierung die folgende Bewegungsvorstellung verknüpft:

> Stelle dir vor, der Hallenboden ist unter Wasser gesetzt, das Wasser steht dir bis zum Hals. Die Wasseroberfläche ist 2 cm dick gefroren, du schiebst mit deinem Nasenbein wie ein Eisbrecher eine Fahrrinne ins Eis. Gehe dazu etwas tiefer, damit das Nasenbein im Eis ist und schiebe genau dann, wenn die Kurve anfängt, kräftig mit dem Nasenbein gegen das Eis. Schaue dabei genau in die Kurve, die du ins Eis brechen willst.

Dynamisches Gleichgewicht auf Inlineskates

Dieses Sprachbild zentriert auf die Führung durch den Kopf, richtet den Blick in die kommende Kurve und richtet – auf Grund der Widerstandserwartung – muskuläre Aktionen in die kommenden Beschleunigungskräfte hinein, wodurch die Schüler nicht auf unerwartete Wirkungen *reagieren* müssen, sondern ihnen aktiv entgegengehen, was mit weit größerem Erfolg verbunden ist. Der Erfolg liegt also weniger in einer korrekten Technik als vielmehr in einer stimmigen Antizipation (vgl. Hasper, i. d. B.). Trifft ein Lernender dabei nicht die exakte Dosierung der Vorbewegung des Kopfs und droht dadurch nach hinten zu kippen, kann innerhalb des Sprachbildes elegant und ohne wertenden Beigeschmack korrigiert werden:

> Das Eis ist nicht 2 cm, sondern bei deiner Geschwindigkeit schon 4 cm dick![7]

Das Fahren von Kurven über das Innenbein ermöglicht es, Energie in einer Art Schneckenhaus zu verfahren, indem man den Radius nach und nach enger einstellt und am Ende in einer kleinen Pirouette auf der Stelle dreht. Das Innenbein trägt dabei den größten Teil des Körpergewichts, der äußere Inlineskate wird wie der Bleistift eines Zirkels mitgezogen. Hier droht am Ende der Pirouette ein Gleichgewichtsverlust, dem man entgeht, wenn man 2-3 kleine Schritte auf der Stelle macht, just wenn alle Energie verflogen ist. Auch hier braucht das Gehirn weiterhin Informationen aus der Eigenbewegung, das System kommt sonst nicht problemlos zur Ruhe. Hat man genügend Platz, kann man ohne technische *Bremse* kinetische Energie loswerden und elegant auf einem Punkt anhalten. Der Anstoßkreis in der Mitte einer Halle ist zum Üben ideal geeignet. Drehen die Lernenden in der Halle ihre Runden (nicht vergessen: auch mal den Drehsinn zu ändern), kann der eine oder andere immer mal wieder zum Mittelkreis einlenken und dort wie ein Insekt die Lampe umkreisen, um schlussendlich in den Kreis einzuschneckeln und im Mittelpunkt zum Stehen zu kommen.

---

7   Ein solcher Hinweis wird sicher eher dankend angenommen als die Beschreibung und anschließende Korrektur eines Fehlers.

Erfahrungsorientierter und bildender Sportunterricht

6.3 Fallübungen als „geplanter Nothalt"

Der *geplante* Fall auf Knie, Ellbogen und Handschützer lässt sich sehr angst- und schmerzfrei vorüben, wenn man ihn zunächst auf einem Weichboden ausführt. Man kann sogar mit ein klein wenig Rollenergie auf die Kante des Weichbodens zufahren und einen *Stolpersturz* simulieren, wodurch die gnadenlose Wirkung der Trägheitskraft ins Bewusstsein kommt. Ist mehr kinetische Energie im Spiel, wird jedem sofort einleuchten, dass man auf den Protektoren über den Boden *rutschen* muss, um diese Energie loszuwerden. Die Vorstellung, wie ein Flugzeug auf der Landebahn aufzusetzen – wobei das Bugrad (die Hände) zuletzt den Boden berühren, ist dabei sicherlich sehr hilfreich, den nötigen Bremsweg gleich ins Fallschema mit aufzunehmen.

Aber – wie eingangs hergeleitet – soll nicht das Fallen im Mittelpunkt des Anfängerlehrgangs stehen, sondern das Gleichgewicht. Daher sind die objektiv verfügbaren Informationen, die man benötigt, um kompetent Inlineskaten zu können, zunächst stets danach befragt worden, ob und wieweit sie für das Gleichgewichthalten-Lernen relevant sind.

7 Ein Lehrgang als individueller „Schwamm aus Blasen"

Um die Methode der Aufgabentransformation anschaulich darzustellen, wählen wir ein Modell, das jeder Aufgabe (bzw. jedem Situationsarrangement) eine *Sprechblase* gibt. Häufig verlangt die Lösung der nächsten Aufgabe, dass die vorherige – oder auch alle vorherigen – erneut mitgelöst werden, die psychoregulatorischen Anforderungen werden also nach und nach höher und komplexer. Dennoch bleibt jede Aufgabe (jedes Sprachbild) eine geschlossene Handlung mit dem Ziel Effekterwartung und unterschiedlich großen motorischen Freiheitsgraden und stellt daher keine *Übung* bzw. *Instruktion* dar (vgl. Giese, i. d. B.). Beim Lösen der Aufgaben wird sowohl seitens der Bewegungen als auch seitens der Wahrnehmung ständig etwas Neues gelernt, häufig kommt es zu *Ach-so-Effekten*. Eine neue *Sprechblase* dockt sich an die vorherigen also immer an, so wie mehrere Seifenblasen sich auch zu einem schwammartigen Gebilde zusammenkleben können. Natürlich kann man eine irrelevante Aufgabe (für nachgerade diesen Lernenden) auch einmal auslassen oder bei Problemen oder Fragen, die den Lernprozess zum Stocken

Dynamisches Gleichgewicht auf Inlineskates

bringen, wieder zu einer der vorherigen Blasen zurückkehren oder zwischendurch an sie erinnern (anstelle einer Bewegungskorrektur). Am Ende eines Lehrgangs repräsentiert ein Protokoll aus allen gestellten (und gelösten) Aufgaben dann eine Art individuellen Lehrlernweg für jeden einzelnen Lernenden (vgl. Abb. 1).

Ein solches Protokoll sei exemplarisch einmal dargestellt. Mit einer Power-Point-Präsentation könnte man die einzelnen *Sprechblasen* nach und nach zum ganzen *Schwamm* sehr anschaulich zusammenschieben.

Abb. 1: Individueller Lernschwamm

Literatur

AOK-Bundesverband. (Hrsg., o. J.). *Easy Inline. Inlineskaten – aber sicher!* AOK-Verlag Remagen.

Bietz, J. (2001). Sprache, Vorstellung und Bewegung – eine symboltheoretische Betrachtung. In J. Nitsch & H. Allmer (Hrsg.), *Denken – Sprechen – Bewegen* (S. 174-180). Köln: Moser.

Gibson, J. J. (1973). *Die Sinne und der Prozeß der Wahrnehmung.* Bern et al.: Huber.

Herwig, H. (1994). Strategien zum Aufbau adäquater Gleichgewichtsregulationskompetenz im Sportunterricht mit Sehgeschädigten. In: Verband der Blinden- und Sehbehindertenpädagogen VBS (Hrsg.), *Ganzheitlich bilden – Zukunft gestalten. 31. Kongress der Blinden- und Sehbehindertenpädagogen* (S. 426-434). Hannover: Verein zur Förderung der Blindenbildung (VzFB).

Herwig, H. (1996a). Der Aufbau von Gleichgewichts-Regulationskompetenz in Abhängigkeit von Antizipation und Situationsauffassung am Beispiel blinder Menschen, die Windsurfen erlernen. In R. Daugs, K. Blischke, F. Marschall & H. Müller (Hrsg.), *Kognition und Motorik* (S. 223-227). Hamburg: Czwalina.

Herwig, H. (1996b). Fahrradfahren-Lernen und das Gleichgewicht – ein Problem? In J. Bekker & H. Probst (Hrsg.), *Ansichten vom Fahrrad* (S. 149-178). Marburg: Verlag des Bundes demokratischer Wissenschaftlerinnen und Wissenschaftler (BdWi).

Herwig, H. (1996c). Gespräch mit Hermán Reglo über Koordination und Balance auf dem Liegerad Flevo-bike. In J. Becker & H. Probst (Hrsg.), *Ansichten vom Fahrrad* (S. 208-218). Marburg: Verlag des Bundes demokratischer Wissenschaftlerinnen und Wissenschaftler (BdWi).

Herwig, H. (2004). Die unsichtbare Welt des Gleitens. Blinde Schüler lernen Skifahren. *Sportpädagogik, 28* (6), 42-44.

Herwig, H. (2006). Gleiten auf Ski: Ein Wintersportkurs für blinde und sehbehinderte Schüler. FdSnow. *Fachzeitschrift für den Skisport, 29,* 12-21.

Herwig, H. & Schmidt, D. (2001). Rollen – Gleiten – Balancieren. Gleichgewicht, Risiko und Funktionslust. *Lehrhilfen f. d. Sportunterricht, 50* (6), 11-14.

Michels, H. (2002). Inline-Skaten im Sportunterricht. *Sportunterricht, 51* (7), 204-209.

Munz, C. (1989). Der ökologische Ansatz zur visuellen Wahrnehmung: Gibsons Theorie der Entnahme optischer Information. *Psychologische Rundschau, (40),* 63-75.

Scherer, H.-G. (1998). Ein situationsorientiertes Lernmodell für eine situative Sportart. In G. Schoder (Hrsg.), *Skilauf und Snowboard in Lehre und Forschung.* ASH-Schriftenreihe (S. 9-33). Hamburg: Czwalina.

Scherer, H.-G. & Herwig, H. (2002). Wege zu Bewegung, Spiel und Sport für blinde und sehbehinderte Menschen. In V. Scheid & G. Doll-Tepper (Hrsg.), *Facetten des Sports behinderter Menschen: pädagogische und didaktische Grundlagen* (S. 116-154). Aachen: Meyer und Meyer.

10 Das obere Zuspiel beim Volleyball zwischen Sollwert- und Erfahrungsorientierung

Martin Giese & Daniel Grotehans

Schüler ab der neunten Klasse, die über basale Vorkenntnisse verfügen, sollen in dieser erfahrungs- und problemorientierten Herangehensweise ihr (motorisches) Verständnis vom oberen Zuspiel vertiefen, indem sie sich mit einzelnen Aspekten der Zielbewegung und deren Funktion auseinandersetzen. In fünf Stationen, die mit üblichen Volleyballmaterialien realisierbar sind, vergleichen die Schüler unter der Maßgabe selbstständig kontrollierbarer Handlungsziele die Funktionalität unterschiedlicher Ausführungsvarianten und tragen die Ergebnisse am Ende auf einem gemeinsamen Lernplakat – i. S. eines kollektiven Erfahrungsschatzes – zusammen.

1 Vorbemerkungen

Über die Misere des Schulvolleyballs als bewegungsarmes und wohl nicht zuletzt deshalb im Schulsport so beliebtes Standspiel ist bereits vielerorts ausgiebig berichtet worden. Fischer und Zoglowek (1990) resümieren in der offiziellen Zeitschrift des Dt. Volleyball-Verbandes provokant „Alle 104 Sekunden ein Ballkontakt." Dabei fehlt es nicht an Vorschlägen zur Modifikation des Zielspiels. All diesen Bemühungen ist gemeinsam, dass sie das Zielspiel an die Fertigkeiten der Schülergruppen anzupassen versuchen. Warm merkt dazu allerdings kritisch an, dass „die Entwicklung neuer Spielformen wie des Mini-Beach (2:2 auf einem kleineren Feld), Minivolleyball (3:3) und Midi-Volleyball (4:4), die wiederum genormt in Verbandsspielrunden und auf Schulwettkämpfen gespielt werden, wichtige Zwischenschritte [waren, MG]. Eine Lösung für den Schulsport stellen sie indes noch nicht dar, da auch diese Spiele wegen ihrer Standardisierung der Individualität der Unterrichtsgruppen bei weitem noch nicht genügend Rechnung tragen" (Warm, 2002, S. 5). Die Debatte um schuladäquate Spielformen ist weiterzuführen, ist aber nicht Gegenstand der folgenden Ausführungen. Die hier vorgestellten Unterrichtsbausteine beschränken sich vielmehr auf die erfahrungsorientierte Vermittlung des oberen Zuspiels.

Um zu illustrieren, wie ein erfahrungsorientiertes Praxiskonzept dazu befähigt, *andere* Praxis zu generieren, wird im Folgenden ein erfahrungsorientiertes Vermittlungskonzept zum Pritschen klassischen Vermittlungsverfahren gegenübergestellt. Als Grundlage dienen die beiden vom Dt. Volleyball-Verband explizit empfohlenen Lehrbücher *Supertrainer Volleyball* von Anrich, Krake und Zacharias (2005) und *Der Volleyballtrainer* von Meyndt, Peters, Schulz und Warm (2003). Unterschiede in den Unterrichtskonzeptionen sollen dabei nicht der Abwertung bewährter Verfahren dienen, sondern vielmehr möglichst prägnant für Unterschiede und methodische Alternativen sensibilisieren. Das entwickelte erfahrungsorientierte Vermittlungskonzept wird i. d. S. nicht in Opposition, sondern in Ergänzung zu klassischen Unterrichtskonzeptionen gestellt.

2   Sachstrukturanalyse des oberen Zuspiels

Abb. 1: Ausgangshaltung

Das obere Zuspiel ist notwendig, wenn ein hoch anfliegender Ball im oberen Körperbereich zielgerichtet und volley zu einem Mitspieler gespielt werden soll. War diese Aktion früher vor allem dem Steller vorbehalten, hat das Pritschen durch Regeländerungen in den letzten Jahren stark an Bedeutung gewonnen. Da inzwischen auch Aufschläge und sogar Angriffe pritschend pariert werden, kommt dieser Technik beim Hallenvolleyball eine Schlüsselfunktion zu (vgl. Anrich, Krake & Zacharias, 2005, S. 13). Im Anfängervolleyball und in der Schule ist Pritschen ebenfalls von zentraler Bedeutung, weil es die technisch einfachste Möglichkeit darstellt, einen Ball zielgenau volley zu spielen, was baggernd ungleich schwieriger ist. Das Pritschen wird dabei sowohl zum Zuspiel innerhalb der Mannschaft als auch als Angriffsball verwendet, da durch das hohe (Sprung-)Abspiel eine Erfolg versprechende Ballistik des Spielballs erreicht werden kann.

Das obere Zuspiel beim Volleyball

Beim Pritschen im Hallenvolleyball sind die Finger in der Ausgangshaltung gespreizt, gespannt und die Hände schalenartig geformt. Daumen und Zeigefinger bilden in beiden Händen einen 90°-Winkel. Die Handgelenke sind nach hinten geklappt. Die Hände befinden sich in der Spielstellung über der Stirn, sodass der anfliegende Ball genau auf der Stirn landen würde, wenn er nicht gepritscht würde. Vor dem Ballkontakt wird eine Position unter dem Ball eingenommen und der Körperschwerpunkt abgesenkt, um günstige Voraussetzungen für die Impulserzeugung zu schaffen. Die Schulterachse befindet sich im rechten Winkel zur Abspielrichtung (vgl. Abb. 1). Während des Ballkontakts umfassen alle Finger den Ball

Abb. 2: Endhaltung

und es kommt zu einer Streckung der Arme und der Handgelenke, was ggf. durch eine zusätzliche Streckung der unteren Gliedmaßen unterstützt werden kann (Ganzkörperstreckung). Der Hauptimpuls erfolgt aus den Handgelenken, die nach dem Abspiel in Richtung der Flugbahn des Balls zeigen (vgl. Abb. 2). Da es sich meist um ein Zuspiel innerhalb der eigenen Mannschaft handelt, wird der Ball im Anfängerbereich generell mit einer hohen Flugkurve zum Partner gespielt, damit dieser genug Zeit hat, sich auf seine Aktion einzustellen. Nach der Aktion wird die Grundstellung wieder eingenommen. Zusammenfassend hat das obere Zuspiel im Anfängerbereich die Funktion, den Ball zielgenau und hoch zu einem Mitspieler in der eigenen Mannschaft zu spielen oder es wird ein Angriff auf die generische Seite durchgeführt.

3 Klassische Vermittlungsstrategien

Sowohl Anrich et al. (2005) als auch Meyndt et al. (2003) beziehen sich bei ihren Ausführungen zum Techniktraining auf Martin, Carl und Lehnertz (1991), die bei der Aneignung neuer Techniken drei Aneignungsphasen unterscheiden: *Technikerwerbstraining*, *Technikanwendungstraining* und *Technikergänzungstraining*. Beachtung finden hier ausschließlich die methodischen Hinweise der oben genannten Autoren zum Technikerwerbstraining, da es in dieser Phase um den grundsätzlichen Erwerb und die Stabilisierung der Technik geht. Dieses Anliegen entspricht am ehesten den Belangen des Schulsports.

Erfahrungsorientierter und bildender Sportunterricht

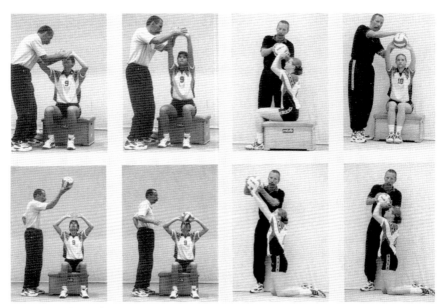

Abb. 3: Technikerwerbstraining beim oberen Zuspiel

Betrachten wir in der Volleyballliteratur gegebene methodische Hinweise zum Erlernen der Technik, fällt generell auf, dass der Schüler dort sehr eng an die Hand des Lehrers genommen wird und die Lernarrangements von authentischen Spielsituationen abgekoppelt werden.[1] Das geht so weit, dass der Lehrer dem Schüler tatsächlich die Hand führt, damit dieser die von dem Lehrer als richtig erachteten Bewegungen fehlerfrei einübt (vgl. Abb. 3). Die notwendige Vereinfachung des Lerngegenstandes wird durch eine Zergliederung der Zieltechnik und eine Isolierung von Einzelmomenten erreicht. So finden die ersten Übungen im Sitzen bzw.

---

1 Diese Abkopplung der Technik von den situativen Bedingungen, in denen sie üblicherweise angewendet wird, führt häufig zu Transferproblemen (vgl. Scherer, 2001, S. 6). Da nicht mitgelernt wird, wann und vor allem warum diese Technik zum Einsatz kommt, bricht sie in der realen Spielsituation oft wieder zusammen. Auch die situative Anpassung dieser Technik bereitet Probleme. Diese Kompetenzen werden in klassisch-technologischen Ansätzen erst i. R. des Technikanwendungstrainings thematisiert, was bei den Schülern häufig ein Umlernen bzw. eine interne Umstrukturierung der Technik notwendig macht, da die Technik im Kontext realer situativer Bezüge einer Umdeutung bedarf. Hier zeigen sich bereits deutliche Unterschiede: Folgt der Situationsbezug in klassischen Konzepten erst auf das Technikerwerbstraining, ist er in erfahrungsorientierten Konzepten Ausgangspunkt des Lernens (vgl. Hasper, i. d. B.)

Das obere Zuspiel beim Volleyball

im Kniestand statt und werden ohne Ball ausgeführt. So kann isoliert an den Armbewegungen gearbeitet werden und ein störender Einfluss der Beine oder des anfliegenden Balls vermieden werden (vgl. Meyndt et al., 2003). Auch Anrich et al. (vgl. 2005, S. 18) schlagen vor, beim Technikerwerbstraining zunächst mit Übungen ohne Ball zu beginnen und dann Übungen mit Ball, aber ohne Spielhandlung zum Thema zu machen. Erst danach folgt der Übergang zum paarweisen Pritschen in einem engen, kurzen Feld mit hohem Netz.[2]

An diesem Vorgehen erscheint vor allem problematisch, dass der Sinn hinter der zu erlernenden Technik und den einzelnen Teilelementen verborgen bleibt. Das Spielproblem, das mit dem Pritschen gelöst wird, ist ebenso wenig Gegenstand der Vermittlungsbemühungen wie die Funktion der einzelnen Technikelemente. Der Schüler kann sich deshalb nicht aktiv an der Suche nach einer Lösung beteiligen. Er ist hier nicht das Agens seines Lernprozesses.[3] Indem die Elemente des Lernens, i. S. einer Abbilddidaktik, aus der Sachstrukturanalyse der Zieltechnik gewonnen werden, schließen die Autoren von dem Produkt auf den Prozess und begehen einen Kategorienfehler. Darüber hinaus sieht das Unterrichtskonzept keine Reflexion des Handelns und keinen ergebnisoffenen Abgleich der Antizipationen mit realen Effekte vor, was als eine Bedingung erfahrungsorientierten Unterrichtens beschrieben wurde (vgl. Giese, i. d. B.). Damit soll nicht bestritten werden, dass sich die Schüler auch in solchen Vermittlungskonzepten motorische Kompetenzen aneignen, über die sie vorher noch nicht verfügt haben. Kritisch hinterfragt werden muss aber, ob der Lernprozess durch die Vermittlungsstrategien optimal unterstützt wird.

---

[2] Hinter diesem Vereinfachungskonzept steht der Glaube, dass isolierte Einheiten im Lernprozess problemlos wieder synthetisiert werden könnten. Der Zergliederung der Zieltechnik in instruierenden Konzepten steht hier eine Vorgehensweise gegenüber, die sich an der Bedeutungsebene orientiert. Die Vereinfachung des Lerngegenstandes wird nicht durch eine Zergliederung der Zieltechnik erreicht, sondern i. S. der *sinnerhaltenden Elementarisierung* durch eine Vereinfachung der Ausführungsbestimmungen.

[3] Bestenfalls kann das Spielproblem aus den Bewegungsausführungen rekonstruiert werden. Ein solches Vorgehen würde reale Weltbezüge allerdings karikieren, wenn sich Techniken nicht aus der Auseinandersetzung mit Problemen entwickeln, sondern Probleme aus Techniken rekonstruiert werden müssen.

Erfahrungsorientierter und bildender Sportunterricht

4 Erfahrungsorientierte Alternativen

Der erfahrungsorientierte Vermittlungsvorschlag lockert das Band zwischen Lehrer und Schüler und bindet es eng um die Technik und ihre Funktion. Die Schüler erarbeiten relevante Technikmerkmale des oberen Zuspiels selbstständig, indem sie in von ihnen als relevant erkannten situativen Settings selbstständig nach Lösungen suchen.

Damit dieser Anspruch eingelöst werden kann, bedarf es einer Verständigung über die Grundfunktion des oberen Zuspiels im Rahmen des Schulvolleyballs.[4] Eine solche Verständigung kann beispielsweise i. R. genetischer Spielkonzeptionen erfolgen (vgl. Papageorgiou & Czimek, 2007; Grotehans, 2003). Da Schüler beim Volleyball aber in der Regel immer über eigene oder zumindest medial vermittelte Vorkenntnisse verfügen und eine Vorstellung von der Spielidee haben, kann diese Abklärung, in Abhängigkeit von den Vorerfahrungen der Lerngruppe, u. U. auch in einem Unterrichtsgespräch geschehen. Unabhängig davon, wie dieser Verständigungsprozess angelegt wird, am Ende sollte die Erkenntnis stehen, dass das Pritschen grundsätzlich die Funktion hat, einen Ball zielgenau, hoch und ggf. weit zuzuspielen oder dass damit ein Angriff durchgeführt wird.[5]

---

4 Die Idee, „einen anfliegenden Gegenstand – meist einen Ball – direkt weiterzuspielen, ohne dass er davor den Boden berührt und ohne dass er gefangen wird" (Warm, 2002, S. 2), ist meist durch eine hohe Attraktivität gekennzeichnet. Im Handlungsvollzug, der immer unter Zeitdruck stattfindet, sind zumindest der Ball, die eigene Position, das Spielfeld und der Gegner unter Maßgabe der eigenen Handlungsabsicht miteinander in Beziehung zu setzen. Lohnenswert erscheint, diese Grundidee auch in anderen Sportarten zu suchen. Dieses Interesse verfolgt der Volleycircuit von Lange und Sinning (2002). Die Autoren geben Volleyaufgaben aus unterschiedlichen Sportarten und eröffnen den Schülern nach einer Erprobungsphase die Möglichkeit, den Parcours nach eigenen Wünschen zu verändern. Indem Schüler angehalten sind, den Parcours selbstständig zu verändern, wird eine wesentliche Forderung eines erfahrungsorientierten Sportunterrichts eingelöst: Die Verantwortung für die optimale Passung zwischen Aufgabe und individuellem Können wird so weit wie möglich den Schülern übergeben.

5 Die Ausklammerung dieses thematischen Unterrichtsverlaufs ist nicht unproblematisch, da sich gerade in diesem Verlauf markante Unterschiede zu deduktiven Konzeptionen zeigen. Drei Gründe zeichnen dafür verantwortlich. Zum Ersten würde das Vorhaben, auch die genetische Vorgeschichte des gewählten Unterrichtsbeispiels zum Thema zu machen, ein eigenes Buch verlangen. Zum Zweiten sind solche Ausgestaltung bereits vielerorts dokumentiert (vgl. z. B.: Loibl, 2001; Bietz, 2001), und zum Dritten werden hier bewusst zwei thematisch äquivalente Unterrichtsausschnitte gegenübergestellt, die zwar einer anderen Methodik folgen, aber auf das gleiche Ziel ausgerichtet sind: die Vermittlung des oberen Zuspiels. Gleichwohl werden auch hier Unterschiede sichtbar. Steht die Vermittlung des oberen Zuspiels in instruierenden Konzepten am Anfang der Unterrichtsbemühungen, wird es in erfahrungsorientierten Konzeptionen erst zum Thema, wenn es aufgrund auftretender Spielprobleme notwendig wird.

Das obere Zuspiel beim Volleyball

Der erfahrungsorientierte Vermittlungsvorschlag setzt an, wo es um die spezifische, motorische Realisierung der oben beschriebenen Funktion des oberen Zuspiels geht. Wie lässt sich diese Funktion von den Schülern funktional am besten einlösen? Um diese Frage zu beantworten, wird ein Lernzirkel mit fünf Stationen durchgeführt. In drei Stationen (Station 1-3) geht es darum, durch die Variation einzelner Ausführungsparameter eine möglichst große Zielgenauigkeit bzw. Ballkontrolle im oberen Zuspiel zu erzielen *(transparentes Handlungsziel)*. Da der Ball nicht nur zielgenau, sondern auch hoch und ggf. weit gespielt werden muss, werden in der vierten Station Möglichkeiten der Impulserzeugung thematisiert. Soll der Ball hoch gespielt werden, kann nur schwierig vermittelt werden, in welcher Höhe *genau* der Ball zum Mitspieler gespielt werden sollte. Da solche dynamischen Aspekte der Bewegungsausführung überdies sprachlich nicht kodierbar sind (vgl. Giese, i. d. B., Kap. 5.3), suchen die Schüler in der fünften Station nach einer funktionalen Ballistik des Spielballs.

Bei einer erfahrungsorientierten Technikvermittlung sollten die Schüler ihre vorhandenen Vorerfahrungen einbringen und zur selbstständigen Reflexion angeregt werden.[6] Am Anfang steht deshalb die Frage, was die Schüler über das obere Zuspiel bereits wissen. Meistens leiten die Antworten bereits zu dem Lernplakat über, auf dem die fünf o. a. Aspekte thematisiert werden: (a) die *Fingerhaltung*, (b) die *Position zum Ball*, (c) die *Körperausrichtung*, (d) die *Impulserzeugung* und (e) die *Flugkurve des Balls* (vgl. Abb. 4). Die Schüler können Vermutungen äußern, wie diese einzelnen Aspekte funktional sinnvoll zusammenspielen, auch eine freie Erprobungsphase, in der sich zwei Schüler den Ball pritschend zuspielen, ist denkbar. Durch dieses Vorgehen wird eine reflektive Auseinandersetzung angestoßen und Antizipationen generiert, die in der Auseinandersetzung mit der Sache in den Stationen bestätigt oder enttäuscht werden.

---

6 Auch unter der Perspektive des Technikerwerbstrainings kann davon ausgegangen werden, dass bei Schülern Bewegungsvorstellungen von der Zieltechnik existieren und motorische Grundfertigkeiten wie Passen und Fangen vorhanden sind. Diese Vorerfahrungen sind zu aktivieren.

Erfahrungsorientierter und bildender Sportunterricht

5 Handreichungen für die Unterrichtspraxis

Bei wenigen Vorerfahrungen ist es sinnvoll, den Erfahrungsraum stärker vorzustrukturieren, damit sich die Schüler darin nicht verlieren. D. h.: Es gibt eine feste Anzahl vorgegebener Varianten, die erprobt werden sollen und die Möglichkeit, eigene Lösungen zu testen. Sinnvoll ist der Einsatz verschiedener Bälle, „sodass kontrastierende zeitliche Wahrnehmungsleistungen erforderlich werden" (Lange & Sinning, 2002, S. 18). Der Parcours kann entweder im Reihen- oder im Stationsbetrieb durchgeführt werden. Bei Vorkenntnissen ist die Reihenfolge der Übungen beliebig, ansonsten bietet sich der Reihenbetrieb an, da die Stationen dann inhaltlich aufeinander aufbauen. Generell ist darauf zu achten, dass den Schülern ausreichend Zeit gegeben wird, um verschiedene Bewegungsausführungen miteinander zu vergleichen. Funktionale Lösungen kristallisieren sich erst im wiederholten Abgleich divergierender Varianten heraus.

An allen Stationen gilt die gleiche *sinnerhaltende Elementarisierungsmaßnahme:* Die Vereinfachung des Lerngegenstandes wird erreicht, indem die Möglichkeit des ein- oder mehrmaligen *Zwischenpritschens* eröffnet wird. Stellt dies noch eine Überforderung dar und kommen keine Spielsituationen zustande, kann der Ball im oberen Zuspiel *kurz fixiert* werden, sodass ein kontrolliertes Abspiel erfolgt. Allerdings wird damit die Idee des Volleyspiels aufgeweicht. Beide Varianten nehmen den Schülern den zeitlichen Druck beim Pritschen, der häufig für technische Fehler verantwortlich ist. Wird der Ball kurz fixiert, sollte er jedoch nicht tatsächlich festgehalten werden und muss dort weitergespielt werden, wo er aufgenommen wurde, da der Gedanke des Volleys sonst gänzlich verloren geht.

Zur Ergebnissicherung bekommen die Kleingruppen einen Laufzettel, auf dem die unterschiedlichen Ausführungsvarianten nach dem Grad ihrer Funktionalität in Bezug auf das jeweilige Handlungsziel zu bewerten sind. Jede Gruppe entscheidet sich an jeder Station für eine Ausführungsvariante, mit der die Aufgabe am besten gelöst werden kann. Dieser Zettel dient am Ende der Evaluation der Ergebnisse und des Übertrags der Ergebnisse auf das Lernplakat (vgl. Abb. 4).

5.1 Funktionale Fingerhaltung (Station 1)

Um den Ball im oberen Zuspiel optimal kontrollieren zu können, sollte er während des Ballkontakts mit allen Fingern umschlossen werden. Im Anfängerbereich ist dagegen häufig zu beobachten, dass entweder nur einzelne Finger verwendet werden, dass die Finger den Ball nicht richtig umschließen oder dass die Finger zu

Das obere Zuspiel beim Volleyball

wenig bzw. zu viel Spannung haben. Das Resultat solcher Bewegungsausführungen sind entweder klatschende Geräusche oder Verletzungen der Finger. In jedem Fall bestehen Probleme beim zielgenauen Spielen des Balls. Die Schüler sollen an dieser Station erfahren, dass der Ball zielgenau und schmerzfrei gespielt werden kann, wenn er von allen Fingern umschlossen wird.

Der Ball darf zur Elementarisierung zwischengepritscht oder ggf. kurz fixiert werden, damit ein kontrolliertes Abspiel erfolgt. Der Ball sollte aber nicht tatsächlich gefangen werden und muss dort abgespielt werden, wo er aufgenommen wird.

> Die Schüler stehen sich paarweise gegenüber. Ein Schüler steht auf einer Bodenmarkierung und wirft den Ball hoch zum Partner.[7] Der Partner hat die Aufgabe, den Ball so zurückzupritschen, dass der zurückfliegende Ball vom Anwerfer über der Stirn gefangen werden kann, ohne dass er die Markierung verlassen muss (⇨ Zielgenauigkeit bzw. Ballkontrolle). Die Schüler wechseln selbstständig, sollen unter der Maßgabe des Handlungsziels eigenständig experimentieren und haben aber auch drei vorgegebene Ausführungsvarianten: (a) Der Zuspieler versucht, nur mit einzelnen Fingern zu pritschen, die er frei variieren kann. (b) Der Zuspieler versucht, den Ball mit allen Fingern zu fassen und zu spielen. (c) Der Zuspieler versucht, den Ball mit allen Fingern zu spielen, ohne den Ball dabei zu umschließen.

Selbstverständlich können bei der Handhaltung noch weitere Fehler auftreten. Viele dieser Fehlerbilder, wie beispielsweise nicht abgeklappte Handgelenke oder ein zu großer Abstand der Hände zueinander, sind in der Station aber mitkodiert, da die Aufgabe nicht gelöst werden kann, wenn diese Parameter nicht adäquat ausgeführt werden.[8]

---

7 Beim Anwerfen ist darauf zu achten, dass der Ball grundsätzlich immer von unten angeworfen wird.

8 Auch bei der Korrektur von Bewegungsabläufen zeigen sich Unterschiede. In klassischen Konzepten erfolgt meist eine gemittelte, unmittelbare und verbale Bewegungskorrektur durch den Lehrer, die sich auf die Kernpunkte der Bewegung bezieht (vgl. Giese, i. d. B., Kap. 5.4). In schülerorientierten Feedbackverfahren werden Beobachtungsaufgaben an die Schüler übergeben, die die Bewegungsausführungen der Mitschüler beobachten und kommentieren. Unabhängig davon, ob die Korrektur durch die Lehrkraft oder durch Mitschüler erfolgt, bezieht sie sich auf die äußeren Ausführungsparameter der Bewegung, die i. d. R. als richtig oder falsch eingestuft werden (vgl. Meinel & Schnabel, 1998, S. 172). Diese Art der Korrektur hat sich als wenig lernwirksam erwiesen, da Bewegungen eben nicht über ihre Ausführungsparameter, sondern über ihre Effekte kontrolliert werden (vgl. Mechsner, 2001). In diesem Sinne findet in einem erfahrungsorientierten Ansatz kein Sollwertabgleich, sondern ein Zielabgleich statt. Lernen wird nicht an eine *korrekte* Ausführung, sondern an das *Handlungsresultat* geknüpft. Hier: Gelingt es dem Schüler, den Ball zielgenau zuzuspielen? Gerade aus dem Nichtgelingen und der damit verbundenen Störung der Antizipation können neue Erfahrungen und Bildungsmomente entstehen.

5.2 Position zum Ball (Station 2)

Um den Ball im oberen Zuspiel optimal kontrollieren zu können, ist der Ball über der Stirn zu spielen. Wird der Ball wie ein Basketball-Druckpass vor der Brust gespielt, liegt das häufig daran, dass keine adäquate Spielposition unter dem Ball eingenommen wurde, weil die Notwendigkeit der *Stirnposition* für das obere Zuspiel noch nicht erkannt wurde. An dieser Station sollen die Schüler erfahren, dass ein hohes und zielgenaues oberes Zuspiel besser möglich ist, wenn der Ball über der Stirn gespielt wird.

Der Ball darf zur Elementarisierung zwischengepritscht oder ggf. kurz fixiert werden, damit ein kontrolliertes Abspiel erfolgt. Der Ball sollte aber nicht tatsächlich gefangen werden und muss dort abgespielt werden, wo er aufgenommen wird.

> Die Schüler stehen sich paarweise gegenüber. Ein Schüler steht auf einer Bodenmarkierung und wirft den Ball zum Partner. Dieser hat die Aufgabe, den Ball im oberen Zuspiel so zurückzuspielen, dass er vom Anwerfer über der Stirn gefangen werden kann, ohne dass er sich von der Markierung fortbewegen muss (⇨ Zielgenauigkeit bzw. Ballkontrolle). Die Schüler wechseln selbstständig, sollen unter der Maßgabe des Handlungsziels eigenständig experimentieren und haben drei vorgegebene Ausführungsvarianten: (a) Der Zuspieler spielt den Ball vor der Brust. (b) Der Zuspieler spielt den Ball über der Stirn. (c) Der Zuspieler spielt den Ball (leicht) hinter dem Kopf. Wie wird eine Flugkurve erzeugt, die meinem Partner das Fangen bzw. das Weiterspielen des Balls am einfachsten macht? Um eine direkte Rückmeldung zur Selbstkorrektur zu erzeugen, soll der Werfer nach Abwurf des Balls gelegentlich ein Signal (z. B.: Kopf) geben. Daraufhin darf der Ball nicht gepritscht, sondern muss mit der Stirn einmal hochgespielt werden.

Der Nutzen dieser Aufgabe hängt stark vom motorischen Niveau der Gruppe ab. Bestehen in der Lerngruppe keine generellen Probleme mit der Position zum Ball, kann auf diese Station verzichtet werden.

Das obere Zuspiel beim Volleyball

5.3 Körperausrichtung in Bezug auf das Ziel (Station 3)

In der komplexen Spielsituation wird der Ball meist in eine andere Richtung gespielt als die, aus der er kommt. Um den anvisierten Zuspielort möglichst genau anspielen zu können und im Blick zu haben, ist es sinnvoll, sich frontal zum Zuspielort und nicht etwa frontal zur Anflugrichtung des Balls zu positionieren. Verlässt der Ball die Hände in Richtung Ziel, bildet die Flugkurve des Balls einen rechten Winkel zur Schulterachse. In dieser Station sollen die Schüler erfahren, dass mit einer frontalen Ausrichtung auf den Zuspielort die größte Treffergenauigkeit erreicht werden kann.

Der Ball darf zur Elementarisierung zwischengepritscht oder ggf. kurz fixiert werden, damit ein kontrolliertes Abspiel erfolgt. Der Ball sollte aber nicht tatsächlich gefangen werden und muss dort abgespielt werden, wo er aufgenommen wird.

> Einem Schüler stehen zwei Partner frontal gegenüber. Von der doppelt besetzten Seite wird der Ball hoch zum Gegenüber geworfen und von dort im oberen Zuspiel zum dritten Mitschüler gespielt. Der dritte Mitschüler fängt den Ball auf. Während der Anwerfer und der Zuspieler ihre Positionen verändern dürfen, bleibt der Fänger am Zuspielort auf einer Bodenmarkierung stehen. Der Zuspieler hat die Aufgabe, dem Fänger den Ball so zuzuspielen, dass dieser sich möglichst wenig bewegen muss und den Ball über der Stirn fangen kann (↻Zielgenauigkeit bzw. Ballkontrolle). Die Schüler wechseln selbstständig und sollen unter der Maßgabe des Handlungsziels eigenständig experimentieren, haben aber auch drei vorgegebene Ausführungsvarianten: (a) Der Zuspieler positioniert sich frontal zum anfliegenden Ball. (b) Der Zuspieler positioniert sich frontal zum Ziel. (c) Der Zuspiel versucht, sich entlang der Winkelhalbierenden zwischen anfliegendem Ball und Ziel auszurichten.

Auch wenn der Zuspieler und der Anwerfer ihre Position verändern dürfen, sollte darauf geachtet werden, dass zumindest einmal alle drei Ausführungsvarianten unter standardisierten Bedingungen durchgeführt werden. Außerdem sollte der Abstand zwischen dem Anwerfer und dem Fänger nicht zu klein sein, damit die wahrnehmbaren Unterschiede deutlich sind.

Erfahrungsorientierter und bildender Sportunterricht

5.4 Möglichkeiten der Impulserzeugung (Station 4)

Um ausreichend hoch und weit zu spielen, muss ein entsprechend großer Impuls auf den Spielball übertragen werden. Haben Schüler Schwierigkeiten, den Ball hoch und/oder weit zu spielen, liegt das häufig daran, dass sie den Impuls nicht gleichermaßen aus Handgelenken, Armen und ggf. unteren Gliedmaßen generieren. An dieser Station sollen die Schüler erfahren, wie sie am leichtesten zu einer ausreichenden Weite und Höhe kommen.

Der Ball darf zur Elementarisierung zwischengepritscht oder ggf. kurz fixiert werden, damit ein kontrolliertes Abspiel erfolgen kann. Es darf nur über der Stirn gespielt werden. Der Ball sollte nicht tatsächlich gefangen werden.

Die Schüler stehen paarweise vor dem Trennvorhang. Auf dem Vorhang sind niveau- und altersabhängige Zielzonen markiert. Ein Schüler wirft dem Partner den Ball hoch zu und dieser versucht, eine Zielzone im oberen Zuspiel zu treffen. Der Zuspieler hat die Aufgabe, herauszufinden, mit welcher Ausführungsvariante er welches Ergebnis unter der Prämisse der Zielgenauigkeit unter variierenden Entfernungen erzielt. Der anwerfende Schüler sammelt die Bälle wieder auf und wirft erneut an. Die Schüler wechseln selbstständig und sollen unter der Maßgabe des Handlungsziels eigenständig experimentieren, haben aber auch drei vorgegebene Ausführungsvarianten: (a) Ball nur aus den Handgelenken spielen. (b) Ball aus Handgelenken und Armen spielen. (c) Ball aus Handgelenken, Armen und unteren Gliedmaßen spielen.

Es sollte sich zeigen, dass die Schüler mit einer Ganzkörperstreckung den größten Abstand zur Wand einnehmen können. Auch wenn im professionellen Volleyball der Hauptimpuls aus den Handgelenken kommt, ist gerade diese Technik für Anfänger nur schwer zu realisieren. Bei entsprechenden Vorkenntnissen der Schüler sollte die Lehrkraft in der Reflexion der Station allerdings auf die Funktion der Handgelenke für die Impulserzeugung zu sprechen kommen.

5.5 Die Höhe der Ballflugkurve (Station 5)

Es ist bereits die Rede davon gewesen, dass das obere Zuspiel hoch erfolgen sollte. Zu tiefe Bälle erzeugen Zeitdruck, führen zu ungenauem Spiel und provozieren Fehler. Zu hohe Bälle sind ebenfalls ungünstig, weil sie von Anfängern in ihrer Ballistik nur schwer antizipiert werden können. Da keine generellen Aussagen über die richtige Höhe gegeben werden können und diese Information verbal nicht kodierbar ist, sollen die Schüler in dieser Station erkennen, welche Flughöhe des Balls sich für sie als funktional erweist.

Der Ball darf zur Elementarisierung zwischengepritscht oder ggf. kurz fixiert werden, damit ein kontrolliertes Abspiel erfolgt. Der Ball sollte aber nicht tatsächlich gefangen werden und muss dort abgespielt werden, wo er aufgenommen wird.

> Die Schüler stehen sich paarweise gegenüber. Ein Schüler steht auf einer Bodenmarkierung und wirft den Ball hoch zum Partner. Dieser pritscht den Ball so zurück, dass der zurückfliegende Ball vom Anwerfer möglichst genau über der Stirn gefangen werden kann. Der Zuspieler hat die Aufgabe, die für ihn günstigste Anflughöhe mit dem Zuwerfer abzustimmen und den Ball in derselben Höhe zielgenau zurückzuspielen (⇨ Zielgenauigkeit bei unterschiedlichen Ballflughöhen). Die Schüler wechseln selbstständig und sollen unter der Maßgabe des Handlungsziels eigenständig experimentieren, haben aber auch drei Ausführungsvarianten vorgegeben: (a) Der Anwerfer wirft den Ball in einer niedrigen Flugkurve zu. (b) Der Anwerfer versucht, den Ball so hoch wie möglich zuzuwerfen. (c) Der Anwerfer wirft den Ball in mittlerer Höhe zu.

Die Notwendigkeit eines hohen Zuspiels auf den Außenangreifer ist in der realen Spielsituation vor allem darin begründet, dass der Angreifer den Ball deutlich über dem Netz spielen muss, um eine aussichtsreiche Angriffsaktion durchführen zu können. Diese taktische Überlegung kann auf dem für das Unterrichtsvorhaben vorausgesetzten Leistungsstand evt. nicht plausibel gemacht werden. Wichtig ist deshalb, dass die Schüler ein grundsätzliches Verständnis dafür gewinnen, in welcher Höhe ein Ball leicht zu kontrollieren und weiterzuspielen ist. Indem sich der Zuspieler mit unterschiedlich hoch angeworfenen Bällen konfrontiert sieht, die er zielgenau zurückspielen muss, erfährt er im Laufe des Übungsprozesses, welche Flughöhe sich für ihn als funktional erweist.

Erfahrungsorientierter und bildender Sportunterricht

Abb. 4: Lernplakat oberes Zuspiel

5.6 Auswertung und Reflexion der Stationen

Zur Auswertung des Parcours und der Reflexion der Eindrücke dient der mitgeführte Laufzettel. Die Ergebnisse werden auf das Lernplakat übertragen. Jede Gruppe markiert mit ihrem jeweiligen Symbol ihre funktionalste Ausführungsvariante. So ergibt sich ein Überblick der Ergebnisse, und die Schüler kommen ins Gespräch über ihre Eindrücke. Im Unterrichtsgespräch sollten die Gründe für die Funktionalität der jeweiligen Ausführungsvarianten erarbeitet und ebenfalls auf dem Lernplakat fixiert werden (vgl. Abb. 4). Wie das Plakat zeigt, sind nicht alle Gruppen zu denselben Ergebnissen gekommen. Gerade deshalb ist eine gemeinsame Auswertung notwendig, um eventuell entstandene nicht funktionale Wahrnehmungen im Plenum zu thematisieren und ein Forum für eine kollektive Erfahrungsbasis zu schaffen.

Auch wenn im Technikerwerbstraining vorwiegend Anfänger vorzufinden sind, existieren trotzdem divergierende Vorerfahrungen und heterogene kognitive Konzepte. Deshalb müssen die Schüler die einzelnen Übungen konsequent ihrem Könnensstand anpassen. Dies kann beispielsweise geschehen, indem die Schüler unterschiedliche Entfernungen zueinander wählen oder sich leichter bzw. schwieriger zu kontrollierende Spielgeräte wählen. *Transparentes Handlungsziel* ist dabei, ob die gestellte Aufgabe zielgerichtet gelöst werden kann.

6 Abschließende Hinweise und Zusammenfassung

6.1 Anregungen für Theorieinhalte

Gerade weil in diesem Unterrichtsbeispiel die Unterschiede zu klassischen Verfahren exemplarisch herausgestellt werden, bietet sich eine Gegenüberstellung unterschiedlicher Lehrformen geradezu an. Dazu können Schüler aus ihrer Vereinserfahrung berichten oder Internet-Recherche-Aufgaben bekommen, um unterschiedliche Lehr- und Lernwege plastisch zu machen. Anschließend wäre über Vor- und Nachteile der jeweiligen Ansätze zu diskutieren.

6.2 Aufgaben für sportbefreite Schüler

Sportbefreite Schüler sollten einzelnen Gruppen zugeordnet werden und können beispielsweise die Dokumentation der Ergebnisse übernehmen.

6.3 Anmerkungen zur Notengebung

Da dieser Unterrichtsvorschlag sehr stark auf der Bereitschaft der Schüler beruht, Unterschiede in der Funktionalität einzelner Bewegungsausführungen herauszuarbeiten, kann auch genau diese Bereitschaft zum Teil der Notengebung gemacht werden. Da dies im Sportunterricht aber nicht immer üblich ist, sollte dieses Kriterium mit den Schülern vorher besprochen werden.

Erfahrungsorientierter und bildender Sportunterricht

6.4 Tabellarische Aufgabensammlung

	Position zum Ball (Station 1)	Körperausrichtung (Station 2)	Impulserzeugung (Station 3)	Fingerhaltung (Station 4)	Ballflugkurve (Station 5)
Lernziel	Anfliegender Ball wird über der Stirn gespielt	Ball wird im rechten Winkel zur Schulterachse zum Ziel gespielt	Streckung des ganzen Körpers bis in die Daumen	Alle Finger umschließen den Ball	Hohe Flugkurve
Ausführungsvarianten	• Ball wird vor dem Körper gespielt (würde auf die Füße fallen). • Ball wird über dem Kopf gespielt (würde auf die Stirn fallen). • Ball wird hinter dem Körper gespielt (würde hinter dem Spieler auf den Boden fallen).	• Das Abspiel erfolgt frontal zum anfliegenden Ball. • Das Abspiel erfolgt frontal zum Ziel. • Das Abspiel erfolgt in der Winkelhalbierenden.	• Ball durch Streckung der Finger spielen. • Ball durch Streckung der Finger und Arme spielen. • Ball durch Streckung der Finger, Arme und Beine spielen (Ganzkörperstreckung).	• Ball wird nur mit einzelnen Fingern gespielt. • Ball wird mit allen Fingern umschlossen und gespielt. • Ball wird mit allen Fingern gespielt, ohne umschlossen zu werden.	• Ball wird in einer niedrigen Flugkurve gespielt. • Ball wird in einer hohen Flugkurve gespielt. • Ball wird so hoch wie möglich gespielt.
Organisationsform	Die Schüler stehen sich paarweise gegenüber. Ein Schüler wirft den Ball hoch zu. Der Partner versucht, sich so zu positionieren, dass er die Ausführungsvarianten durchspielen kann. Nach dem Rückspiel wird der Ball aufgefangen. Die Schüler wechseln selbstständig die Rollen.	Einem Schüler stehen zwei Partner gegenüber. Von der doppelt besetzten Seite wird der Ball hoch zum Gegenüber geworfen und von dort zum Dritten gespielt. Der Partner versucht, sich so zu positionieren, dass er die Ausführungsvarianten durchspielen kann. Nach dem Rückspiel wird der Ball aufgefangen. Die Schüler wechseln selbstständig die Rollen.	Die Schüler stehen sich paarweise gegenüber. Ein Schüler wirft den Ball hoch zu. Der Partner versucht, die Ausführungsvarianten durchzuspielen. Nach dem Rückspiel wird der Ball aufgefangen. Die Schüler wechseln selbstständig die Rollen.	Die Schüler stehen sich paarweise gegenüber. Ein Schüler wirft den Ball hoch zu. Der Partner versucht, die einzelnen Ausführungsvarianten durchzuspielen. Die Schüler wechseln selbstständig die Rollen.	Die Schüler stehen sich paarweise gegenüber. Ein Schüler wirft den Ball in unterschiedlichen Höhen zu. Der Partner versucht, die einzelnen Ausführungsvarianten durchzuspielen. Nach dem Rückspiel wird der Ball aufgefangen. Die Schüler wechseln selbstständig die Rollen.

Zur **Elementarisierung** darf der Ball im oberen Zuspiel zwischengeprittscht oder kurz „gehalten" werden, bis ein kontrolliertes Zuspiel erfolgen kann.

An jeder Station werden mehrere Volleybälle, Basketbälle und Medizinbälle an **Material** benötigt.

Literatur

Anrich, C., Krake, C. & Zacharias, U. (2005). *Supertrainer Volleyball.* Reinbeck bei Hamburg: Rowohlt.

Bietz, J. (2001). Handball spielend entwickeln. *Sportpädagogik, 25* (4), 15-17.

Fischer, U. & Zoglowek, H. (1990). Alle 104 Sekunden ein Ballkontakt. Zur Struktur des Volleyballspiels im Schulsport. *Volleyballtraining (Beilage zur Dt. Volleyball-Zeitschrift), 14* (4), 54-58.

Grotehans, D. (2003). *Genetisches Lernen und Lehren im Sport – Volleyball spielend entwickeln.* Universität Marburg: Unveröffentliche Examensarbeit.

Lange, H. & Sinning, S. (2002). Volley im Zirkel. *Sportpädagogik, 26* (1), 18-20.

Loibl, J. (2001). *Basketball – genetisches Lehren und Lernen: spielen – erfinden – erleben – verstehen.* Schorndorf: Hofmann.

Martin, D., Carl, K. & Lehnertz, K. (1991). *Handbuch Trainingslehre.* Schorndorf: Hofmann.

Mechsner, F. (2001). Gleich zu gleich bewegt sich's leicht. *Max-Planck-Forschung (4)*, 14-15.

Meinel, K. & Schnabel, G. (1998). *Bewegungslehre – Sportmotorik: Abriss einer Theorie der sportlichen Motorik unter pädagogischem Aspekt.* Berlin: SVB Sportverlag.

Meyndt, P., Peters, H., Schulz, A. & Warm, M. (2003). *Der Volleyballtrainer. Lehrpraxis für Lehrer und Trainer.* München: Volleyball-Service GmbH.

Papageorgiou, A. & Czimek, V. (2007). *Volleyball spielerisch lernen.* Aachen: Meyer & Meyer.

Scherer, H. (2001). Zwischen Bewegungslernen und Sich-Bewegen-Lernen. *Sportpädagogik, 23* (4), 1-24.

Warm, M. (2002). Volley spielen unterrichten. *Sportpädagogik, 26* (1), 2-5.

Abbildungen

Abb. 1: Ausgangshaltung (aus Anrich et al., 2005, S. 15)
Abb. 2: Endhaltung (aus Anrich et al., 2005, S. 15)
Abb. 3: Technikerwerbstraining beim oberen Zuspiel (aus Meyndt et al., 2003, S. 46)
Abb. 4: Lernplakat oberes Zuspiel

11 Schultennis: Spielen lernen durch Entwicklung sinnvoller Handlungsstrategien

Jan Hasper

Im Folgenden wird ein erfahrungsorientierter Vorschlag zum Schultennis unter dem Sinnmuster des Gegeneinanderspielens vorgestellt. Er folgt der Idee einer sinngeleiteten Erschließung des Tennisspiels. Entgegen der allgemeinen Skepsis, was Tennis in der Schule betrifft, hat sich eine entsprechende Unterrichtsreihe von fünf Doppelstunden bereits wiederholt in der gymnasialen Oberstufe mit 24 Schülern als praktikabel erwiesen. Um den Bildungsstrukturen gemäß Kap. 2.1 gerecht zu werden, soll Spielfähigkeit nicht durch lehrerzentrierte sprachliche Steuerungsversuche – wie etwa im Vereinstennis üblich –, sondern durch Spielerfahrungen generiert werden, die sich aus einer autoreflexiven Auseinandersetzung mit dem Tennisspiel ergeben. Autoreflexive Auseinandersetzung meint dabei zielgerichtete Ausgestaltung von Handlungen bei einer systematisch aufbereiteten Konfrontation mit wohlüberlegten Situationsarrangements, Aufgabenstellungen und Handlungsstrategien. Es geht um ein spielgemäßes Vorgehen, bei dem besonders auf Möglichkeiten der Eigenbewertung und -steuerung von Spielhandlungen Wert gelegt wird. Der Materialbedarf umfasst Tennisschläger, Zeitungen, Schaumstoff- und Methodikbälle.

1 Didaktische Grundausrichtung – Sinn- statt Formorientierung

Hier wird die Überzeugung vertreten, dass sich Bewegungen primär aufgaben- und problemorientiert ausformen, ohne dass der Bewegungsablauf als solcher selbst thematisch werden muss, dass sich also Formgenese immer als Sinngenese vollzieht. Daraus ergibt sich ein didaktisches Primat der Erhaltung der Sinnbezüge (vgl. Giese, i. d. B., Kap. 5.2), unter dem kategorisch all jene Elementarisierungsstrategien abzulehnen sind, bei denen der Sinn verloren geht. Für eine didaktische Reduktion, mit der einer Überforderung aufgrund der Kombination aus komplexen Spielsituationen und komplizierten Techniken entgegengewirkt werden soll,

Schultennis

bedeutet dies eine Fokusverschiebung von einer Form- zu einer Sinnorientierung, im Zuge derer nach *sinnerhaltenden* Vereinfachungsstrategien zu suchen ist: Statt die komplizierten Techniken zunächst in einfachen Situationen zu üben, soll zunächst mit vereinfachten Techniken die Bewältigung komplexer Spielsituationen geübt werden (vgl. Tab. 1).

Tab. 1: Alternativen der didaktischen Reduktion

**Komplizierte Techniken
+
Komplexe Spielsituation**

Formorientierung	Sinnorientierung
Komplizierte Technik in vereinfachter Situation üben	Mit vereinfachter Technik komplexe Spielsituation lösen

Hinter dem Plädoyer für eine sinngeleitete Erschließung des Tennisspiels steckt auch die Überzeugung, dass misslungene Bewegungsausführungen oftmals als Folge fehlerhafter Erfassung und Bewertung von Spielsituationen sowie ungünstiger Bewegungsabsichten und nicht haltbarer Bewegungsvorstellungen verstanden werden müssen und dass Tennisanfänger schon in der Phase der Bewegungsplanung an der für sie unüberschaubaren Varianz der Spielsituationen scheitern. Nicht fehlende Konstanz in Schlagabläufen aufgrund motorischer Unzulänglichkeiten, sondern primär die defizitäre, zu undifferenzierte Abstimmung der Bewegungsplanung an spezielle situative Momente limitieren ihre Spielfähigkeit. Die Entwicklung von Spielfähigkeit dürfte deshalb gerade im Anfängerbereich eher über eine Entwicklung von Spielverständnis und Entwicklung sinnvoller Handlungsstrategien gelingen als über Versuche, die zugehörigen Bewegungsabläufe motorisch einzuschleifen.

Motor der Ausformung der Spielfähigkeit, der Umgestaltung von Spielhandlungen, ist der Abgleich zwischen beabsichtigten Zielen und tatsächlich eingetretenen Konsequenzen. Dem Vergleich von antizipierten und tatsächlich eingetretenen Effekten kommt eine zentrale verhaltenssteuernde Funktion zu. Eine wichtige Lernvoraussetzung sind daher transparente Aufgabenstellungen, auf die sich Antizipationen und Handlungsbeurteilungen beziehen können, sowie überschaubare Situationen, die Zuordnungen von Diskrepanzen und Ursachen erleichtern, sodass sich stimmige Situations-Antizipations-Effekt-Relationen aufbauen können. Für das Unterrichtsarrangement bedeutet dies, Spielaufgaben zu operationalisieren und Rückmeldeinstanzen zu schaffen, bei denen sich die Möglichkeit einer trennscharfen Bewertung der Lösungsversuche als „gelungen" oder „nicht gelungen" eröffnet. Im Tennis bietet es sich diesbezüglich an, Spielaufgaben und Handlungsstrategien in Verbindung mit Aufsprungorten und Flugbahnen der Bälle zu thematisieren, weil in Form von Zielzonen und Netzmarkierungen ebenso praktikable wie effiziente Orientierungshilfen zur Verfügung gestellt werden können.

Die Progression der Unterrichtsreihe sollte sich entlang der Aufgabenstruktur des Tennisspiels und der Spielerfahrungen der Lerngruppe ausrichten. Vorausgegangene Spielerfahrungen sollten die Thematisierung kommender Spielaufgaben subjektiv bedeutsam werden lassen, während die praktische Auseinandersetzung mit Spielaufgaben neue Spielerfahrungen hervorbringen sollte, aus denen im Idealfall wieder neue oder zu modifizierende Spielaufgaben erwachsen (vgl. Abb. 1).

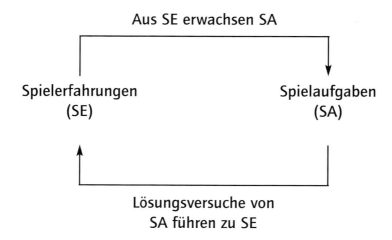

Abb. 1: Ansatz, wie Spielerfahrungen und Spielaufgaben im Unterricht verknüpft werden sollten.

Schultennis

2 Sinnbezug – die tennisspezifische Aufgabenstruktur

Sinnvolles Spielhandeln und vernünftige Handlungsentscheidungen können nur im Rahmen transparenter Spielziele, präsenter Handlungsmöglichkeiten und -alternativen erfolgen, über die der Anfänger aber noch nicht verfügt. Aufgrund einer prinzipiellen Aufgabenoffenheit des Tennisspiels besteht bei der Vermittlung von Spielzielen und Handlungsstrategien die Gefahr, sich in unüberschaubaren Beschreibungen taktischer Wenn-dann-Beziehungen zu verlieren, die dann eher den Blick auf das Wesentliche verstellen, als die beabsichtigte Orientierungshilfe zu liefern. Für eine didaktisch motivierte Systematisierung der tennisspezifischen Aufgabenstruktur erscheint es somit sinnvoll, sich auf wenige, allgemeinste Invarianten zu beschränken und die Fülle der Aufgaben zu wenigen repräsentativen Klassen zu verdichten.

Punkte können im wettkampforientierten Tennisspiel erzielt werden, indem eigene Fehler vermieden, der Gegner zu Fehlern verleitet oder aber ein für den Gegner unerreichbarer Ball gespielt wird. Eigene Fehler werden am ehesten vermieden, indem die Bälle mit Sicherheitsabstand zu Netz und Auslinien bei geringer Geschwindigkeit gespielt werden (Sicherheitspriorität). Spielt man hingegen dichter an die Auslinien heran, kann man den Gegner über gezielte Schlagfolgen zum Laufen bringen und ihn dadurch ausspielen bzw. zu Fehlern verleiten (Raumnot erzeugen, Genauigkeitspriorität). Direkte Punkte erzielt man überwiegend dadurch, dass man schneller spielt, sodass dem Gegner nur ungenügende Zeit zur Reaktion bleibt (Zeitnot erzeugen, Geschwindigkeitspriorität). Je nachdem, über welche Strategie der Punktgewinn angestrebt wird, ist immer ein sinnvoller Kompromiss zwischen den prinzipiell unvereinbaren Zielen Schlagsicherheit, -genauigkeit und -geschwindigkeit zu finden. Es geht folglich immer um ein Abwägen bezüglich der Prioritätensetzung, wobei eigene Fähigkeiten, die des Gegners und die spezielle Spielsituation einbezogen werden müssen. In Abb. 2 ist die tennisspezifische Aufgabenstruktur visualisiert. Sie kann einen geeigneten Bezugspunkt für die fähigkeitsbezogene Ausgestaltung individueller Spielzüge und -strategien sowie zur Evaluation von deren Effektivität bilden, durch die Möglichkeiten der Binnendifferenzierung und Spielräume einer selbstständigeren Auseinandersetzung mit dem Tennisspiel verbleiben.

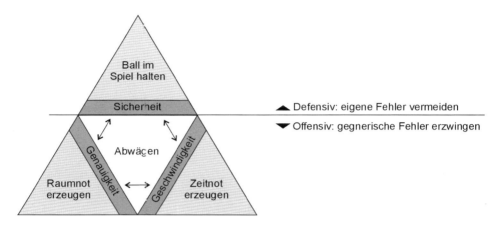

Abb. 2: Konkurrierende, gegeneinander abzuwägende Ziele im Wettkampftennis

3 Sinnerhaltende Vereinfachungsstrategien

Der Spiel- und Ballwechselinitiierung kommt eine Schlüsselrolle zu, denn ohne funktionierende Interaktion können weder Handlungsstrategien erprobt und deren Wirkung evaluiert noch sich stimmige Situations-Handlungs-Effekt-Zuordnungen mitentwickeln. Durch Vereinfachungsstrategien zur Erhöhung der Treffchancen soll gewährleistet werden, dass auch bei Anfängern von Beginn an die Bewältigung von Spielsituationen in den Mittelpunkt des Geschehens rückt und nicht etwa wettkampftypisches Spielerlebnis und taktisches Spielverhalten aufgrund technischer Bewältigungsschwierigkeiten zur Nebensache verkommen. Unter dem Primat des Sinnerhalts sind die Vereinfachungen so zu gestalten, dass sich mit ihnen ein tennistypisches, repräsentatives Spielverständnis entwickeln kann, das i. S. eines positiven Lerntransfers übertragbar bleibt, wenn bei Lernfortschritten die eingesetzten Vereinfachungen sukzessive wieder zurückgenommen

Schultennis

werden und sich u. U. dem genormten Tennisspiel angenähert wird.
Neben Spielfeldverkleinerungen und niedrigeren Netzhöhen, die im Schulsport häufig schon aufgrund der gegebenen Rahmenbedingungen notwendig werden, soll in Anlehnung an Göhners (1979, S. 35-60) verlaufsbestimmende Grundkomponenten sportlicher Bewegungen an drei Komponenten mit Vereinfachungen angesetzt werden, um die Treffchancen zu erhöhen.

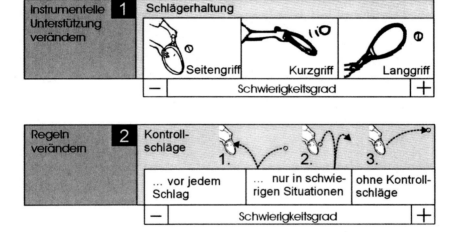

Abb. 3: Vereinfachungsstrategien zur Erhöhung der Treffchancen im Überblick

Erfahrungsorientierter und bildender Sportunterricht

Erstens soll die instrumentelle Unterstützung des Bewegers modifiziert werden. Das Handling des Schlägers soll erleichtert werden, indem die Schlaghand dichter an die Schlagfläche heranrückt. Neben der Verwendung von kürzeren Jugend- oder Kinderschlägern kann das durch eine veränderte Schlägerhaltung, etwa durch Verwendung des Kurzgriffs oder Seitengriffs, erreicht werden. Beim Seitengriff zeigt das Griffende zur Seite und die Handfläche der Schlaghand wird auf die Rückseite der Besaitung gelegt. Dadurch, dass der Ball bei diesem Griff praktisch mit der flachen Hand durch die Saiten des Schlägers geschlagen wird, wird die Abstandsproblematik umgangen, die normalerweise aufgrund der Entfernung von Schlaghand und Trefffläche des Schlägers entsteht.

Zweitens soll die Regeländerung, dass der Ball vor dem Zurückschlagen mit einem Kontrollschlag gestoppt werden darf, den Zeitdruck entschärfen und die Ballkontrolle erleichtern. Denn Balannahme und -abgabe werden durch den Kontrollschlag zeitlich entkoppelt. Positiver Nebeneffekt ist hierbei, dass sich durch die Kontrollschläge die Ballkontaktzahl verdoppelt und das Abstoppen des Balls das Ballgefühl fördert.

Drittens sollen Bälle mit verlängerter Flugzeit bzw. langsamerem und flacherem Absprungverhalten ebenfalls den Zeitdruck verringern und günstigere – da niedrigere – Treffpunkte ermöglichen. Als Ballvarianten bieten sich Wasserbälle, Schaumstoffbälle und sogenannte Methodikbälle an. Methodikbälle haben den Vorteil, dass sie in Umfang und Aussehen einem normalen Tennisball gleichen und daher erfahrungsgemäß unmittelbar akzeptiert werden. Mit größerem Umfang der Bälle steigen hingegen die Treffchancen.

4 Organisatorisches

In zwei Hallenteilen üblicher Größe lassen sich acht kleine Spielfelder parallel aufbauen, sodass 16 Schüler zeitgleich spielen können. Bei größerer Schüleranzahl oder nur einem zur Verfügung stehenden Hallenteil bietet es sich an, nach einem Rotationssystem durchzuwechseln, wobei aussetzende Schüler beispielsweise mit spielbegleitenden Beobachtungs- und Analyseaufträgen, die mögliche Anknüpfungspunkte für Reflexionen in nachfolgenden Besprechungen schaffen, sinnvoll in den Unterricht integriert werden können. Falls vorhanden, kann für aussetzende Spieler auch die Hallenwand als Ballwand mit einbezogen werden, sodass bei zwei Hallenteilen 32 Schüler *gleichzeitig aktiv* sein können (jeweils vier pro Spielfeld und zugehörigem Wandabschnitt, vgl. Abb. 4). Wird auf jeder Spielfeldseite noch ein Schüler zusätzlich für Beobachtungs- und Analyseaufgaben eingebunden, können in einem Hallenteil 24 Schüler gleichzeitig sinnvoll in den Unterricht eingebunden sein. Für diese Variante bietet sich bei der Planung eine zeitliche Dreiteilung an, um wie bei einem Stationsbetrieb Wandspieler, Beobachter und Spieler am Spielfeld selbst einmal komplett durchrotieren zu lassen.

Als Netzersatz eignen sich an Badmintonständern befestigte Zauberschnüre, an denen Zeitungen mit Wäscheklammern befestigt werden, sodass leichter zu erkennen ist, ob ein Ball das Netz ober- oder unterhalb der Netzkantenhöhe passiert. Alternativ kann eine Zauberschnur oder ein Baustellenband längs durch die gesamte Halle gespannt werden bzw. Schwedenbänke auf kleine, hochkant stehende Kästen gestellt werden.

Zielzonen am Boden können mit Krepp abgeklebt werden oder zeitsparender mit Doppelseiten von Zeitungen ausgelegt werden. Gymnastikreifen bilden erfahrungsgemäß keine sinnvolle Alternative, da mit ihnen die Zielzonengröße schlecht zu variieren ist und die Bälle bei Randtreffern verspringen. Bereiche des Netzes können durch farbige Zeitungen oder Handtücher markiert werden.

Tennisschläger in ausreichender Anzahl und weitere Materialien, wie etwa Kleinfeldnetze und Methodikbälle, können über die Schulreferenten des jeweiligen Tennisbezirks ausgeliehen werden. Abb. 4 gibt ein Beispiel für einen möglichen Geräteaufbau und Materialeinsatz.

Erfahrungsorientierter und bildender Sportunterricht

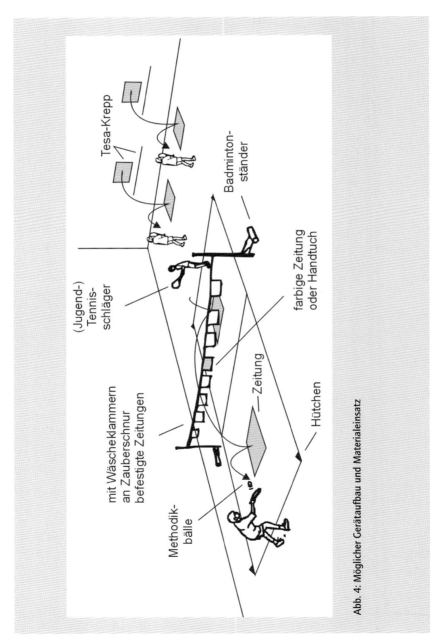

Abb. 4: Möglicher Geräteaufbau und Materialeinsatz

Schultennis

5 Skizzierung einer möglichen Unterrichtsreihe

5.1 Vom Phänomen zum Problem

In der Regel haben Schüler eine durch die Medien geprägte Erwartungshaltung davon, wie ein Tennisspiel auszusehen hat, und reagieren zuweilen enttäuscht, wenn sie in ihren Augen nicht von Anfang an Tennis in der Form spielen können, wie sie es von den Medien her kennen. „Richtig" Tennis zu spielen, bedeutet für sie in erster Linie, nach genormten Regeln, insbesondere nach den bekannten Spielfeldmaßen und mit den gängigen Spielutensilien zu spielen. Sie sehen Regeln zumeist als heilige und unveränderbare Gesetze an und assoziieren mit Regelveränderungen eine Zerstörung des Spiels. Dies ist ein Sozialisationsphänomen und typisch für eine Gesellschaft, die sich daran gewöhnt hat, dem Sport vornehmlich in institutional durchorganisierter und lückenlos verregelter Form zu begegnen. Dabei zeigt ein Blick in die Historie, dass es bis zum Zeitpunkt einer willkürlichen Normierung des Tennisspiels aus Gründen der Vergleichbarkeit und Organisierbarkeit in Wettkämpfen eine unhinterfragte Selbstverständlichkeit war, die Art des Tennisspielens dem jeweiligen Kontext entsprechend anzupassen, während es immer dort, wo es zu einer unreflektierten Formübernahme kam, auch zu Sinnverfremdungen kam.

Bei einem Anfängerspiel nach genormten Regeln lässt sich häufig ein Spielverlauf beobachten, bei dem Ballwechsel außen vor bleiben und der mit der Tätigkeit des Tennisspielens nichts gemein hat, insbesondere weil es aufgrund einer zu hohen Fehlerquote zu keinen echten Ballwechseln kommt. Ein tennisspezifisches Spielerlebnis bleibt dann mit Sicherheit aus und ein Spielenlassen bedeutet, auf Spielenlernen und Bildung zu verzichten.

(a) Sensibilisierung für die Notwendigkeit von Vereinfachungen:

Aufgabe
Probiert das Tennisspielen aus – ohne weitere Vorgaben!

Beobachtungsschwerpunkt/Kontrollfrage
Inwieweit kommt ein Spiel zustande?

Erfahrungsorientierter und bildender Sportunterricht

Um die Schüler i. S. eines erfahrungsorientiert-genetischen Ansatzes zunächst für die Notwendigkeit von Vereinfachungen zu sensibilisieren und sie für Vorschläge dieser Art empfänglicher zu machen, bietet sich der Einstieg über eine Erprobungsphase an, in der die Lerngruppe ohne Vorgaben[1] miteinander spielen soll und in der sie das Scheitern des Spiels selbst erfahren kann. Durch eine Erprobungsphase zu Beginn der Unterrichtsreihe kann zudem die zu erwartende Neugier der Lerngruppe befriedigt werden, den Umgang mit Schläger und Ball einmal auszuprobieren. Von diesen geht schließlich ein hoher Aufforderungscharakter aus, insbesondere für diejenigen Schüler, für die eine Unterrichtsreihe in der Schule, bezogen auf die *eigene* Praxis, einen Erstkontakt mit dem Tennisspiel bedeutet.

Aus dem Konflikt, das Spiel spielen zu wollen, es aber so nicht spielen zu können, sollte den Schülern das Problem der Ballwechselinitiierung bewusst werden und es sollte für sie sinnvoll werden, nach einer adäquaten Lösung für echte Partizipationsmöglichkeiten am Tennisspiel zu suchen. Mit dem Konflikt zwischen Wollen und Können sind die Differenzerfahrungen der vorangegangenen Spielversuche angesprochen, die nun thematisiert werden können.[2]

An die Erfahrung, dass unter genormten Bedingungen kein Spiel zustande gekommen ist, kann angeknüpft werden, indem Notwendigkeit und Möglichkeiten von Vereinfachungsstrategien besprochen werden. In diesem Zusammenhang bietet es sich an, zu thematisieren, dass Regeln keinen Selbstzweck darstellen, sondern eine spielkonstituierende Funktion erfüllen sollten und daher durchaus geändert werden dürfen, um die Tätigkeit des Spielens zu ermöglichen. Es geht im Kern darum, dass die Problematik der Spielinitiierung zu einem persönlich-authentischen Thema der Schüler wird.

---

[1] Allerdings sind aus Sicherheitsgründen vorab einige Verhaltensregeln zu thematisieren, vor allem wenn das Spiel mit harten Tennisbällen erlaubt werden soll.

[2] Wann immer von Sensibilisierung oder Problemsensibilisierung die Rede ist, geht es letztlich darum, zunächst entsprechende Differenzerfahrungen zu generieren, um sie schließlich selbst zum Thema zu machen.

Schultennis

5.2 Die anfängergemäße Spielinitiierung

Aufgabe
Bringt das Spiel zum Laufen!

Realisierungsstrategien
Probiert verschiedene Kombinationen von Vereinfachungsmöglichkeiten aus, um miteinander Ballwechsel mit mindestens acht Netzüberquerungen zu realisieren!

Beobachtungsschwerpunkt / Kontrollfrage
Mit welchen Vereinfachungsmöglichkeiten sind euch innerhalb eines Ballwechsels mindestens acht Netzüberquerungen gelungen? Mit welchen hat das nicht funktioniert?

Um eine individuell günstige Kombination aus den Vereinfachungsstrategien wählen zu können, mit denen die Bewältigung der Spielsituationen gelingt, bietet sich eine erneute Erprobungsphase an, in der mit verschiedenen Vereinfachungen experimentiert werden kann.[3]

Die Auswahl der Vereinfachungen, die die Schüler im weiteren Lehrweg einzusetzen gedenken, sollte nach dem Kriterium getroffen werden, ob der Ball überhaupt miteinander im Spiel gehalten werden *kann* – zunächst ungeachtet dessen, dass dies im Wettkampftennis nicht die Aufgabe ist. Diese Zielrichtung der Experimentierphase sollte den Schülern vor ihrem Start bewusst gemacht werden. Einen objektiven Anhaltspunkt gibt diesbezüglich die Anzahl der Netzüberquerungen pro Ballwechsel, die aus Gründen der besseren Eigenkontrolle und realistischeren Selbsteinschätzung laut mitgezählt werden können.

Bei leistungsschwächeren Lerngruppen kann an dieser Stelle bereits angedacht werden, das Gelingen von Ballwechseln über Zielzonen in der Spielfeldmitte zu unterstützen, die mittels zweier Zeitungsdoppelseiten, Markierungsleisten oder Krepp visualisiert werden können. Denn das Spielen auf Zielzonen führt in der Regel zu einem dosierteren Krafteinsatz, der dem Partner das Zurückspielen des Balls erleichtert, zumal dieser bei entsprechendem Abstand zur Zielzone den Ball eher im für die Ballkontrolle günstigen absteigenden Ast der Flugkurve treffen kann. Daneben gibt das Spielen auf Zielzonen eine präzisere Rückmeldung darüber, inwieweit das kontrollierte Schlagen des Balls tatsächlich gelingt.

---

[3] Mit Blick auf eine reflektiertere Auseinandersetzung mit dem Spiel und auf die Möglichkeiten von Selbstbildung als Gegenstandsformung erscheint es auf den ersten Blick sinnvoller, die Schüler selbst nach entsprechenden Vereinfachungsmöglichkeiten suchen, untereinander diskutieren und eventuell ausprobieren zu lassen, anstatt lehrerseitig mögliche Vereinfachungsstrategien im Vortragsstil einzubringen. Allerdings ist es wahrscheinlich, dass adäquate Lösungsvorschläge ausbleiben, sodass es schließlich doch sinnvoller erscheint, die weiter oben angesprochenen Vereinfachungsstrategien als Anregungen von Beginn an einzureichen, um den Folgen einer „Leeren-Blatt-Situation" vorzubeugen.

Erfahrungsorientierter und bildender Sportunterricht

5.3 Fehlervermeidung als Strategie kennen lernen

(a) Sensibilisierung für die Bedeutung des Fehlervermeidens:

Aufgabe
Spielt Punkte gegeneinander aus!

Beobachtungsschwerpunkt / Kontrollfrage
Wie viele Netzüberquerungen gab es ungefähr pro Ballwechsel? Vergleicht diese Anzahl mit der Anzahl aus dem Miteinanderspielen!

Sind entsprechende Vereinfachungen gefunden, mit denen die Ballwechselinitiierung im Spiel untereinander gelingt, kann wieder auf die Konzeption des Gegeneinanderspielens umgeschaltet werden. Bei einem Wettkampfspiel gegeneinander ist zu erwarten, dass sich die Schüler zu risikoreicherem Spiel und unerzwungenen Fehlern hinreißen lassen, sodass sich die Ballwechsel drastisch verkürzen, obwohl die Schüler bei risikoloserem Spiel mithilfe der verwendeten Vereinfachungen durchaus in der Lage wären, den Ball länger im Spiel zu halten und dadurch ihre Chancen auf einen Punktgewinn zu erhöhen. Zur Verdeutlichung der Problematik bietet sich vor allem der Vergleich der Ballwechsellängen des Miteinander- und Gegeneinanderspielens an.[4]

An dieser Stelle gilt es – z. B. anhand des unteren Zitats – zu besprechen, dass Tennis kein Spiel der Gewinnschläge ist, dass gerade im Anfängerspiel der Sicherheitsaspekt höchste Priorität haben sollte und dass sichere, kontrollierbare Schläge das Spiel dominieren sollten. Es sollten also Schläge eingesetzt werden, die es erlauben, den Ball im Spiel zu halten und auf Fehler des Gegners zu warten. Denn den Ball nur einmal mehr über das Netz zu schlagen als der Gegner, bedeutet bereits den Punktgewinn.

„Man kann niemals so viele direkte Punkte machen, um damit ein Match zu gewinnen. Man kann aber immer so viele Fehler begehen, um es zu verlieren. Ein taktisch guter Spieler macht sehr wenig leichte Fehler und spielt den Ball so zurück, dass der

---

[4] Im Rahmen der Bewertung des Spielgelingens und Spielverhaltens können unterrichtsbegleitende Beobachtungen analysierender Schüler hilfreich sein, wie es im Kapitel „Organisatorisches" angesprochen wurde. Die Beobachtungsergebnisse können beispielsweise auf dafür vorbereiteten Beobachtungsbögen mitprotokolliert werden, etwa um sie für die Besprechung in – mitunter zeitversetzt folgenden – kognitiven Phasen präsent zu halten.

Schultennis

Gegenspieler keinen direkten Punkt machen kann" (Hessischer Tennis-Verband (o. J.), Kapitel 4, S. 1).

(b) Strategien des Sicherheitsspiels kennen lernen:

Aufgabe
Spielt Punkte gegeneinander. Versucht, dabei in erster Linie eigene Fehler zu vermeiden und Punkte zu erzielen, indem ihr auf die Fehler des Gegners wartet.

Realisierungsstrategien
a) Spielt vorwiegend in die Spielfeldmitte (Zielzone).
b) Spielt etwas höher über das Netz.

Beobachtungsschwerpunkt/Kontrollfrage
a) Gelingt es euch, die Zielzone zu treffen?
b) Fliegen eure Bälle mit etwas Sicherheitsabstand über das Netz?

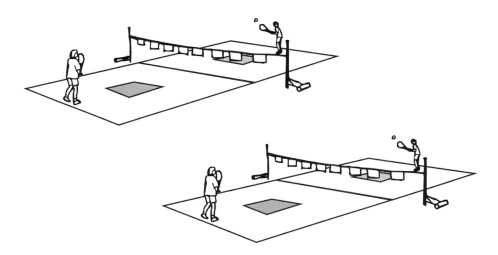

Eigene Fehler können vor allem vermieden werden, indem versucht wird, die Bälle mit Sicherheitsabstand zu Netz und Auslinien, d. h. in die Spielfeldmitte, zu spielen, sodass trotz Streuung bezüglich Flughöhe und -richtung eine höhere Quote an Bällen zum einen das Netz passiert und zum anderen im Spielfeld landet.

Erfahrungsorientierter und bildender Sportunterricht

Bei einem erneuten Wettkampfspiel gegeneinander sollen die Schüler nun primär versuchen, den Punkt zu gewinnen, indem sie den Ball länger als ihr Gegenüber im Spiel zu halten versuchen. Der entscheidende Sinnunterschied zur Konzeption des Miteinanderspielens besteht darin, dass hier nicht versucht werden soll, dem Partner zuzuspielen, etwa um möglichst lange Ballwechsel zu realisieren, sondern das Ball-im-Spiel-Halten als Strategie eingesetzt wird, um auf Fehler des Gegners zu warten.

Als Orientierungshilfe für direkt operationalisierbare und überprüfbare Handlungsziele kann eine Zielzone in der Spielfeldmitte ausgelegt werden und ggf. ergänzend zum Netz eine erhöhte Zauberschnur gespannt werden, sodass den Schülern der Abgleich ermöglicht wird, inwieweit es ihnen gelingt, den Ball mit Sicherheitsabstand zum Netz und zu den Auslinien zu spielen. Die Anzahl der Netzüberquerungen liefert einen weiteren Anhaltspunkt, inwieweit es gelingt, den Ball im Spiel zu halten. Um das Sicherheitsspiel zu forcieren und zu honorieren, bieten sich auch Zählweisen an, bei denen Fehler höher gewichtet werden, etwa indem jeder regelgerechte Schlag über das Netz ins Feld einen Punkt ergibt, jeder Fehler hingegen zwei Punkte Abzug. Um Punkte zu sammeln, darf unter vier Schlägen dann höchstens ein Fehler sein (+3 Punkte − 2 Punkte = +1 Punkt). Werden kaum Punkte gesammelt, ist das ein Indiz dafür, dass genauso viele Schläge misslingen wie gelingen. Umgekehrt erkennt man Fortschritte im Ball-im-Spiel-Halten daran, dass höhere Punktzahlen erreicht werden.

5.4 Raumnot erzeugen als Strategie kennen lernen

(a) Sensibilisierung für die Bedeutung von Raumnot:
Den Ball einfach nur im Spiel zu halten, wird gerade bei Jugendlichen schnell als zu monoton und langweilig empfunden. Der Wunsch nach offensiverer Spielweise bricht umso eher durch, je mehr das Ballhalten zu einem Geduldsspiel ausartet und je mehr darunter der Spielspaß leidet. Aus Gründen des Spielerlebnisses reizt es selbst dann, den Punktgewinn aktiver zu gestalten, wenn das simple Ball-im-Spiel-Halten erfolgreich verläuft und aus taktischen Gründen kein Veränderungsbedarf der defensiven Grundausrichtung besteht. Im Gegensatz zur defensiven Spielweise dürften Anfänger für eine offensivere Spielweise nicht explizit motiviert oder sensibilisiert werden müssen. Im Hinblick auf die erfahrungsorientierte Weiterentwicklung des Spielverständnisses bietet es sich an, mit der Thematisierung der Bedeutung einer offensiveren Spielweise an den Erfahrungen derjenigen Spieler anzuknüpfen, die bisher in der Anwendung der defensiven Spielweise ihren Gegnern unterlegen waren, etwa weil diese den Ball länger im Spiel zu halten ver-

Schultennis

mochten als sie selbst. In solchen Fällen drängt sich ein Strategiewechsel zu einer offensiveren Ausrichtung geradezu auf[5] und erfordert es, die kennengelernte Bedeutung des Sicherheitsspiels zu relativieren. Denn

„das Sicherheitsstreben darf nicht so weit gehen, daß man kein Risiko wagt. Ganz im Gegenteil. Ohne kalkulierbare Risikofreudigkeit kann man den Gegner kaum überraschen und unter Druck setzen" (Deutscher Tennis-Bund, 1995, S. 58).

(b) Den Gegner laufen lassen als Strategie kennen lernen:

Aufgabe
Spielt Punkte gegeneinander aus. Versucht dabei in erster Linie, den Gegner laufen zu lassen.

Realisierungsstrategien
Vermeidet es, die Zone in der Spielfeldmitte anzuspielen.

Beobachtungsschwerpunkt/Kontrollfrage
Wie viele Schritte muss der Gegner zwischen zwei Schlägen machen?
Harte Schläge scheiden im Anfängerbereich aufgrund der mit ihnen einhergehen-

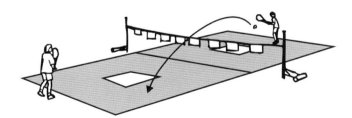

den hohen Fehlerquote – gerade auf kleineren Spielfeldern, wie sie im Schulsport schon aufgrund der räumlichen Bedingungen notwendig werden – als sinnvolle Möglichkeit zur Realisation einer offensiveren Spielweise grundsätzlich aus.

---

5 Grundsätzlich lassen sich defensive Gegner nur durch noch defensivere, sicherere Spielweise besiegen oder aber durch eine Spielweise, die bei akzeptabler Fehlerquote offensiv genug ist, um den Gegner ausreichend unter Druck zu setzen und zu Fehlern zu zwingen (vgl. Deutscher Tennis-Bund, 1995, S. 56; Loehr, 1994, S. 66).

Erfahrungsorientierter und bildender Sportunterricht

Was verbleibt, ist die Möglichkeit, beim Gegner Raumnot zu erzeugen, indem mit geschickten Schlagkombinationen das Feld geöffnet wird, er zum Laufen gebracht und dadurch ausgespielt oder zu Fehlern verleitet wird.

Um Raumnot zu erzeugen, ist es notwendig, die Bälle dichter an die Auslinien zu spielen. Deshalb kann insbesondere in der Mindestanforderung, das Anspielen der Spielfeldmitte zu vermeiden, eine Invariante für alle Schläge bzw. Schlagkombinationen ausgemacht werden, mit denen das Erzeugen von Raumnot gelingt (vgl. Schönborn, 2000, S. 207-208; Schönborn, 2006, S. 211). Als Orientierungshilfe kann daher in der Spielfeldmitte eine Zone ausgelegt werden, die es im Spiel zu meiden gilt.

Um das Meiden der Spielfeldmitte stärker zu forcieren, kann abgesprochen werden, dass versehentliche Zonentreffer zu direktem Punktabzug führen. Als weitere Regelmodifikation bietet es sich an, dass Punktgewinne bereits dadurch erzielt werden können, dass der Gegner nach dem eigenen Ballkontakt mehr als drei Schritte machen muss, um den Ball noch zu erreichen. Durch die Beachtung dieser Drei-Schritt-Regel erfolgt eine direkte Rückmeldung, ob es tatsächlich gelingt, den Gegner zum Laufen zu bringen. Mit dieser Spielform kann explorativ nach Spielzügen und Schlagfolgen gesucht werden, durch die der Gegner zum Laufen gebracht wird und die auch zu den eigenen Fähigkeiten kompatibel sind. Dieser Prozess dürfte durch begleitende Beobachtungen und Rückmeldungen von aussetzenden Mitschülern sinnvoll unterstützt werden können.

5.5 Sicherheit und Genauigkeit als diametrale Ziele kennen lernen

Es ist zu erwarten, dass sich mit den Versuchen, den Gegner laufen zu lassen, die Fehlerquote erhöht. Ist dies der Fall, bietet es sich an, zu thematisieren, dass Sicherheit i. S. eines Ball-im-Spiel-Haltens und Genauigkeit i. S. eines Laufenlassens des Gegners generell unvereinbare Ziele bleiben, bei denen man ständig abwägen muss, welchem Ziel man in welcher Situation den Vorzug gibt. Die generelle Unvereinbarkeit der Spielziele im Tennis kann an dieser Stelle des Lehrwegs exemplarisch anhand der zueinander *komplementären* Zielfelder veranschaulicht werden, die es beim Sicherheits- bzw. Genauigkeitsspiel anzuspielen gilt (vgl. Abb. 5). Mit ihnen kann verdeutlicht werden, dass es im Tennis immer darum gehen muss, zwischen verschiedenen Spielzielen abzuwägen, geeignete Kompromisse zu finden und Prioritäten zu setzen.

Schultennis

Abb. 5: Zueinander komplementäre Zielfelder bei den Schlagzielen Sicherheit und Genauigkeit

5.6 Sicherheit und Genauigkeit miteinander verbinden

Aufgabe
Haltet den Ball miteinander im Spiel. Spieler A spielt immer cross, Spieler B immer longline.

Realisierungsstrategien
Spieler A: Spiele immer über die Markierung der Netzmitte (cross).
Spieler B: Spiele immer seitlich an dieser Markierung vorbei (longline).

Kontrollfragen/Beobachtungsschwerpunkt
Bei welcher Spielweise habt ihr in der Regel eine geringere Fehlerquote?

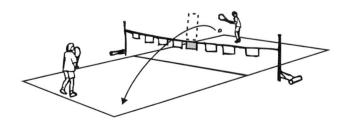

Erfahrungsorientierter und bildender Sportunterricht

Aufgabe
Spielt Punkte gegeneinander aus. Spielt dabei vorwiegend cross und versucht, nur bei einer günstigen Gelegenheit Longlineschläge einzustreuen.

Realisierungsstrategien
Spielt für Crossschläge über die Markierung der Netzmitte, für Longline-Schläge seitlich an dieser Markierung vorbei.

Kontrollfragen/Beobachtungsschwerpunkt
Gelingt es euch, durch eingestreute Longlineschläge den Gegner in Bedrängnis zu bringen oder leiten diese Schläge eher eine Vorteilssituation für den Gegner ein?

Wird das offensivere Spiel von einer steigenden Fehlerquote begleitet, stellt das Crossspiel einen sinnvollen Kompromiss zwischen offensiver und defensiver Spielweise dar, denn es erlaubt, den Ball wieder sicherer im Spiel zu halten, ohne dabei jedoch zwangsläufig in eine allzu defensive Spielweise zurückfallen zu müssen.

Die Sicherheit des Crossspiels basiert vor allem darauf, dass der Ball das Netz an seiner niedrigsten Stelle passiert und dass cross geschlagene Bälle aufgrund der diagonalen Flugrichtung noch bei einer Schlaglänge im Feld landen, bei der sie als longline geschlagene Bälle bereits ins Längenaus gehen würden. Gleichzeitig kann durch das Crossspiel aber auch – und hierin unterscheidet es sich vom Anspielen der Spielfeldmitte – das Feld geöffnet werden, womit eher die Option verbleibt, im richtigen Moment mit einem gezielten Longlineschlag den Gegner zu einem weiten Laufweg zu zwingen und dadurch unter Druck zu setzen.

Die Vorteile des Crossschlags gegenüber dem Longlineschlag können Schüler etwa mit der sogenannten Hosenträgerübung erfahren, bei der der eine Spieler ausschließlich cross und der andere ausschließlich longline spielt und das jeweilige Augenmerk auf die eigene Fehlerquote gerichtet wird: In der Regel ist die Fehlerquote beim Crossspiel aus angeführten Gründen merklich geringer als beim Longlinespiel.

Als Orientierungshilfe für die Schlagrichtung des Crossspiels eignet sich besonders eine Markierung der Netzmitte mittels einer farbigen Zeitung oder eines farbigen Handtuchs, die es zu überspielen gilt. Eine solche Netzmarkierung ist als Orientierungshilfe deswegen besonders geeignet, weil das Überspielen der Netzmitte eine situationsübergreifende Invariante darstellt, wenn es darum geht, die fehleranfälligste Schlagrichtung auszuwählen.[6] Ein konsequentes Überspielen der Netzmitte hat zudem den Nebeneffekt, dass von Spielfeldpositionen, die einen günstigen Winkel für extremere Crossbälle und somit für das Öffnen des Feldes bieten, der Ball automatisch crosser gespielt wird als von Spielfeldpositionen, die dafür keinen günstigen Winkel bieten. Bei Letzteren wird durch das Überspielen der Netzmitte automatisch ein gemäßigterer Crossball eingesetzt. Nicht zuletzt ist das Ziel, die Netzmitte zu überspielen, bereits ein operationalisiertes Ziel, dessen Erreichen leicht zu evaluieren ist.

5.7 Zeitnot erzeugen als Strategie kennen lernen

Anfänger treffen kaum auf Spielsituationen, in denen es sinnvoll wird, die Ziele, den Ball sicher zu spielen oder Raumnot beim Gegner zu erzeugen, zugunsten des Ziels, beim Gegner Zeitnot zu erzeugen, aufzugeben – vor allem deshalb, weil dazu Schläge mit höherer Geschwindigkeit notwendig werden, wie sie im Anfängerbereich zumeist nicht kontrolliert werden können. Gerade hier würde eine Forcierung der Geschwindigkeit die initiierte Tätigkeit des Spielens wieder zerstören, denn, den Punkt *herauszuspielen*, bedeutet den Punktgewinn nach und nach über mehrere Schlagfolgen behutsam vorzubereiten, statt ihn ungeduldig nach einem Alles-oder-nichts-Prinzip erzwingen zu wollen. Das Erzeugen von Zeitnot sollte aus diesen Gründen im Anfängerbereich allenfalls eine untergeordnete Rolle spielen, zumal es fraglich ist, ob sich aus eigenen Spielerfahrungen oder -problemen heraus ihre Thematisierung überhaupt aufdrängt.

Denkbar ist eine sinnvolle Thematisierung des Erzeugens von Zeitnot etwa dann, wenn das Problem auftritt, dass laufstarke Spieler jeden Ball wie eine „Wand" zurückbringen und allein durch die Platzierung der Schläge nicht ausreichend in Bedrängnis gebracht werden können, sodass es notwendig wird, die Bälle nicht nur genau genug, sondern zusätzlich auch schnell genug zu spielen oder dann, wenn Spieler auf die Idee kommen, ans Netz aufzurücken. Denn im Vergleich zum

---

6   Die Orientierung an der Netzmitte behält selbst bei Sonderfällen ihre Richtigkeit, wie etwa beim Schlagen einer Vorhand von der Rückhandseite. Gerade dieser Fall zeigt, dass es beispielsweise nicht den Kern der Sache träfe, würde das Crossspiel darüber charakterisiert, dass Vorhandschläge immer auf die Vorhandseite und Rückhandschläge immer auf die Rückhandseite platziert werden.

Grundlinienspiel besteht ein wesentlicher Vorteil des Netzspiels gerade darin, dass durch das vorzeitige Abfangen der gegnerischen Schläge die (Re-)Aktionszeit verkürzt wird, die dem Gegner zwischen seinen Schlägen verbleibt. Ihm wird damit insbesondere die Möglichkeit genommen, mit defensiv gespielten Bällen ausreichend Zeit für die Platzabdeckung zu gewinnen, sich somit aus der Bedrängnis zu lösen und eine entstandene Vorteils-Nachteils-Situation wieder zu neutralisieren.

6 Aufteilung in Unterrichtseinheiten und Überblick

Im Schulalltag werden im normalen Sportunterricht in der Regel mehrere thematische Schwerpunkte pro Halbjahr gesetzt. Was die Beschäftigung mit einem Thema angeht, ist das Zeitbudget für eine dazu passende Unterrichtsreihe beschränkt. Mit Blick auf Alltagstauglichkeit und Praxisnähe soll daher bei dem folgenden Vorschlag zu einer Aufteilung des dargestellten Lehrwegs in entsprechende Unterrichtseinheiten von einem Zeitbudget von nur fünf Unterrichtseinheiten, jeweils bestehend aus einer Doppelstunde, ausgegangen werden.

In der ersten Unterrichtseinheit sollen die Schüler ein Problembewusstsein dafür entwickeln können, dass für ein Spielen untereinander Vereinfachungen notwendig werden. Im Vordergrund steht die anfängergemäße Spielinitiierung mit geeigneten Vereinfachungen und die Sensibilisierung für die Bedeutung des Sicherheitsspiels. Die Schüler sollen erfahren können, wie wichtig es für die Siegchancen ist, den Ball sicher im Spiel halten zu können.

In der zweiten Unterrichtseinheit sollen sie daher Strategien kennen lernen, um den Ball sicher im Spiel halten zu können (Sicherheitsspiel). Durch die ersten beiden Unterrichtseinheiten sollten die Schüler befähigt werden, den Ball kontrolliert im Spiel zu halten. Danach dürfte das „Ballhalten" eine immer geringer werdende Herausforderung darstellen und der Wunsch nach offensiverer Spielweise aufkommen.

In der dritten Unterrichtseinheit sollen daher Strategien thematisiert werden, mit denen der Gegner zu längeren Laufwegen gezwungen werden kann. Das aktive Ausspielen des Gegners soll thematisch in den Vordergrund rücken (Genauigkeitsspiel). Da zu erwarten ist, dass bei offensiverer Spielweise auch die Fehlerquote

Schultennis

steigt, soll in dieser Unterrichtseinheit anhand der prinzipiellen Unvereinbarkeit der konkurrierenden Ziele Sicherheit und Genauigkeit thematisiert werden, dass bei Handlungsentscheidungen immer abzuwägen ist, von welcher Zielsetzung man sich den größeren Erfolg verspricht.

In der vierten Unterrichtseinheit sollen die Schüler mit dem Crossspiel eine Möglichkeit kennen lernen, wie sie ihre Fehlerquote verringern können, ohne dabei in eine zu defensive Spielhaltung zurückfallen zu müssen. Sie sollen dabei auch damit experimentieren, in welchen Situationen sich ein Umschalten auf den Longlineschlag lohnt, womit das Prinzip des Abwägens fortgesetzt wird.

In der fünften und letzten Unterrichtseinheit sollen die Schüler die in der Unterrichtsreihe kennen gelernten Strategien in einem Abschlussturnier situativ anwenden und die Gelegenheit bekommen, die Strategien individuell weiter auszudifferenzieren.[7]

Abb. 6 gibt einen zusammenfassenden Überblick über die vorgeschlagene Unterrichtsreihe, Abb. 7 einen über die im vorgeschlagenen Lehrweg kennen gelernten Spielziele und deren Realisierungsstrategien.

---

7 Bei einer Klasse mit 24 Schülern empfiehlt es sich, acht Dreierteams zu bilden. Denn dies erlaubt eine Organisation als Kästliturnier gemäß Bucher (1991, S. 287), sofern diese mit einem Rotationssystem gekoppelt wird, bei dem etwa nach einer festgelegten Zahl ausgespielter Punkte innerhalb eines Teams ein Spielerwechsel zu erfolgen hat und dabei der bisherige Spielstand übernommen wird. Aussetzende Spieler können dabei Coachingaufgaben übernehmen. Ein solches Kästliturnier bietet sich aus mehreren Gründen an: Zur Ermittlung eines eindeutigen Siegers bedarf es vier Spielrunden, die in einer Doppelstunde problemlos durchgeführt werden können. Die Durchführung ist unkompliziert, weil auf Zeit gespielt werden kann und für die Durchführung einer Runde vier Kleinfelder ausreichen, wie sie in einer normalen Schulsporthalle aufgebaut werden können. Ein positiver Nebeneffekt des Kästliturniers ist zudem, dass modusbedingt das Aufeinandertreffen von Teams sehr heterogener Spielstärke von Runde zu Runde unwahrscheinlicher wird.

Erfahrungsorientierter und bildender Sportunterricht

	Unterrichtsziele/ Progression	Realisierungsstrategien/ Spielformen	Handlungsziel	Rückmeldung durch	Angestrebte Erfahrung
1.UE	Problembewusstsein für Notwendigkeit von Vereinfachungen	Freies Spielen ohne Vorgaben	Exploration	Ballwechsel	Ballwechsel bleiben aus
1.UE	Anfängergemäße Spielinitiierung des Miteinanderspielens	Vereinfachungsstrategien, z. B. (Seitengriff) (Kontrollschläge)	Ball im Spiel halten	Anzahl der Netzüberquerungen	Ballwechsel gelingen
2.UE	Sensibilisierung für die Bedeutung des Sicherheitsspiels	Spiel gegeneinander	Gewinnen	Punkte zählen	Wer sicherer spielt, gewinnt
2.UE	Strategien des Sicherheitsspiels kennen lernen	Sicherheitsstrategien (höher über das Netz spielen) (In die Mitte spielen)	Höher über das Netz spielen/ In die Mitte spielen	Ballhöhe bei Netzüberquerung/ Zielzonentreffer	Es unterlaufen weniger Fehler, aber der Wunsch nach offensiverer Spielweise bricht durch
3.UE	Strategien kennen lernen, den Gegner laufen zu lassen	Meide die Platzmitte	Die Platzmitte meiden	Zielzone/ Anzahl der Schritte des Gegners	Gegner muss laufen, aber die eigene Fehlerquote steigt auch
3.UE	Sicherheit und Genauigkeit als diametrale Ziele verstehen lernen	Diskussion über komplementäre Zielzonen beim Sicherheits- und Genauigkeitsspiel			Es muss zwischen konkurrierenden Zielen abgewägt werden
4.UE	Strategien kennen lernen, trotz offensiver Ausrichtung sicherer zu spielen	Spiele vorwiegend cross	Cross spielen	Ballflug über Netzmarkierung	Fehlerquote reduziert sich
5.UE	Gelernte Strategien anwenden und individuell verfeinern können	Turnier	Individuelle Spielstrategie anwenden	Erzielte Punkte	Spielgemäße Rückmeldung über die eigene Spielfähigkeit

Abb. 6: Überblick über eine mögliche Unterrichtsreihe

Schultennis

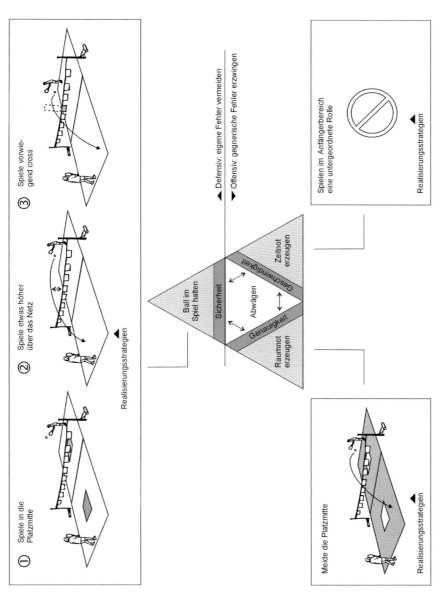

Abb. 7: Im Lehrweg kennengelernte Spielziele und Realisierungsstrategien

Literatur

Bucher, W. (1991). *1002 Spiel- und Übungsformen im Tennis.* Schorndorf: Hofmann.
Deutscher Tennis-Bund (1995). *Tennis-Lehrplan.* München: BLV-Verlag.
Göhner, U. (1979). *Bewegungsanalyse im Sport: ein Bezugssystem zur Analyse sportlicher Bewegungen unter pädagogischen Aspekten.* Schorndorf: Hofmann.
Hessischer Tennis-Verband (o. J.). *Unterlagen zum Lehr- und Ausbildungswesen* (unveröffentlicht). Offenbach.
Loehr, J. E. (1994). *Tennis im Kopf: der mentale Weg zum Erfolg.* München: BLV-Verlag.
Schönborn, R. (2000). *Tennis: Techniktraining.* Aachen: Meyer und Meyer.
Schönborn, R. (2006). *Optimales Tennistraining: Der Weg zum erfolgreichen Tennis vom Anfänger bis zur Weltspitze.* Balingen: Spitta-Verlag.

Die Welt ist eine Scheibe – Ultimate Frisbee im Sportunterricht

Daniel Grotehans

In dieser Unterrichtseinheit geht es um die Einführung in das Ultimate Frisbee in der Mittelstufe. Da sich das Spiel durch das Fehlen eines Schiedsrichters und durch körperloses Spielen auszeichnet, stellt es vor allem für sozialintegrative Ziele einen optimalen Gegenstand mit hohem Aufforderungscharakter dar. Da das Spiel noch wenig verbreitet ist, bieten sich erfahrungsorientierte bzw. genetische Vermittlungsformen geradezu an, die zudem ein hohes Bildungspotenzial erwarten lassen. An Materialien werden Frisbees entsprechend der halben Klassenstärke benötigt. Für die Durchführung der kompletten Unterrichtsreihe sind 6-8 Doppelstunden vorgesehen.

1 Die Spielidee des Ultimate Frisbee

Die Spielidee des Ultimate Frisbee ist eine Mischung aus mehreren etablierten Sportspielen, wie dem American Football oder dem Rugby. Da jeglicher Körperkontakt verboten ist, baut das Spiel wesentlich auf der Täuschung des Gegners und der Sprintschnelligkeit im Gegensatz zur körperlichen Durchsetzungsfähigkeit auf. Dabei ist das Weitertragen der Scheibe im Spiel nicht erlaubt. Wahrmann und Ritter (1990, S. 202) unterscheiden dabei für das 1968 von Joe Silver erfundene Endzonenspiel *Ultimate Frisbee* die zwei Grundsituationen *Angriff* und *Abwehr*.

Beim Angriff geht es darum, das Wurfgerät, welches durch seine spezifische Form besondere Flugeigenschaften besitzt, öfter in der gegnerischen Endzone zu fangen als die Gegenmannschaft. Der Angriff ist allerdings Regeln unterworfen. So darf das Wurfgerät nur geworfen – nicht getragen – werden und während des Angriffs nicht auf den Boden fallen. Gelingt es der angreifenden Mannschaft, das Frisbee in der Endzone der gegnerischen Mannschaft zu fangen, erhält sie einen Punkt.[1]

---

[1] Die für den Sieg nötige Gesamtpunktzahl sowie die Größe des Spielfeldes und der Endzonen sollte den örtlichen Gegebenheiten und den konditionellen Voraussetzungen der Spieler angepasst werden.

Erfahrungsorientierter und bildender Sportunterricht

Der Schlüssel zum Erfolg liegt aufgrund der geschilderten Spielstruktur im gemeinsamen Spiel im Sinne einer effizienten Mannschaftstaktik. Nicht nur hier bieten sich vielfältige soziale Lernchancen, da eigensinnige oder auch sportlich herausragende Schüler, im Gegensatz zu anderen Sportspielen, ohne ihre Mannschaftskameraden auch mit überragenden Alleingängen nicht gewinnen können. Die Verteidigung hat die Aufgabe, die Weitergabe der Frisbeescheibe durch Abfangen oder Auf-den-Boden-Schlagen zu verhindern. Durch das Verbot des Körperkontakts sind auch körperlich durchsetzungsfähigere Schüler gezwungen, sich harmonisch und mannschaftsdienlich in das Spielgeschehen einzupassen.

2 The Spirit of the Game als Element des Fair-Plays

Eine Besonderheit stellt die Abwesenheit eines Schiedsrichters dar, der die Einhaltung des Regelwerks überwacht und Sanktionen ausspricht. Das Spiel basiert auf einem Ehrenkodex namens *Spirit of the Game,* ohne dessen Einhaltung das Spiel nicht funktioniert (vgl. Timmermann, 1990, S. 12). Die Schüler müssen dabei selbst entscheiden, ob und wann ein Foul begangen worden ist und dieses thematisieren. Einerseits erfordert dies eine Reflexion des persönlichen sportlichen Handelns und andererseits eine hohe soziale Kompetenz, wenn es darum geht, den *Spirit of the Game* zu inszenieren.

Ultimate Frisbee ist ein körperloses Spiel. Den Anspruch der Körperlosigkeit erhebt zwar auch Basketball für sich, trotzdem zeichnet sich diese Sportart in der Praxis durch einen harten körperlichen Kampf unter dem Korb aus. Es stellt sich die Frage, warum die Einhaltung dieser Regel im Ultimate Frisbee ohne Schiedsrichter möglich ist. Der *Spirit of the Game* ist Ausdruck einer Grundhaltung, die besagt, dass jeder Spieler davon ausgeht, dass kein Foul und keine weitere Verletzung der Regeln mit Absicht begangen wird. Geschieht ein Foul, so zeigt es der gefoulte Spieler selbst an und regelt die Fortsetzung des Spiels eigenständig mit seinem Mitspieler, sodass seine Benachteiligung aufgehoben wird. Ist keine Einigung möglich, wird der letzte Spielzug wiederholt. Hier kommt ein Moment zum Tragen, wie es auch im Kinderspiel zu beobachten ist. Menschen treffen sich zum gemeinsamen Spielen und Handeln unter der Prämisse der gemeinsamen Aufrechterhaltung des Spiels. Sobald eine Partei dieses Prinzip unterläuft, bricht das Spiel zusammen. Dadurch tragen alle Spieler die Verantwortung für die Aufrechterhaltung und die Wiederherstellung des Spielgeschehens. Dieser Umstand macht das Spiel aus pädagogischer Perspektive für die Schule besonders interessant, denn die Entscheidungen müssen so gestaltet sein, dass sie von der Gemeinschaft angenommen werden können.

3 Die Ballistik des Frisbees und seine spezifischen Techniken

Zimmermann und Battanta (1995, S. 30) betonen die Wichtigkeit des Verstehens der Flugeigenschaften einer Frisbeescheibe zum Verständnis der Wurftechniken, was einen Einblick in die *biomechanischen Zusammenhänge* des Frisbeewerfens erfordert und fächerübergreifende Projekte mit der Physik ermöglicht. Die Bauweise der Scheibe ähnelt der eines Flugzeugflügels. Aufgrund der nach unten abgerundeten Kanten strömt die Luft oberhalb der Frisbeescheibe schneller als unterhalb, da sie die gleiche Strecke in weniger Zeit zurücklegen muss. Auf diese Weise entsteht ein Sog, sodass sie bei höherer Geschwindigkeit einen stärkeren Auftrieb erfährt. Die Scheibenrotation, der seitliche Neigungswinkel, die Entfernung zum Ziel und der Horizontalwinkel bilden die entscheidenden Faktoren, die eine stabile Flugbahn bedingen.

Die Stabilität der Flugbahn bzw. die Fluglage korreliert positiv mit der Rotationsgeschwindigkeit der Scheibe. Die Drallstärke darf dabei allerdings gerade im Anfängerbereich nicht mit der Wurfstärke verwechselt werden. Durch den Drall neigt das Frisbee dazu, in Drallrichtung abzukippen. Um diesem Phänomen entgegenzuwirken, muss es im Abwurf leicht gegen die Drallrichtung geneigt sein. Der erwähnte Auftrieb wird durch den Horizontalwinkel zusätzlich beeinflusst. Damit das Frisbee auf einer Ebene fliegt, ist es vorne und hinten beim Abwurf auf einer Höhe zu halten. Je stabiler und gerader die Wurfscheibe fliegt, desto leichter ist sie – aufgrund der höheren Präzision – zu fangen. Aus einer guten Wurftechnik ergeben sich also erhebliche taktische Vorteile. Als für den Sportunterricht elementare Wurf- und Fangtechniken sind der *Rückhandwurf*, der *Vorhandwurf* und der *Sandwichcatch* zu benennen. Leistungsfortschritte können aufgrund der geringen Lernschwierigkeiten, die diese Techniken auf Basisniveau aufbieten, von jedem Schüler schnell erfahren werden.

3.1 Der Rückhandwurf

Die bekannteste und am leichtesten zu erlernende Wurftechnik ist der Rückhandwurf. Das liegt nicht zuletzt daran, dass der Griff der Scheibe keine besondere Einweisung verlangt, da sich die Hand natürlich um die Kante des Frisbees legt (Daumen oberhalb, die übrigen Finger legen sich unter den Rand). Auch wenn zum Ausholen der Arm vor dem Körper nach hinten geführt wird, ist das Hauptaugenmerk auf die Bewegung des Handgelenks zu legen, da damit die Scheibe in Rotation versetzt wird. Des Weiteren ist zu beachten, dass das Frisbee beim Abwurf leicht nach links gekippt gehalten werden muss, damit es im Flugverlauf nicht nach rechts abkippt. In der Wurfbewegung erfolgt eine Gewichtsverlagerung auf das vordere Bein, wobei das hintere Bein nicht den Boden verlassen sollte, um instabile Würfe zu vermeiden. Damit das Frisbee auf einer Ebene fliegt, soll der Arm waagerecht in Wurfrichtung geschwungen werden, bis er vollständig in Wurfrichtung zeigt. Zum Schluss erfolgt ein schnalzendes Schnappen des Handgelenks, mit welchem die Scheibe in Rotation versetzt wird. Das Bewegungsbild lässt sich mit der Bewegung vergleichen, die benötigt wird, um ein nasses Handtuch zum Knallen zu bringen (vgl. Kunert, 2000, S. 20; Zimmermann & Battanta, 1995, S. 33).

3.2 Der Vorhandwurf

Der Vorhandwurf stellt eine Möglichkeit dar, das Frisbee auf der anderen Körperseite zu werfen, um den Gegner zu überraschen bzw. zu täuschen. Der Griff ist weniger alltagsnah, da der Wurf nur drei Finger in Anspruch nimmt. Während der Mittelfinger am unteren Innenrand der Scheibe liegt, zeigt der Zeigefinger unterhalb der Scheibe in Richtung Mitte. Der Daumen stabilisiert die Scheibe am Außenrand, vergleichbar mit dem Bild einer mit den Fingern nachgebildeten Pistole. Der Körper steht frontal zur Wurfrichtung und die Scheibe wird auf Schulterhöhe seitlich neben dem Körper gehalten und im Wurf auf Hüfthöhe nach vorne geführt und geworfen. Beim Vorhandwurf wird die Scheibe stärker aus dem Handgelenk beschleunigt als beim Rückhandwurf, somit ist die Armbewegung i. d. R. von geringem Ausmaß. Schwer ist es, den Ellbogen dicht am Körper zu halten und stattdessen eine stärkere Wurfkraft aus der Pronation des Unterarms zu erzeugen. Erst am Schluss der Bewegung schnellt das Handgelenk nach vorne, sodass es eingeklappt wird (vgl. Kunert, 2000, S. 21; Zimmermann & Battanta, 1995, S. 41). Eine ähnliche Bewegung lernen Kinder, wenn sie Steine auf einem ruhigen Gewässer springen lassen.

3.3 Der Sandwichcatch

Die Möglichkeiten, ein Frisbee im Flug zu fangen, sind vielfältig, wie beispielsweise das einhändige Fangen. Es wird automatisch ausgeführt, ohne dass es eine Erklärung benötigt. Die für den Anfängerbereich sicherste Methode ist allerdings der Sandwichcatch. Das Frisbee wird mit beiden Händen gefangen, wobei die eine Hand oberhalb und die andere unterhalb der fliegenden Scheibe positioniert wird. Es ist wichtig, den Körper vor das fliegende Frisbee zu positionieren, weil dadurch ein *Durchgleiten* der Scheibe verhindert wird. Die Arme warten einem Krokodilsmaul gleich auf das fliegende Movendum und schnappen im rechten Augenblick so zu, dass beide *Kiefer* aufeinandertreffen (Zimmermann & Battanta, 1995, S. 50).

4 Ultimate Frisbee im Sportunterricht – didaktische Vorüberlegungen

Ultimate Frisbee ist sowohl im Schulsport als auch im außerschulischen Freizeitbereich noch wenig verbreitet, und es kann bei den Schülern generell von einem ähnlich niedrigen Ausgangsniveau bzw. rudimentär entwickelten spezifischen Vorerfahrungen ausgegangen werden. Gerade deshalb eignen sich genetische (vgl. Loibl, 2001) bzw. erfahrungsorientierte Vorgehensweisen ganz besonders und implizieren zudem besondere Bildungspotenziale, da aufgrund der Nähe zu anderen Sportspielen spielnahe Antizipationen gebildet werden können, die in ihrer Funktionalität von den Schülern aber nur vage abzuschätzen sind und deshalb potenziell zu scheitern drohen (vgl. Giese, i. d. B.). Die besonderen Flugeigenschaften des Frisbees haben zudem einen hohen Aufforderungscharakter und laden zu einem experimentellen und explorativen Umgang mit dem Wurfgerät geradezu ein.

Auf der anderen Seite sind anfangs keine großen Anforderungen an die koordinativen Fähigkeiten der Schüler gestellt. Ultimate Frisbee ist quasi sofort spielbar, was ein großer Motivationsfaktor ist. Zudem ist von Anfang an eine hohe Bewegungsintensität gegeben, da das Freilaufen eine wesentliche Komponente des Spiels darstellt. Mit steigendem Spielniveau steigt auch die Bewegungsqualität (z. B. Täuschungsbewegungen durch Einführung des Sternschritts).

Erfahrungsorientierter und bildender Sportunterricht

4.1 Vom Spielen zur Technikvermittlung

Im Rahmen des hier gewählten erfahrungsorientierten Lehr-/Lernansatzes muss das Problem des Lehrers: *Wie vermittle ich eine Bewegung?*, zum selbst gewählten und vor allem verinnerlichten Problem des Schülers werden: *Wie löse ich ein Bewegungsproblem?* Aus dieser induktiven Perspektivenverschiebung folgt, dass es nicht sinnvoll ist, die spezifischen Wurf- und Fangtechniken vor dem Ultimate-Spielen zu lernen, sondern – gerade im Gegenteil – mit dem Spielen zu beginnen, wie es auch Hasper (i. d. B.) für das Tennis eindrucksvoll beschreibt. Diese Vorgehensweise ist auch im Hinblick auf die Vermittlung des Fair-Play-Gedankens bzw. des *Spirit of the Game* hilfreich, da ein sozial- und spielverträgliches Verhalten kaum ohne entsprechende authentische Situationen thematisiert, reflektiert und weiterentwickelt werden kann.

Gezielte Kontrasterfahrungen in authentischen Spielsituationen ermöglichen eine größere Variabilität der Aktionsschemata der Lernenden. Zudem ist es für Spielanfänger meist schwer, neue, isoliert gelernte Techniken in den Spielzusammenhang einzufügen (vgl. Giese & Grotehans, i. d. B.). Deswegen müssen die Spielsituationen als zu lösende Probleme erkannt und die Techniken als Bewegungslösungen für relevante Probleme wahrgenommen werden. Ist der Zusammenhang, in dem eine Technik als Bewegungshandlung ihre Bedeutung findet, geklärt, kann sie auch isoliert geübt und in den Spielkontext durch den Spieler eingefügt werden (vgl. Giese, i. d. B., Kap. 5.5). Neben der grundsätzlichen, erfahrungsorientierten (Re-)Konstruktion des Spiels sind deshalb auch Phasen des fertigkeitsorientierten Lernens vorgesehen. Zu isolierten Übungsphasen kommt es, wenn die Schüler erkennen, dass sie mit ihrem technischen Repertoire an Grenzen stoßen und auftretende Spielprobleme nicht adäquat lösen können.

Im Vermittlungsprozess bietet es sich an, Knotenpunkte in Form von Metaphern anzusprechen (vgl. Herwig, i. d. B.; Gröben & Maurus, 1999, S. 107). Die Bilder müssen an die Vorerfahrungen der Schüler anknüpfen, um die relevanten Informationen transportieren zu können. So eignet sich das Bild des lässigen Fernsehhelden (z. B.: Brad Pitt), der sein Geld aus dem Handgelenk auf den Pokertisch wirft *(Big Spender)* für das Herausarbeiten der Handgelenkarbeit beim Rückhandwurf. Ebenso kann ein *aus der Hüfte schießender Lucky Luke* einer Bewusstmachung der Position des Ellbogens beim Vorhandwurf dienen.

Die Welt ist eine Scheibe

4.2 Die Entwicklung sozialer Kompetenzen und des Fair Plays

Unfaires Verhalten kommt auf einem gesonderten Plakat zur Sprache (vgl. Abb. 1). Hier werden die Aspekte des formellen und informellen Fair Play i. S. des *Spirit of the Game* festgehalten. Da es ein Charakteristikum des Ultimate ist, Regelüberschreitungen und unfaires Verhalten auf dem Spielfeld ohne Schiedsrichter zu lösen, muss diese Form durch die Lehrkraft thematisiert werden: Die Schüler haben die Aufgabe ihr Ultimate-Spiel autonom und selbstständig zu regeln. Der Lehrer ist lediglich als beratende Instanz präsent.

In der durchgeführten Unterrichtsreihe haben die stilleren Schüler anfangs wenig beanstandet oder ihre „Beschwerden" wurden mit lapidaren Kommentaren der stärkeren Schüler abgetan. Zur Abhilfe wurde ein Raum geschaffen, in dem alle Beschwerden ernst genommen wurden. Jedes Spiel und jede konkurrierende Spielform wurde nach der Hälfte der Zeit unterbrochen und eine *Kummerrunde* für die gegeneinander spielenden Mannschaften als Ritual eingerichtet. So entstand ein Forum, das einerseits der Aussprache über unfaires Verhalten und Regelübertretungen und andererseits dem Loben von besonders fairem Verhalten diente. Anfangs war es für viele Schüler schwierig, zu entscheiden, was in diesen Runden anzusprechen ist. Deswegen wurden in den ersten Spielen der Einheit gefoulte Schüler beispielsweise gezielt dazu angeregt, diese Situation in der Kummerrunde zu verbalisieren.

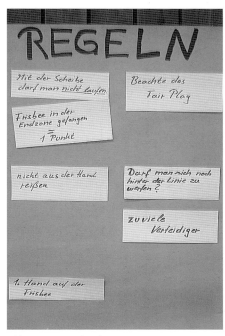

Abb. 1: Das Regelwerk

5 Die Scheibe erfahren – die Struktur des Lehrweges

Der erfahrungsorientierte bzw. genetische Lehrweg nimmt seinen Ausgangspunkt von drei konstitutiven Regeln, die den Spielgedanken beinhalten und entsprechend den Bedürfnissen und Kompetenzen der Zielgruppe anzupassen sind:

1. Zwei Mannschaften spielen auf einem Spielfeld gegeneinander.
2. Es gibt zwei Endzonen. Gelingt es einer Mannschaft, das Frisbee in dieser zu fangen, erhält sie einen Punkt.
3. Mit dem Frisbee darf nicht gelaufen werden.

Auf dieser Basis wird ein erstes Spiel initiiert. In der anschließenden Plenumsdiskussion werden Probleme aufgegriffen und Lösungen vorgeschlagen, die in weiteren Erprobungsphasen evaluiert werden. Die Spielentwicklung findet unter den Prämissen der Aufrechterhaltung des Spielflusses, der Ermöglichung eines positiven „[Frisbee-]Spielerlebens in einer leistungsheterogenen Gruppe möglichst aller Beteiligte[n]" (Loibl, 2001, S. 52) und unter den Aspekten der Chancengleichheit von Angriff und Abwehr zur Aufrechterhaltung der Spannung als tragendes Moment des Spiels statt. Diese Übereinkunft wurde mit den Schülern in einem Unterrichtsgespräch getroffen.

Die **Reflexionsphasen** können von einer Tafel bzw. von Plakaten mit Clusterkarten begleitet werden, auf denen zum einen die Probleme und zum anderen die Lösungen in Form von Regelveränderungen und Aspekten, die unter den Fair-Play-Begriff fallen, festgehalten werden (vgl. Abb. 2). Diese Dokumentation bietet vielfältige Möglichkeiten, um sportbefreite Schüler sinnvoll zu integrieren. Das Clusterkartensystem gestattet ein unkompliziertes Verschieben und Wiederaufrufen einzelner Aspekte und ermöglicht eine Fokussierung auf aktuell relevante Thematiken.

Im Rahmen des genetischen Entwicklungsprozesses kommt der **Mannschaftsbildung** eine zentrale taktische Funktion zu. Da das Gleichgewicht der Mannschaften zur Chancengleichheit beiträgt, ist die Veränderung der Mannschaften oder die Lösung des Problems des spielerischen Ungleichgewichts am genetischen Prozess zu orientieren. Es ist davon auszugehen, dass sich bei den Schülern unter-

Die Welt ist eine Scheibe

schiedliche Leistungsstärken ausbilden. Die jeweiligen Schüler können beispielsweise in starke und schwache Paarungen eingeteilt werden und auf ihrem jeweiligen Niveau gegeneinander spielen. Damit wäre zum einen die Chancengleichheit hergestellt und zum anderen würden sich feste Mannschaften etablieren, die einerseits das Vertrauensverhältnis im Team stabilisieren und andererseits Voraussetzungen für eine progressive interne Kommunikation und Spielverständigung schaffen.

Abb. 2: Fair Play

6 Handreichungen für den Unterricht

Im Folgenden werden Materialien dargestellt, die die Durchführung einer entsprechenden Unterrichtsreihe unterstützen. Bei den Technikelementen Rückhandwurf, Sandwichcatch und Vorhandwurf werden Lernzirkel vorgestellt, die sich aus der Auseinandersetzung der Schüler mit der Sache ergeben haben.

6.1 Aufwärm- und Spielformen

Für die folgenden Aufwärm- und Spielformen wird zumindest ein Frisbee für zwei Schüler benötigt. Dabei geht es einerseits um eine spielerische Erwärmung und andererseits um einen thematischen Einstieg, bei dem die Schüler die Funktionalität ihre Wurftechniken im Sinne der Erfahrungsorientierung bereits in authentischen Situationen evaluieren können.

Erfahrungsorientierter und bildender Sportunterricht

Rondo 2 + 2
A & B (hintereinanderstehend) und C & D (ebenfalls hintereinanderstehend) stellen sich im Abstand von ca. 5 m voneinander auf. Wurfbeginn bei A.

Laufe dem Frisbee hinterher und stelle dich hinter der Gruppe an. Zählt, wie oft ihr es schafft, das Frisbee nacheinander zu werfen und zu fangen! Wenn euch das schon gut gelingt, versucht, das Frisbee mit nur einer Hand zu fangen.

Die folgende Spielform, *Disc-Golf*, kann quasi überall gespielt werden, ein abwechslungsreiches Gelände erhöht allerdings den Reiz. In der Halle kann ein entsprechender Parcours aufgebaut werden.

Disc-Golf
Es spielen jeweils zwei Spieler miteinander. Die Aufgabe des Spiels besteht darin, mit möglichst wenigen Handicaps (Würfen, Strafpunkten) ein bestimmtes Ziel zu erreichen.

Um die Spielform spannend zu gestalten, haben sich folgende Regeln bewährt:

- Man darf mit der Scheibe nicht laufen. Es wird immer von dort weitergespielt, wo die Scheibe zuletzt gefangen wurde.
- Gelingt ein Wurf-Fang-Versuch nicht, muss dieser wiederholt werden. Dazu werden pro misslungenem Versuch drei Strafpunkte zur Wurfzahl hinzugezählt.
- Jeder gelungene Fangversuch wird gezählt und die Strafpunkte hinzuaddiert.
- Es gilt auch hierbei die Beachtung des Fair Plays: Jeder ist für das Zählen seiner Punkte selbst verantwortlich.

10er-Catch
Es spielen zwei Mannschaften gegeneinander. Versucht, euch das Frisbee 10 x innerhalb der eigenen Mannschaft ohne Verlust zuzuspielen. Gelingt dies, erhaltet ihr einen Big Point.

Im Sinne des Ultimate-Frisbees sollte der Werfer nicht laufen, sodass sich alle anderen Spieler konstant bewegen müssen, um anspielbar zu sein. Als Scheibenverlust kann, je nach Fertigkeitsniveau der Spieler, das Abfangen der Scheibe, aber auch der Bodenkontakt eines Frisbees gewertet werden. Bei Scheibenverlust erhält die gegnerische Mannschaft das Frisbee und ist nun ihrerseits an der Reihe. Als Variation können die Spieler der einzelnen Mannschaften Nummern erhalten. Dann muss das Frisbee von 1 zu 2, von 2 zu 3 usw. gespielt werden. Wenn der letzte Spieler das Frisbee fängt, gibt es einen Big Point.

Die Welt ist eine Scheibe

6.2 Stationen zum Rückhandwurf und zum Sandwichcatch

Der **Rückhandwurf** ist allgemein bekannt. Somit bietet es sich an, diesen zuerst zu behandeln, da er bereits eine von den Schülern erkannte Lösung des Problems *Passen der Scheibe zum Spielpartner* darstellt. Gleichzeitig kann an dieser Stelle auch der **Sandwichcatch** in die Technikvermittlung integriert werden, da Werfen und Fangen in kooperativen Übungen strukturell verknüpft sind.

Aufgabe – Handorgel
A und B stehen sich zu Beginn im Abstand von ca. 5 m gegenüber. Ihr werft euch das Frisbee gegenseitig zu. Nach vier fehlerlosen Würfen dürft ihr einen Schritt zurückgehen – also die Wurfdistanz vergrößern.

Bei einem Fehler (Frisbee fällt auf den Boden) müsst ihr die Wurfdistanz um einen Schritt verringern. Versucht, das Frisbee zunächst mit beiden, dann mit einer Hand zu fangen.

Diese Aufgabe wird sowohl mit der stärkeren als auch mit der schwächeren Hand separat durchgeführt. Möglich sind auch Wettkampfsysteme, in denen das Team mit der höchsten Zielgenauigkeit gesucht wird. Gerade aus den Problemen mit der schwächeren Hand lassen sich gut die Technikelemente und die Vorteile des Sandwichcatchs entwickeln.

Aufgabe – Im Reifen
A und B stehen sich je in einem Reifen gegenüber. Der Reifen darf höchstens mit einem Bein verlassen werden, um das Frisbee zu fangen.

Zählt, wie oft ihr es schafft, das Frisbee in Folge zu werfen und zu fangen, ohne den Reifen mit mehr als einem Bein zu verlassen. Wenn euch das schon gut gelingt, versucht, mit beiden Beinen im Reifen stehen zu bleiben.

Versucht dann, das Frisbee mit nur einer Hand zu fangen.

Statt Reifen sind hier auch dünne oder sogar dicke Matten möglich, falls die Reifen auf dem Boden zu sehr rutschen und zu einem Sicherheitsproblem werden.

Aufgabe – Mehrere Frisbees
A und B werfen mit zwei Frisbees gleichzeitig. Ziel ist ein möglichst flüssiges Hin- und Herwerfen.

Zählt, wie oft ihr es geschafft habt, beide Frisbees in Folge zu werfen und zu fangen und wechselt auch auf die schwächere Hand.

Da Wurf- und Fangaktionen im konkreten Spiel fast nie aus frontalen Situationen erfolgen, ist dieses Element auch beim isolierten Üben zu beachten.

Aufgabe – Namen rufen
A hat die Scheibe. B steht mit dem Rücken etwa 7 m von A entfernt. A ruft den Namen von B und wirft ihm die Scheibe gleichzeitig sanft zu. B dreht sich erst um, wenn A den Namen gerufen hat und versucht, das Frisbee zu fangen.

Wenn das gut gelingt, könnt ihr es eurem Partner erschweren, indem ihr den Namen immer später ruft.

Da der Partner die Scheibe u. U. erst sehr spät sieht, sollte die Lehrkraft genau darauf achten, dass nicht zu hart geworfen wird.

6.3 Stationen zum Vorhandwurf

Der Übergang zum **Vorhandwurf** sollte nur über eine konkrete Problemaufwerfung erfolgen, da diese Technik künstlich und alltagsfern ist. Das Erlernen einer neuen Technik im Kontext des Spiels ist nur dann sinnvoll, wenn die beherrschte Technik zur Lösung der Situation nicht mehr ausreicht. Dies ist der Fall, wenn die Verteidigung auf das funktionale Abblocken der Rückhand durch ein massives Versperren des Wurfwegs in diese Richtung aufmerksam wird. Nun steht der Angreifer vor einem neuen Problem, für das er eine neue Lösung suchen muss.

Aufgabe – Die Farbe bestimmt den Wurf
A und B werfen mit zwei Frisbees (rot und blau) gleichzeitig. Ziel ist ein möglichst flüssiges Hin- und Herwerfen. Mit dem roten Frisbee sind nur Vorhandwürfe, mit dem blauen Frisbee nur Rückhandwürfe erlaubt. Zählt, wie oft ihr es geschafft habt, beide Frisbees in Folge zu werfen und zu fangen.

Wenn euch das gut gelingt, versucht, mit eurer schwächeren Hand zu werfen.

Neben dieser Aufgabe sind auch alle Übungsformen zu verwenden, die oben bereits für den Rückhandwurf dargestellt wurden.

Die Welt ist eine Scheibe

6.4 Metaphernsammlung

Wurde der hilfreiche Einsatz von Metaphern im Lernprozess bereits betont, werden in der Schulpraxis bewährte Sprachbilder im Folgenden zusammengefasst. Es sollte beachtet werden, dass die Passung der Metaphern zu einzelnen Schülern häufig stark variiert und es deshalb üblich sein sollte, verschiedene Bilder als Zugang zu verwenden und sich nicht auf ein Bild zu versteifen.

Allgemein
- Über die Tischplatte wischen ⇨ die Hand darf während der Wurfbewegung keine Veränderung in der Höhe erfahren, damit die Scheibe nicht nach oben oder unten fliegt.
- Man darf das Bild nicht sehen! ⇨ Scheibenhaltung leicht nach außen abfallend (um einem Abkippen der Scheibe in Drallrichtung entgegenzuwirken), sodass man das Bild auf der Scheibenoberseite nicht sehen kann, wenn man auf die Scheibe guckt.

Fangen
- Krokodilsmaul ⇨ Fangen der Scheibe mit beiden Armen von oben und unten. Immer hinter der Scheibe stehen (die Scheibe fliegt mir ins Maul) und nicht seitlich aus der Luft schnappen, sonst rutscht sie schnell mal durch.

Rückhand
- Big Spender (Pokerkarten) ⇨ lockeres Handgelenk, wenig Armeinsatz vonnöten, Drall aus dem Handgelenk.
- Schwimmbadpeitsche ⇨ der Arm holt von der hinteren Hüfte oder der Schulter aus und vollführt eine Bewegung nach vorne, an deren Ende das Rausschnappen des Handgelenks steht.
- Kein sterbender Schwan ⇨ fester Stand auf beiden Beinen, hinteres Bein nicht abheben ⇨ Scheibe fliegt sonst schnell nach oben, da der Wurfarm eine Ausgleichsbewegung fürs Gleichgewicht macht.

Vorhand
- Die Pistole ⇨ Verdeutlichung der Fingerhaltung bei der Vorhand.
- Lucky Luke (alternativ Ellbogen fest am Körper gedrückt halten) ⇨ um den Armeinsatz zu verhindern und den Fokus auf das Handgelenk zu legen.
- Suppe löffeln ⇨ Supinationsbewegung des Handgelenks verdeutlichen.

6.5 Beobachtungs- und Hilfsbögen

Zur thematisch sinnvollen Integration sportbefreiter Schüler und zur Unterstützung der Lern- und Erfahrungsprozesse werden im Folgenden einige Bögen und Materialien vorgestellt, die als Kopiervorlagen dienen.

Beobachtungsbogen – Spiel

Aufgaben:

1. Beobachte, wo es Stellen im Spiel gibt, in denen die Situation unklar ist!
2. Beobachte, welche Probleme im Spiel auftauchen! Wie lösen die Spieler diese Situationen?
3. Wie würdest du diese Situationen lösen?
4. Gibt es Regeln, die dort weiterhelfen könnten?
   (Du wirst hinterher nach deinen Ergebnissen gefragt!)

1. _____
   _____

2. _____
   _____

3. _____
   _____

4. _____
   _____

Die Welt ist eine Scheibe

Beobachtungsbogen – Fair Play

Aufgaben:

1. Beobachte, in welchen Situationen die Spieler sich besonders fair/unfair verhalten!
2. Was ist das besonders Faire/Unfaire an diesem Verhalten?
3. Wie könnte man die Situationen, die du besonders unfair fandest, regeln? (Du wirst hinterher nach deinen Ergebnissen gefragt!)

1. _____

2. _____

3. _____

6.6 Korrekturbögen

Gerade die Korrekturbögen für den Vor- und Rückhandwurf sollten den Schülern im Sinne des Ansatzes aber nicht einfach ausgeteilt werden. Sinnvoll wäre beispielsweise das gemeinsame Sammeln von Problemen und dann das Austeilen von Korrekturbögen, bei denen die zweite und dritte Spalte von den Schülern auszufüllen sind.

Erfahrungsorientierter und bildender Sportunterricht

Was passiert?	Woran könnte das liegen?	Was kann ich ändern?
Die Scheibe kippt nach links.	■ Die Scheibe hat zu wenig Drall. ■ Im Verhältnis zur Drallstärke wirfst du zu hart aus dem Arm heraus.	■ Überstrecke das Handgelenk vor dem Wurf so, dass der Zeigefinger nach hinten zeigt. Dann das Handgelenk schnell nach vorne schnappen lassen. ■ Wirf nicht so hart.
Die Scheibe wackelt in der Luft.	■ Die Scheibe hat zu wenig Drall, weil du die Schnappbewegung des Handgelenks zu langsam ausführst („steifes Handgelenk"). ■ dein Handgelenk zu Beginn des Wurfs nicht ganz überstreckt ist.	■ Überstrecke das Handgelenk vor dem Wurf, sodass der Zeigefinger nach hinten zeigt. Dann das Handgelenk schnell nach vorne schnappen lassen. ■ Dein Unterarm muss ich während der Wurfbewegung schnell nach außen drehen, sodass die Handfläche nach dem Wurf nach oben offen ist.
Rechtskurve (ungewollt)	■ Die Scheibe ist beim Abwurf zu fest nach rechts geneigt.	■ Das Frisbee darf beim Abwurf nicht so stark nach rechts geneigt sein. ■ Halte die Hand beim Abwurf höher. (Stell dir vor, du wischt über eine hohe Tischplatte.)
Linkskurve (ungewollt)	■ Die Scheibe ist beim Abwurf zu wenig oder gar nicht nach rechts geneigt.	■ Das Frisbee muss stärker nach rechts geneigt werden. ■ Halte die Hand beim Abwurf tiefer. (Stell dir vor, du wischt über eine sehr niedrige Tischplatte.)
Die Scheibe fliegt nach oben oder unten.	■ Deine Wurfbewegung geht zu sehr nach oben oder unten. ■ Deine Wurfbewegung ist zwar waagerecht, aber du hältst die Scheibe vorne und hinten nicht gleich hoch.	■ Stell dir vor, du wischt mit der Hand über eine Tischplatte. ■ Schau genau dort hin, wo du hinwerfen möchtest (z. B. auf den Bauch deines Gegenübers).
Die Scheibe fliegt rechts oder links vorbei.	■ Du lässt die Scheibe zu früh los. ■ Du lässt die Scheibe zu spät los. ■ Du stehst ungünstig.	■ Nach dem Loslassen soll der Mittelfinger zum Wurfpartner zeigen. ■ Versuche, das Frisbee ein paar Mal bewusst zu früh und dann ein paar Mal bewusst zu spät loszulassen. Versuche erst darauf, den richtigen Moment zum Loslassen herauszufinden. ■ Stelle deinen linken Fuß und deine linke Schulter nach vorne und wirf ein paar Mal. Versuche es dann andersherum mit dem rechten Fuß und der rechten Schulter. Wie klappt es besser?

258

6.7 Aufgabensammlung

Nr.	Name der Übungsform / Ziel	Beschreibung / Ablauf / Idee	Erläuterungen / Hinweise
1	**Werfen-Fangen** Genau werfen, sicher fangen	A und B werfen sich das Frisbee möglichst genau zu. Die Distanz nicht zu groß wählen (je weiter auseinander, desto schwieriger). Wurf- und Fangart offen lassen (freies Spielen) oder Bestimmen einer Wurfart.	(A) ←--●----→ (B)
2	**Handorgel** Differenzieren	A und B stehen sich zu Beginn mit einem Abstand von 8 m gegenüber. Sie werfen sich das Frisbee gegenseitig zu. Nach 4 fehlerlosen Würfen dürfen beide Spieler einen Schritt zurückgehen, also die Wurfdistanz vergrößern. Bei jedem Fehler (Frisbee fällt auf den Boden), müssen sie die Wurfdistanz um einen Schritt verringern. Welches Team schafft die größte Wurfdistanz?	4x (A)←●-(B)
3	**Die wenigsten Fehler** Konzentration	Zwei zusammen werfen sich das Frisbee zu. Welches Zweierteam lässt das Frisbee am wenigsten fallen? Die Wurfdistanz muss für alle gleich sein (Linien).	(A) (C) (E) ↕ ↕ ↕ (B) (D) (F)
4	**Die meisten Fänge** Werfen unter Zeitdruck	Wie bei Übung 3. Welches Zweierteam schafft in einer bestimmten Zeiteinheit die meisten Fänge?	29 33 26 (A) (C) (E) ↕ ↕ ↕ (B) (D) (F)

Erfahrungsorientierter und bildender Sportunterricht

Nr.	Name der Übungs-form/Ziel	Beschreibung/Ablauf/Idee	Erläuterungen/Hinweise
5	Die meisten Würfe in Serie Konzentration	Wie bei Übung 3. Welchem Zweierteam gelingen 10 / 20 / 30 / ... Würfe ohne Fehler? Oder: Welches Zweierteam schafft die meisten Würfe ohne Fehler?	
6	Werfen – Fangen halbblind Koordination Auge – Hand	Die Spieler schließen zum Werfen und vor allem zum Fangen abwechselnd ein Auge. Versuchen, nur mit einer Hand zu fangen.	
7	Blind werfen Akkustische Orientierung	A schließt beide Augen. B stellt sich irgendwo hin (Distanz maximal 15 m). B ruft A zu. A orientiert sich zu B und versucht, möglichst genau zu B zu werfen, ohne die Augen zu öffnen.	
8	Schlechtere Hand Beidseitigkeit	A und B werfen sich das Frisbee nur mit der schlechteren Hand zu. Alle Übungen können auch mit der schlechteren Hand gespielt werden.	
9	Mehrere Frisbees Timing	A und B werfen mit zwei Frisbees gleichzeitig. Ziel ist ein möglichst flüssiges Hin- und Herwerfen. Versucht es mit drei Frisbees! Variante: 3 Spieler mit 3-4 Frisbees.	

Die Welt ist eine Scheibe

Nr.	Name der Übungsform / Ziel	Beschreibung / Ablauf / Idee	Erläuterungen / Hinweise
10	**Zusatzaufgaben** Fangen unter erschwerten Bedingungen	A muss vor dem Fangen noch eine Zusatzaufgabe erledigen. Er darf diese aber erst beginnen, wenn B geworfen hat. Zusatzaufgaben: Klatschen, Boden berühren, Drehungen, Absitzen, Aufstehen, Ballon aufwerfen ...	
11	**Erschwert werfen** Werfen unter erschwerten Bedingungen	Zum Werfen müssen Zusatzaufgaben gelöst werden. Zusatzaufgaben: Gehen, Laufen, Hüpfen, Springen oder den anderen Arm kreisen ...	
12	**Fallen lassen** Reaktion Startschnelligkeit Fangen	A und B stehen 2 m auseinander. A lässt das Frisbee in Reichweite von B fallen. B versucht, das Frisbee zu fangen, bevor es zu Boden fällt. A kann B täuschen.	
13	**Namen rufen** Reaktion	A hat das Frisbee. B steht etwa 5 m von A entfernt und dreht diesem den Rücken zu. A ruft den Namen von B und wirft ihm gleichzeitig das Frisbee **sanft** zu. B dreht sich um und versucht, das Frisbee zu fangen. Nie hart werfen! Erschwerung durch späteres Namenrufen, nicht durch härteres Werfen.	
14	**Im Reifen** Genaues Werfen	A und B stehen sich je in einem Reifen gegenüber. Der Reifen darf höchstens mit einem Bein verlassen werden. Von 5 Würfen müssen 4 korrekt gefangen werden. Welches ist die größte Wurfdistanz?	

Erfahrungsorientierter und bildender Sportunterricht

Literatur

Gröben, B. & Maurus, P. (1999). Bewegungsanweisungen – Hilfe oder Hindernis beim Erlernen sportlicher Bewegungen? In B. Heinz & R. Laging (Hrsg.), *Bewegungslernen in Erziehung und Bildung* (S. 107-120). Hamburg: Czwalina.

Kunert, M. (2000). *Frisbee-Scheiben im Schulsport. Praxisanleitungen.* Mainz: DiscSport Verlag.

Loibl, J. (2001). *Basketball – genetisches Lehren und Lernen: spielen – erfinden – erleben – verstehen.* Schorndorf: Hofmann.

Timmermann, R. (1990). Frisbee. *Sporterziehung in der Schule (2),* 11-15.

Wahrmann, H. & Ritter, G. (1990). *Frisbee: Freizeitspaß und Wettkampfsport.* München: Copress-Verlag.

Zimmermann, R. & Battanta, P. (1995). *Frisbee 1: Technik – Methodik – Spiel. Ein Lehrbuch für Schulen und Vereine.* Mainz: DiscSport Verlag.

Den Partner selbstständig sichern

13 Den Partner selbstständig sichern[1]

Martin Giese

In diesem Unterrichtsvorschlag geht es um die Vermittlung der Halb-Mastwurf-Sicherung (HMS) beim Topropeklettern in der Halle. Die vorgestellten Aufgaben können ab der sechsten Klasse bis zur Oberstufe verwendet werden, wobei der Anteil und die „Tiefe" der Theoriephasen entsprechend anzupassen ist. Um alle Aufgaben zu durchlaufen, sollten etwa 2-3 Doppelstunden eingeplant werden. Zur Durchführung wird neben üblicher Kletterausrüstung (Gurte, Seile, Karabiner) keine weitere Ausrüstung benötigt. Die Aufgaben können an Sprossen- und Kletterwänden gleichermaßen realisiert werden.

1 Die pädagogische Bedeutung des Sicherns und Kletterns

Funke-Wieneke und Kronbichler (1993, S. 14) zeigen in ihrer historischen Betrachtung vier grundlegende Argumente auf, die Klettern pädagogisch begründen: Es ist nützlich für die Ausübung mancher Berufe und im Alltag. Es bildet im eigentlichen Wortsinn unsere leibliche Existenz. Es wirkt in der Auseinandersetzung mit Höhe und Gefahr verhütend und mäßigend auf jugendliche Temperamente, und es ist emanzipierend. Unter emanzipierend verstehen sie die Befreiung aus Befangenheiten, die uns an unsere Umstände fesseln. Es ist ein Stück gelebte Unabhängigkeit, die Wand selbst zu erobern und ohne fremde Hilfe bis zur Umlenkung zu kommen. Besonders bei Sehbehinderten ist dieser Aspekt wertvoll, da sie stark am sprachlichen Faden des Lehrers hängen und sich nur schwer als originäre Schöpfer ihrer Bewegungsakte erleben, um dadurch Selbstwirksamkeit zu erleben und Selbstvertrauen zu entwickeln.

---

[1] Hier werden Überlegungen bzw. Aufgaben zu einer erfahrungsorientierten und bildenden Vermittlung der Sicherungstechniken beim Topropeklettern weitergeführt und auf Sehende übertragen, die in Bezug auf blinde und sehbehinderte Schüler bereits an anderer Stelle dokumentiert wurden (vgl. Giese & Bietz, 2005; Giese, 2008).

Erfahrungsorientierter und bildender Sportunterricht

Unterstützt wird dieser Aspekt durch den Ernsthaftigkeitscharakter des Kletterns. Wer in eine Route einsteigt, gibt die Verantwortung für die eigene Sicherheit ab und legt sie buchstäblich in die Hände seines Partners – dies erfordert Vertrauen und Verantwortungsbewusstsein. Dieser Akt ist weder symbolisch noch konstruiert (wie häufig in erlebnispädagogischen Angeboten), im Gegenteil, er ist unmittelbar und existenziell. Hier offenbart sich das pädagogische Potenzial des seilgesicherten Kletterns gegenüber vielen anderen erlebnispädagogischen Aktivitäten, denen in letzter Instanz die Ernsthaftigkeit fehlt. Die Möglichkeit, in der Halle in einen Schokoladenfluss zu fallen, ist eben nur imaginär und reale Konsequenzen, die am eigenen Leib unmittelbar erfahrbar würden, nicht existent.

2 Auf der Suche nach dem Gegenstand

Klettern ist Fortbewegung, wo die Überwindung von Raum im aufrechten Gang nicht mehr möglich ist und Hände und Arme zu Hilfe genommen werden. Der Kletterer bewegt sich entgegen der Schwerkraft nach oben und gewinnt Höhe. Dabei erscheint die Kletterbewegung auch für Anfänger relativ unproblematisch, da die individuell ausgeprägten Alltagstechniken die Bewältigung einfacher Klettersituationen ermöglichen. In Klettersituationen, die den Möglichkeiten der Lernenden angepasst sind, können selbstständig Erfahrungen gemacht werden, die zu einer funktionalen Optimierung individueller Technik und zu spezifischeren Wahrnehmungen führen. Die günstigste Kletterroute kann immer gezielter herausgelesen werden. Korrespondierend mit der individuellen Könnensentwicklung, kann der Schwierigkeitsgrad schrittweise erhöht werden, was wiederum eine Spezifizierung der Erfahrungen bewirkt. So wird ein zyklischer Entwicklungsprozess angeregt, in welchem sich die Lernenden das Klettern weitgehend eigenständig erschließen können.[2]

Größere Schwierigkeiten ergeben sich hinsichtlich der erforderlichen Sicherungstechniken. Diese sind offenbar so artifiziell und alltagsfern, dass sich mit ihrer Vermittlung erhebliche Vorstellungsprobleme aufwerfen (vgl. Giese, i. d. B., Kap. 5.5). Da im Sichern jedoch der eigentliche pädagogische Nutzen des Kletterns verwurzelt ist, müssen trotz aller Schwierigkeiten geeignete Techniken entwickelt werden.

---

2 Die Grundlagen der Topropesicherung werden hier nicht mehr erläutert, sondern als bekannt vorausgesetzt (vgl. dazu Winter 2000). Geeignete Anregungen für eine entsprechende Gestaltung des Kletterunterrichts finden sich z. B. bei Neumann und Rolke (2000) und Giese (2001).

Den Partner selbstständig sichern

Die Erfahrung aus der Praxis zeigt, dass vielen Schülern der Zugang zum Klettern genau an dieser Stelle versperrt bleibt. Im Folgenden soll daher gezeigt werden, wie die Aneignung der stark normierten Sicherungstechniken in erfahrungsoffenen Situationen angeregt werden kann und dabei die produktive Findigkeit der Lernenden genutzt wird.

Die Funktion des Sicherns ist, einen Kletterer im Falle eines Sturzes aufzufangen. Diese Aufgabe wird im Schulsport durch die Topropesicherung gelöst. Dabei bilden zwei Schüler ein Team aus einem Sicherer und einem Kletterer.[3] Das Verbindungsseil läuft über eine Umlenkung am Ende der Route (Flaschenzugprinzip), damit der Kletterer ständig gesichert ist. Daraus ergeben sich fünf Lern- und Erfahrungsfelder:

Abb. 1: Lernplakat Klettern

1. Das Prinzip der Topropesicherung
2. Das Anziehen eines Gurtes
3. Die Herstellung einer Verbindung zwischen Gurt und Seil
4. Ein Kraftreduktionsmechanismus zum Halten des Partners (HMS-Knoten)
5. Die Bedienung dieses Mechanismus (HMS-Bedienung)

3 Aufgabensammlung

Die Praxistipps stellen entsprechende Aufgabenarrangements zur Vermittlung der relevanten Sicherungstechniken vor. Dabei führt der Weg von der Frage, was *Klettern* ist, bis zu der Beherrschung der Topropesicherung. Für alle Probleme, die auf diesem Weg auftreten, sollen die Kletteranfänger funktionale Bewegungslösungen selbstständig entwickeln bzw. vorgegebene und standardisierte Techniken so nachvollziehen, dass der grundlegende Zusammenhang von Aufgabe und Lösung aufgrund des Erhalts der Sinnbezüge im Bewegungshandeln stets transparent wird. Die starre Normierung der Zieltechniken spiegelt sich dabei keineswegs in einer Normierungen des Lehrwegs wider.

---

[3] Die Sicherung wird in der Schule um Hintersicherungen erweitert (vgl. Winter, 2000, S. 81).

3.1 Den Flaschenzug als Topropesicherung entdecken

Um die Topropesicherung in den Horizont der Schüler zu rücken, bietet sich die Frage an: *Was ist Klettern?* Aus der Antwort, dass beim Klettern Höhe gewonnen wird, ergibt sich die Notwendigkeit der Sicherung. Aber wie kann eine Sicherung aussehen, bei der der Kletterer auch tatsächlich ständig gesichert ist? Mit dieser Frage sollen sich die Schüler in Kleingruppen selbstständig beschäftigen. Dabei sollen sie die Notwendigkeit einer Kraftumlenkung (Flaschenzug) erkennen. Jeder Kleingruppe steht dafür ein Kurzseil (Länge ca. 3-4 m) und eine Umlenkungsmöglichkeit in Kopfhöhe zur Verfügung (Sprossenwand), damit keine hohen Stürze auftreten können.

> **Aufgabe – Halt-mich-sicher**
> Bildet Gruppen von 3-5 Schülern. Versucht, mithilfe des Seils und dem Fixpunkt eine Sicherung zwischen zwei Schülern zu bauen (keine weiteren Ausrüstungsgegenstände), mit der ein Kletterer ständig gesichert werden kann.

Die Schüler beginnen meist sofort damit, einen Gurt zu konstruieren. Sie legen das Seil um die Umlenkung oder versuchen, das Seil in der nichtlenkung fest zu verankern. Gerade in solchen Momenten, in denen Schülern nicht funktionale Lösungen entwickeln, werden ihre vorsprachlichen Antizipationen deutlich, die anschließend zu reflektieren sind und gerade in ihrem Scheitern das Potenzial in sich tragen, zur Grundlage von nachhaltigen Erfahrungs- und Bildungsprozessen zu werden.

3.2 Den Gurt anziehen – sich selbst sichern

Der Gurt verteilt auftretende Kräfte über die Anseilschlaufe so auf Becken und Oberschenkel, dass eine gleichmäßige Lastverteilung erfolgt. Alle Gurte haben dazu drei funktionale Teile: zwei Beinschlaufen, Beckengurt und deren Verbindung in der Anseilschlaufe. Auch für Anfänger ist es i. d. R. kein Problem, Beinschlaufen und Beckengurt zu erkennen. Schwieriger ist die Identifikation der Anseilschlaufe. Deshalb soll die Anseilschlaufe als zentraler, *lastverteilender* Anseilpunkt erfahren werden. Zur gefahrlosen Erprobung dient folgendes Arrange-

Abb. 2: Hüftgurt

Den Partner selbstständig sichern

ment: Niedrigere Höhe und keine Partner-Sicherungs-Situation, sondern eine Selbstsicherung mit einer bestehenden Bandschlinge, die mit einem Ankerstich an einer Sprossenwand befestigt ist und an der sich auf der anderen Seite ein Karabiner befindet, mit dem eine Verbindung mit dem Gurt hergestellt werden kann.

Aufgabe – Hängen lassen
Ziehe den Gurt an und stelle eine Verbindung zwischen Karabiner und Gurt her, sodass du ohne Verwendung der Hände bequem über dem Boden hängen kannst. Hänge den Karabiner an verschiedenen Stellen ein: z. B. Beinschlaufen, Beckengurt, Anseilschlaufe (außer in den Materialschlaufen). Ziehe nur den Beckengurt und nicht die Beinschlaufen an, und umgekehrt. Wie kannst du am bequemsten im Gurt hängen?

Es ist hilfreich, die Anseilschlaufe zunächst auf den Boden zu legen, um dann in die Beinschlaufen einzusteigen. In der Diskussion muss festgehalten werden, dass ein angenehmes Hängen möglich ist, wenn die Anseilschlaufe vorne ist und alle Bänder unverdreht von ihr abgehen. Damit ist ein Handlungsmuster gewonnen, mit dem auch fremde Gurte angelegt werden können.

3.3 Eine Seil-Gurt-Verbindung herstellen

Die Verbindung zwischen Gurt und Seil muss sicher halten, darf das Seil nicht beschädigen, sollte leicht wieder zu lösen und gut zu kontrollieren sein. Die einfachste Lösung ist das Herstellen einer Schlaufe, die mithilfe eines Schraubkarabiners mit dem Gurt verbunden wird. Diese Anseilmethode wurde lange praktiziert. Als sich zeigte, dass Schraubkarabiner eine potenzielle Unfallgefahr darstellen, hat sich die direkte Gurt-Seil-Verbindung mit dem

Abb. 3: Gurt-Seil-Verbindung – in Prokrustesbett?

gesteckten Achter etabliert. Die Schüler sollen erkennen, dass eine Schlaufe notwendig ist, um Seil und Gurt zu verbinden. Dazu wird ein Seil über den Schülern an einer Sprossenwand befestigt, das mit dem losen Ende nach unten hängt. So wird Höhe reduziert, die komplexe Partner-Sicherungs-Situation vorerst ausgeklammert und der thematische Kern der Selbstsicherungssituation erhalten.

Erfahrungsorientierter und bildender Sportunterricht

> **Aufgabe – Abhängen**
> Versuche, mithilfe eines Karabiners, eine Verbindung zwischen Gurt und Seil herzustellen, sodass du ohne Verwendung der Hände bequem über dem Boden hängen kannst.

Als Hinweis kann der Tipp dienen, einen „ganz normalen" Knoten zu knüpfen, wie er vom Schuhbinden her bekannt ist, das Seil dabei jedoch doppelt zu nehmen. Viele Schüler knüpfen intuitiv einen geschlungenen Sackstich. Daraufhin sollte die Lehrkraft auf den Achter zu sprechen kommen und ihn auf Basis der entwickelten Lösungswege erläutern.[4] Zielform ist die gesteckte Variante. Die Sinnhaftigkeit der gesteckten Variante kann im eigentlichen Sinne nicht erfahren werden, da solche extremen Situationen nicht hergestellt werden können. Es muss der Hinweis genügen, dass bereits Karabiner gebrochen sind und deshalb eine Anseilmethode ohne Karabiner entwickelt wurde. Die Lehrkraft verbindet Anseilschlaufe und Seil mittels gestecktem Achter und stellt die Frage: *Wie kam die geschlossene Schlaufe in die Anseilschlaufe* (Abb. 3)? Hilfreich ist der Tipp, den Knoten Seil für Seil auseinanderzubauen, um ihn dann – unter Einbeziehung der Anseilschlaufe – wieder zusammenzusetzen.

3.4 Den Partner beim Fallen halten können

Da die auftretenden Kräfte vom Sichernden mit bloßen Händen nicht gehalten werden können, bedarf es eines Mechanismus, der die auftretenden Kräfte reduziert und das Ein- und Ausgeben des Seils ermöglicht. Zur gefahrlosen Erprobung kippt die Vertikale in die Horizontale. Die Schüler bewegen sich in der Wand nicht nach oben, sondern auf dem Boden nach vorne.

> **Aufgabe – Lass den Partner nicht „stürzen", Einfangen**
> Das Kletterseil ist im Toprope eingehängt. Der Kletterer ist mit dem Seil verbunden und befindet sich ca. 5 m von der Wand entfernt. Der Sichernde bekommt einen HMS-Karabiner und bleibt an der Wand. Der Kletterer geht langsam(!) auf den Sichernden zu und versucht, Stürze zu simulieren, indem er plötzlich nach hinten springt. Sichernde: *Sichere deinen Partner und verhindere, dass er stürzt. Als Hilfe kannst du einen Karabiner verwenden.*

---

4 Zur Sackstich-Achter-Debatte vergleiche Winter (2000).

Den Partner selbstständig sichern

Die Bedeutung des Seilstraffziehens wird hier ebenso deutlich wie die Notwendigkeit eines Bremsmechanismus. Diese Funktion erfüllt die *Halb-Mastwurf-Sicherung* (HMS), die die bei einem Sturz auftretenden Kräfte stark reduziert. Auch wenn kein Schüler den standardisierten Knoten entdecken sollte, wird durch die Auseinandersetzung mit der Aufgabe deutlich, welchen Kriterien die Sicherung zu genügen hat. Viele Schüler kommen auf die Idee, einfache Schläge in den Karabiner einzulegen. Durch dieses Grundverständnis ist das Erlernen des HMS-Knotens keine abstrakte Fingergymnastik mehr, sondern von einem intentionalen Plan geleitet. Die Schüler sollten Zeit bekommen, den HMS-Knoten in Ruhe zu betrachten und diese *Selbststrangulationsschlinge* eigenständig herzustellen (Abb. 4). Dieser Prozess kann durch die Vorstellung existierender Lösungen ergänzt werden, die jetzt sinnvolle, existierende Lösungen für ein bedeutsames Problem sind, nämlich die HMS-Schlinge herzustellen.

Abb. 4: HMS-Schlaufe

3.5 Die Partnersicherung bedienen können

Um das Seil zum Partner straff zu halten, hat sich eine normierte Technik etabliert. Dabei ist die *Unterscheidung von Brems-* (läuft von der HMS auf den Boden) und *Partnerseil* (läuft von der HMS zum Partner) von zentraler Bedeutung. Da eine Absicherung nur über das Bremsseil möglich ist, muss dieses immer mit mindestens einer Hand umschlossen sein (s. Winter, 2000, S. 78f.).

> **Aufgabe – Ausbrechen**
> Das Kletterseil ist im Toprope eingehängt. Kletterer und Sichernder stehen an der Kletterwand nebeneinander und integrieren sich mit den entsprechenden Knoten in die Sicherungskette (Achter und HMS-Knoten). *Wie kannst du am besten verhindern, dass sich der Kletterer nach hinten bewegt? Verwende verschiedene Seile!* Der Kletterer versucht, sich gegen den Widerstand des Seils mit aller Kraft (evt. zu zweit) von der Wand weg zu bewegen.

Durch die unterschiedlichen Kräfte, die an Brems- und Partnerseil wirken, finden die Schüler heraus, dass die Aufgabe des Sichernden am besten mit dem Bremsseil gelöst werden kann.

Erfahrungsorientierter und bildender Sportunterricht

> **Aufgabe – Einfangen mit der HMS (Bedienung der HMS-Sicherung)**
> Die Aufgabe funktioniert wie das *Einfangen*. Unterschied: Der Sichernde knüpft zur Sicherung einen HMS-Knoten. Die Aufgabe des Sichernden ergibt sich aus dem bisher Erarbeiteten: *Versuche, den Kletterer zu sichern.* Dabei ist zu beachten: (a) Das Bremsseil darf nie losgelassen werden, (b) es dürfen nie zwei Seile in einer Hand gehalten werden.

Mit dieser Aufgabe erschließen sich die Schüler die Bedienung der HMS selbstständig, ohne dass lösungsbezogene Instruktionen nötig sind. Der übergeordnete Sinnzusammenhang *öffnet* die richtigen Bewegungen. Es bedarf dazu jedoch einer gewissen Geduld. Die Bewegungen sind nicht sofort da, sondern emergieren aus dem Bestreben, die Aufgabe zu lösen. Bevor die Schüler allerdings tatsächlich einen Mitschüler an der Wand sichern, sollte eine letzte Station arrangiert werden, die den Transfer in reale Sicherungssituationen fördert.

3.6 Überleitung – das sichere Gefühl

Wird ein Partner erstmals real gesichert, sind Anfänger häufig überfordert und obwohl sie in den Vorübungen alle Techniken beherrschten, nicht in der Lage, adäquat zu sichern. Um beim Sichern ein sicheres Gefühl zu haben und handlungsfähig zu sein, sollte vorab erfahren sein, welche Kräfte tatsächlich wirken und dass ein Partner auch gehalten werden kann, wenn er schwerer ist. Vereinfachungen werden unter dieser Perspektive sukzessive zurückgenommen. Die Aufgabe ist nicht mehr in der Horizontalen zu lösen, sondern direkt in der Wand, wobei die Höhe durch die Verwendung eines kleinen Kastens begrenzt ist.

> **Aufgabe – Sitzen bleiben**
> Bildet zusammen mit einem ungefähr gleich schweren Partner ein Team und stellt eine Kletterseilschaft her (ein Kletterer und ein Sicherer am Topropeseil). Der Kletterer steigt auf den Kasten unter der Umlenkung und lässt sich nach Absprache mit dem Partner nach hinten fallen. *Sorge dafür, dass der Kletterer nicht herunterfällt und lasse ihn sanft nach unten, bis er mit dem Gesäß auf dem Boden ankommt.*

Den Partner selbstständig sichern

4 Abschließende Hinweise und Zusammenfassung

4.1 Anregungen für Theorieinhalte

Bei den Sicherungstechniken bieten sich reichhaltige Anknüpfungsmöglichkeiten zur Biomechanik und zum Physikunterricht an. Da die Topropesicherung ein Flaschenzugsystem darstellt, können dabei auftretende Kräfte von den Schülern leibhaftig erfahren werden.

4.2 Aufgaben für sportbefreite Schüler

Sportbefreite Schüler sollten an den Reflexions- und Gruppenarbeitsphasen aktiv teilnehmen. Auch ihr Einsatz bei der Hintersicherung ist denkbar. Steht in der Halle eine Tafel oder ein Flipchart zur Verfügung, bietet es sich an, die Ergebnisse aus den Erprobungsphasen auf einem Lernplakat zu fixieren (vgl. Abb. 1) oder eine (Handy-)Fotodokumentation der Lösungen anzulegen.

4.3 Anmerkungen zur Notengebung

Bei der Notengebung bietet es sich an, neben dem motorischen Niveau und der Beteiligung an den Reflexionsphasen auch die Sorgsamkeit zu bewerten, die bei der Durchführung der Aufgaben gezeigt wird, sowie das Verhalten in sicherheitsrelevanten Bereichen. Da diese Kriterien aber nicht unbedingt dem Standardrepertoire der Notengebung entsprechen, sollten solche Kriterien vorab mit den Schülern besprochen oder sogar zusammen erarbeitet werden.

Erfahrungsorientierter und bildender Sportunterricht

4.4 Tabellarische Aufgabensammlung

Aufgaben	Anmerkungen
Halt-mich-sicher	Bildet Gruppen von 3-5 Schülern. Versucht, mithilfe des Seils und dem Fixpunkt eine Sicherung zwischen zwei Schülern zu bauen (keine weiteren Ausrüstungsgegenstände), mit der *ein Kletterer ständig gesichert werden kann*.
Hängen lassen	Ziehe den Gurt an und stelle eine Verbindung zwischen Karabiner und Gurt her, sodass du ohne Verwendung der Hände bequem über dem Boden hängen kannst. Hänge den Karabiner an verschiedenen Stellen ein. Ziehe nur den Beckengurt und nicht die Beinschlaufen an und umgekehrt. *Wie kannst du am bequemsten im Gurt hängen?*
Abhängen	Versuche, mithilfe eines Karabiners, eine Verbindung zwischen Gurt und Seil herzustellen, sodass du *ohne Verwendung der Hände bequem über dem Boden hängen kannst*.
Einfangen	Das Kletterseil ist im Toprope eingehängt. Der Kletterer ist mit dem Seil verbunden und befindet sich 5 m von der Wand entfernt. Der Sichernde bekommt einen HMS-Karabiner und bleibt an der Wand. Der Kletterer geht langsam(!) auf den Sichernden zu und versucht, Stürze zu simulieren, indem er plötzlich nach hinten springt. Sichernder: *Sichere deinen Partner und verhindere, dass er stürzt. Als Hilfe kannst du einen Karabiner verwenden.*
Ausbrechen	Das Kletterseil ist im Toprope eingehängt. Kletterer und Sichernder stehen an der Kletterwand nebeneinander und integrieren sich mit den entsprechenden Knoten in die Sicherungskette (Achter und HMS-Knoten). *Wie kannst du am besten verhindern, dass sich der Kletterer nach hinten bewegt? Verwende verschiedene Seile!* Der Kletterer versucht, sich gegen den Widerstand des Seils mit aller Kraft von der Wand weg zu bewegen.

Den Partner selbstständig sichern

Einfangen mit HMS	Die Aufgabe funktioniert wie das *Einfangen*. Unterschied: Der Sichernde knüpft zur Sicherung einen HMS-Knoten. Die Aufgabe des Sichernden ergibt sich aus dem bisher Erarbeiteten: *Versuche, den Kletterer zu sichern.* Dabei ist zu beachten: (a) Das Bremsseil darf nie losgelassen werden, (b) es dürfen nie zwei Seile in einer Hand gehalten werden.
Sitzen bleiben	Bildet zusammen mit einem ungefähr gleich schweren Partner ein Team und stellt eine Kletterseilschaft her (ein Kletterer und ein Sichernder am Topropeseil). Der Kletterer steigt auf den Kasten unter der Umlenkung und lässt sich nach Absprache mit dem Partner nach hinten fallen. *Sorge dafür, dass der Kletterer nicht herunterfällt und lasse ihn sanft nach unten, bis er mit dem Gesäß auf dem Boden ankommt.*

Literatur

Funke-Wieneke, J. & Kronbichler, E. (1993). Klettern in bewegungspädagogischer Sicht. *Sportpädagogik, 17* (4), 13-19.
Giese, M. (2001). Sicher werden. *Sportpädagogik, 23* (4), 18-28.
Giese, M. & Bietz, J. (2005). Klettern mit Blinden? Aber sicher! *Motorik, 28* (2), 102-111.
Giese, M. (2008). *Erfahrung als Bildungskategorie. Eine sportsemiotische Untersuchung in unterrichtspraktischer Absicht.* Aachen: Meyer und Meyer.
Neumann, P. & Rolke, J. (2000). Klettern lernen im Schulsport – eine Einführung. Eine Übungsreihe zum mehrperspektivischen Klettern. *Sportunterricht, 49* (6), 1-9.
Winter, S. (2000). *Sportklettern mit Kindern und Jugendlichen.* München: BLV.

Abbildungen

Abb. 1: Lernplakat Klettern (aus Giese, 2008, S. 249)
Abb. 2: Hüftgurt (modifiziert nach Giese, 2008, S. 250)
Abb. 3: Gurt-Seil-Verbindung (aus Giese, 2008, S. 252)
Abb. 4: HMS-Schlaufe (aus Giese, 2008, S. 254)

Autorenverzeichnis

Gerrit Arnold (*1968)
ist Gymnasiallehrer an der Carl-Strehl-Schule der Dt. Blindenstudienanstalt e. V. in Marburg und leitet dort u. a. die Oberstufenkurse *Surfen für Blinde und Sehgeschädigte*. Am Institut für Sportwissenschaft und Motologie der Philipps-Universität Marburg ist er als Lehrbeauftragter für die Surfausbildung der Sportstudierenden zuständig.

Kontakt: Dt. Blindenstudienanstalt Marburg, Carl-Strehl-Schule, Am Schlag 6a, 35037 Marburg. E-Mail: Arnold@blista.de

Dr. Tim Bindel (*1976)
ist akademischer Rat auf Zeit an der Bergischen Universität Wuppertal (Sportpädagogik). Er promovierte zum Dr. phil. (Sportpädagogik) mit einer Ethnografie zum informellen Sportengagement. Für seine Dissertation wurde er von der dvs im Jahre 2007 mit dem Nachwuchspreis ausgezeichnet. Als Mitglied der Wuppertaler Arbeitsgruppe hat er sich zudem mit dem Thema der Qualitätssicherung bewegungsfreudiger Schulentwicklung befasst. Derzeitige Arbeitsschwerpunkte sind das Sportverhalten von Jugendlichen, kreative Tanz- und Bewegungskonzepte und informelles Sportengagement.

Kontakt: Betriebseinheit Sportwissenschaft und Allgemeiner Hochschulsport, Bergische Universität Wuppertal, Fuhlrottstraße 10, 42119 Wuppertal. E-Mail: bindel@uni-wuppertal.de

Dr. Martin Giese (*1975)
ist Gymnasiallehrer an der Carl-Strehl-Schule der Dt. Blindenstudienanstalt e. V. in Marburg und Lehrbeauftragter am Institut für Sportwissenschaft und Motologie der Philipps-Universität Marburg. Seit 2006 Mitarbeit und Leitung der universitären *Zusatzqualifikation Sport mit Sehgeschädigten*. Für seine Dissertation wurde er von der dvs im Jahre 2007 mit dem Ommo-Grupe-Preis ausgezeichnet. Zu seinen Arbeitsschwerpunkten gehört neben bildungstheoretischen und bildungsdidaktischen Aspekten eines erfahrungsorientierten Sportunterrichts die Beschäftigung mit blindenspezifischen Aspekten des Sport- und Bewegungsunterrichts.

Kontakt: Dt. Blindenstudienanstalt Marburg, Carl-Strehl-Schule, Am Schlag 6a, 35037 Marburg. E-Mail: Martin.Giese@email.de

Autorenverzeichnis

Daniel Grotehans (*1974)
ist Gymnasiallehrer für Sport und Englisch an der Martin-Luther-Schule in Marburg sowie Lehrbeauftragter am Institut für Sportwissenschaft und Motologie der Philipps-Universität Marburg. Zu seinen Arbeitsschwerpunkten gehört die Beschäftigung mit didaktischen Fragen der Sportspielvermittlung in der Schule.

Kontakt: Martin-Luther-Schule, Savignystraße 2, 35037 Marburg. E-Mail: dgrotehans@web.de

Dr. Jan Hasper (*1974)
studierte Sport, Mathematik und Informatik in Marburg. Er ist Gymnasiallehrer an der Modellschule Obersberg in Bad Hersfeld und u. a. Lizenztrainer des Hessischen Tennis-Verbandes. Zu seinen Arbeitsschwerpunkten gehört die Beschäftigung mit Fragestellungen des Bewegungslernens, der Bildungs- und der Sportspieldidaktik.

Kontakt: Modellschule Obersberg, Am Obersberg 25, 36251 Bad Hersfeld. E-Mail: JanHasper@gmx.de

Hermann Herwig (*1953)
ist Gymnasiallehrer an der Carl-Strehl-Schule der Dt. Blindenstudienanstalt e. V. in Marburg und Lehrbeauftragter am Institut für Sportwissenschaft und Motologie der Philipps-Universität Marburg. Seit 1980 Mitarbeit an der Entwicklung und Implementierung der universitären *Zusatzqualifikation Sport mit Blinden und Sehbehinderten*. Zu seinen Arbeitsschwerpunkten gehören neben didaktisch-methodischen Aspekten des Sportunterrichts mit Blinden und Sehbehinderten vielfältige Referententätigkeiten im Bereich der Lehreraus- und -fortbildung.

Kontakt: Dt. Blindenstudienanstalt Marburg, Carl-Strehl-Schule, Am Schlag 6a, D-35037 Marburg. E-Mail: Hermann.Herwig@web.de

Martin Jennemann (*1980)
hat an der Philipps-Universität in Marburg Sport und Geschichte auf gymnasiales Lehramt studiert und ist zurzeit Lehrer im Vorbereitungsdienst am Studienseminar Marburg. Von 2001 bis 2006 war er Leichtathletiktrainer der SSG-Blista-Marburg und seit 2002 ist er in der Surfausbildung der Blindenstudienanstalt Marburg tätig. Außerdem arbeitet er als Referent in der Übungsleiterausbildung der Sportjugend Hessen.

E-Mail: mjennemann@googlemail.com

Erfahrungsorientierter und bildender Sportunterricht

Volker Jennemann (*1975)

ist Gymnasiallehrer, Lehrertrainer an der Alfred-Wegener-Schule in Kirchhain sowie Lehrbeauftragter am Institut für Sportwissenschaft und Motologie der Philipps-Universität Marburg. Zu seinen Arbeitsschwerpunkten gehören neben didaktisch-methodischen Aspekten der Leichtathletik im Sportunterricht die Entwicklung und Betreuung junger Leichtathleten am Schulsportzentrum im Rahmen des Landesprogramms *Talentsuche und Talentförderung* in Hessen.

Kontakt: Alfred-Wegener-Schule, Schulsportzentrum, Röthestraße 35, 35274 Kirchhain. E-Mail: jennemann@gmx.net

Mike Lochny (*1978)

ist wissenschaftlicher Mitarbeiter am Forschungsprojekt *Exploration und Evaluation der sozialintegrativen, persönlichkeitsfördernden und therapeutischen Potenziale des Golfspielens im Rahmen des KidSwing Programms* (Ltg. U. Meseck) und seit 2005 Doktorand und Lehrbeauftragter am Institut für Sportwissenschaft/Bewegungskultur der Universität Bremen. Zu seinen Arbeitsschwerpunkten gehören neben der Erforschung der therapeutischen Potenziale des Golfsports besonders die Theorie und Praxis selbstgesteuerter Bewegungslernprozesse.

Kontakt: Universität Bremen, Badgasteiner Straße (Sportturm), 28359 Bremen. E-Mail: mlochny@uni-bremen.de

Tobias Pilz (*1975)

ist Gymnasiallehrer für die Fächer Sport, Geschichte und Biologie an der Martin-Luther-Schule in Marburg. Ab 2003 Lehraufträge im Bereich Turnen und „Grundthemen des Bewegens" und seit 2007 Studienrat im Hochschuldienst an der Philipps-Universität Marburg. Die Arbeitsschwerpunkte bilden einerseits die Didaktik und Methodik des Turnens, andererseits allgemeine Aspekte der Sportpädagogik sowie der Sportgeschichte.

Kontakt: Philipps-Universität Marburg, Fachbereich Erziehungswissenschaften, Institut für Sportwissenschaft und Motologie, Barfüßerstr. 1, 35032 Marburg. E-Mail: pilz.tobias@web.de

Autorenverzeichnis

Andrea Schmidt (*1973)

ist seit 2005 Lehrbeauftragte am Institut für Sportwissenschaft/Sportpädagogik der Universität Bremen. Sie unterrichtet dort im Bereich Theorie und Praxis der Sportarten Schwimmen und Basketball, in denen sie zuvor als Trainerin tätig war. Ihre Arbeitsschwerpunkte liegen neben der Beschäftigung mit bewegungswissenschaftlichen Theorien im Bereich der computergesteuerten Bewegungsanalyse sowie in Kooperation mit Prof. Dr. Jürgen Perl in der Bewegungsmustererkennung mit künstlichen neuronalen Netzen.

Kontakt: Universität Bremen, Badgasteiner Straße (Sportturm), 28359 Bremen.
E-Mail: schmidta@uni-bremen.de

Linda Weigelt (*1980)

hat in Vechta und Wien studiert. Sie ist zurzeit Referendarin an der Mittelstufe eines Gymnasiums und promoviert im Bereich der Sportpädagogik an der Hochschule Vechta. Zu ihren Arbeitsschwerpunkten gehören vor allem soziale Konstruktion von Geschlecht im Unterricht, Heteronormativitätsvorstellungen in Schule und Aspekte nonverbaler Kommunikation im Unterricht. Diese Aspekte werden vor allem im Sportunterricht untersucht.

E-Mail: Linda.Weigelt@gmx.de

Edition Schulsport

ISBN: 978-3-89124-939-0
€ [D] 16,95 / SFr 29,00 *

ISBN: 978-3-89899-044-8
€ [D] 14,95 / SFr 25,80 *

ISBN: 978-3-89899-065-3
€ [D] 16,95 / SFr 29,00 *

ISBN: 978-3-89899-208-4
€ [D] 24,95 / SFr 42,00 *

ISBN: 978-3-89899-096-7
€ [D] 19,95 / SFr 33,70 *

- online
  www.dersportverlag.de

- per E-Mail
  vertrieb@m-m-sports.com

- per Telefon / Fax
  02 41 - 9 58 10 - 13
  02 41 - 9 58 10 - 10

MEYER & MEYER VERLAG

www.dersportverlag.de

Edition Schulsport

ISBN: 978-3-89899-263-3
€ [D] 24,95 / SFr 42,00 *

ISBN: 978-3-89899-142-1
€ [D] 16,95 / SFr 29,00 *

ISBN: 978-3-89899-299-2
€ [D] 19,95 / SFr 33,70 *

ISBN: 978-3-89899-155-1
€ [D] 18,95 / SFr 32,20 *

ISBN: 978-3-89899-300-5
€ [D] 18,95 / SFr 32,20 *

■ per Post
MEYER & MEYER Verlag
Von-Coels-Str. 390, 52080 Aachen

■ bei Ihrem Buchhändler

www.dersportverlag.de

MEYER & MEYER VERLAG

Erfahrungsorientierter und bildender Sportunterricht

Bildnachweis

Coverfoto: Blista e.V./Peil
Covergestaltung: Meyer & Meyer Verlag